생활지도와
학교폭력의 이해

송선희 · 김항중 · 박미진 · 이현주 공저

학지사

학교에서 학생들에게 교과 지식을 효과적이고 흥미롭게 전달하는 것만큼이나 학생들을 올바르게 선도하고, 전인적인 성장을 이끌어 주는 일 또한 중요하다. 특히 학생이 자신의 문제를 정확히 이해할 수 있도록 도와주어 자신이 지닌 가능성을 최대한 실현하도록 하며, 다양하고 복잡한 생활환경에서 잘 적응할 수 있도록 하여 자기가 속한 사회에서 자신만의 역량을 충분히 발휘하여 공헌할 수 있도록 하는 것이 교사의 최대의 의무이자 보람이라 할 수 있다. 이것은 생활지도를 통해서 달성할 수 있는 내용이다.

또한 우리 사회에서는 학교 내·외부 요인에 의해 학생의 안전을 위협하는 사건이 지속적으로 발생하고 있다. 이에 따라 2012년 '2·6 학교폭력근절종합대책' 수립을 시작으로 하여 2013년 '7·23 현장중심 학교폭력대책'에 이르기까지 학교폭력예방 및 근절에 대한 관심과 지원이 지속적으로 이루어지고 있다. 이와 같은 범국가적 관심과 지원, 관련 기관 및 교육 현장의 노력으로 최근 전반적으로 학교폭력 피해율이 낮아지는 등 소기의 성과를 거두고 있으나 언어폭력 및 사이버폭력, 집단 따돌림과 같은 정서적 폭력은 상대적으로 줄어들지 않고 있는 상황이다.

학교폭력 문제를 근원적으로 해결하기 위해서는 학교폭력 사안처리 등 처벌적 관점에서의 대책보다는 장기적인 관점에서 학생들의 심리적인 역량을 강화시키고 변화시키는 학교폭력 예방교육이 중요하다. 그리고 학교폭력 예방교육이 효과를 거두기 위해서는 학교장의 리더십과 지원, 교사의 관심과 열정, 주변학생의 적극적인 개입을 유도함으로써 학교구성원 간 소통과 배려의 문화를 형성해 나가는 일이 매우 중요하다.

이 책은 이러한 문제의식에서 집필되었으며, 크게 생활지도와 관련된 내용과 학교폭력과 관련된 내용으로 구성되어있다. 이 책의 제1장에서는 학교에서 이루어지는 생활지도에 대한 개관을 다루었다. 학생들을 생활지도하기 위해서는 먼저 학생들이 가지고 있는 특성이나 문제점이 무엇인지에 대한 파악이 필요하다. 제2장에서 소개될 학생이해활동은 학생에 대한 정보를 수집하고 이를 해석함으로써 필요한 지도가 무엇인지를 판단하여 생활지도를 제공하는 것이다. 생활지도 영역 중 가장 핵심적인 활동은 상담활동이다. 제3장에서는 이러한 상담활동에 대한 소개가 이루어질 것이다. 제4장에서는 상담의 구체적인 이론들을 소개한다. 생활지도 중 진로지도활동은 역사적으로 가장 오래된 활동이다. 제5장에서는 생활지도를 통해 학생들이 미래의 직업을 선택하고 이를 준비하도록 돕는 것으로 생활지도의 중요한 활동으로 간주되어 온 진로지도활동을 살펴볼 것이다.

학교폭력 부분을 다루는 제6장에서는 학교폭력에 대한 기본적인 개념을 다룬다. 학교폭력은 피해당사자와 가해자에 대한 다양한 접근의 해결이 필요하고, 이를 위해서는 학교폭력에 대한 특징과 원인에 대한 이해가 필요한데, 이에 대한 내용이 제7장에서 제시되었다. 제8장에서는 학교폭력의 실태와 다양한 사례가 소개될 것이다. 제9장과 제10장에서는 가해학생과 피해학생의 특성을 소개하고 상담을 위한 지침을 제공하였다. 끝으로 제11장과 제12장에서는 학교폭력에 관한 법률과 사법처리절차들에 대해 살펴볼 것이다.

이 책은 교육대학원 그리고 학부의 교원양성을 위한 교과과정 중 생활지도 혹은 학교폭력과 관련된 과목의 교재로 사용될 수 있을 것이다. 또한 생활지도와 학교폭력 관련 인접 전공영역에서도 부교재로 활용될 수 있을 것이다. 특히 교사가 되기 위하여 준비하고 있는 사람들에게 많은 도움이 될 것이다. 점차 시간이 지남에 따라 생활지도의 방향과 내용이 변하거나 학교폭력의 양상과 학교폭력과 관련된 법도 바뀔 것이다. 따라서 이 책의 저자들은 향후 필요시 내용을 계속 업데이트할 것을 독자 여러분들에게 약속드린다.

 1년여의 집필기간을 통하여 주제 선정부터 내용 구성 및 교정 등에 이르기까지 노력을 아끼지 않은 집필진 모두에게 진심으로 고맙다는 말씀을 드린다. 끝으로 어려운 여건에도 불구하고 이 책을 출판해 주신 학지사의 김진환 사장 및 편집부 직원들에게 감사를 드린다.

2017년 2월 20일
저자들을 대표하여 송선희

제1장

생활지도활동

개 요

학교에서 학생들에게 교과 지식을 효과적이고 흥미롭게 전달하는 것만큼이나 학생들을 올바르게 선도하고 전인적인 성장을 이끌어 주는 일 또한 중요하다. 특히 학생 개인이 자신의 문제를 정확히 이해하도록 도와주어 자신이 지닌 가능성을 최대한 실현하도록 하며, 다양하고 복잡한 생활환경에서 잘 적응할 수 있도록 하여 자기가 속한 사회에서 자신만의 역량을 충분히 발휘하여 공헌할 수 있도록 하는 것이 교사의 최대의 의무이자 보람이라 할 수 있다.

1. 생활지도의 기본 방향

생활지도의 목표는 다섯 가지로 정리해 볼 수 있다. 첫째, 자신에 대한 올바른 이해다. 올바른 정체감 형성과 각자의 고유한 개성을 파악하기 위하여 정확한 자기이해가 이루어져야 한다. 둘째, 잠재력의 계발이다. 누구나 무한한 발달 가능성이 있음을 인정하고 그러한 가능성과 잠재력을 발휘할 수 있도록 다양한 교육적 경험을 제공해야 한다. 셋째, 자율적인 문제해결 능력의 신장이다. 인생을 지속적인 문제해결의 과정이라고 본다면 스스로 자기의 문제를 해결할 수 있도록 하는 능력을 길러 주어야 한다. 넷째, 전인적 인간발달 추구다. 지적인 측면의 발달과 함께 정의적, 신체적, 도덕적, 사회적 제 측면의 발달이 고르게 이루어지도록 하여야 한다. 다섯째, 건전한 민주시민의 육성이다. 오늘날 민주사회에서 책임 있는 건전한 시민으로서 생활할 수 있는 자질을 길러 줄 수 있어야 한다(송선희 외, 2014).

생활지도의 대상이 누구냐는 질문을 하면 대부분 문제나 불량학생이라는 말을 많이 한다. 우리가 생활지도에 대해 잘못 가지고 있는 대표적인 견해 몇 가지는 다음과 같다. 첫째, 생활지도는 비행학생을 지도하는 활동 또는 학생 사안을 처리하는 활동이라는 것이다. 둘째, 학교 규칙을 지키도록 권위적으로 지도하고, 이를 어긴 학생을 체벌하거나 처벌하는 활동이라고 생각하는 것이다. 셋째, 학생들의 집단적 현실 참여를 억제하도록 지도하는 활동이라고 생각하는 것이다.

이는 적절하지 않은 것으로 생활지도의 기본 방향을 정리하면 다음과 같다.

- 생활지도는 모든 학생을 그 대상으로 한다.
- 생활지도는 주로 개인의 존엄성과 개성 발달에 초점을 둔다.
- 생활지도는 강제가 아니고 협동적 방향으로 이루어져야 한다.
- 생활지도는 자아발견과 자아발달을 북돋아 주어야 한다.
- 생활지도는 치료나 교정보다 예방에 역점을 두어야 한다.
- 생활지도는 과학적 근거에 기초한 판단에 역점을 두어야 한다.
- 생활지도는 참되고 진정한 사랑에 기초한 지도를 중시한다.
- 생활지도는 처벌보다 선도 내지 지도가 선행되어야 한다.

2. 생활지도 영역

1) 교육지도

주로 3월 중에 이루어지는 신입생 오리엔테이션(예비소집), 교육과정 설명회, 학부모 연수(자녀교육, 대화법, 독서지도, 학교폭력예방 등), NEIS 교무업무 학부모서비스 등을 통해 학교에서 이루어지는 각종 교육 정보 제공이 이에 해당된다.

① **신입생을 위한 오리엔테이션**: 일선 학교에서는 입학식을 마치면 다음날 곧바로 신입생에 대한 오리엔테이션을 실시한다. 이는 학교생활 전반에 대한 안내가 주 목적으로 학교 건물에 대한 안내에서부터 학교생활 규범, 성적 관

리방법, 봉사활동 방법, 그리고 학교에서의 안전한 생활 방법 등의 소개가 이루어진다.

② 선후배 간의 대면식: 신입생 오리엔테이션이 끝나면 선후배 간의 대면식이 이루어지고, 각 학년의 같은 반 같은 번호끼리 자매나 형제를 맺어 학교생활 속에서 끈끈한 사랑을 이어가도록 하는 방법도 사용된다.

③ 학습 방법 지도: 공부 방법을 모르는 학생들을 위해 학습법을 지도할 수 있다.

④ 독서 지도: 책에 흥미를 느끼고 양서를 많이 접하여 생활에 지혜와 지식을 얻을 수 있도록 개별 독서 목표를 정하고 목록을 작성하여 독서를 하게 하고, 이를 바탕으로 아침 독서 시간을 운영하고 독서한 내용을 바탕으로 상담을 이루어 갈 수 있다.

⑤ 수준별 학습: 학생의 학습 능력에 맞추어 학습을 지도해 가는 수준별 학습을 통해 교육지도를 이루어 갈 수 있다. 수준별 학습은 보통 4단계로 이루어지며, 특별히 기초학력 부진 학생에 대하여는 특별 보충과정을 운영하고 이를 바탕으로 학습 능력을 신장시키는 발판을 마련할 수 있다.

⑥ 학교 교육과정에 관한 안내문 발송: 학교 교육과정에 관한 행사 실시 및 학교 기본적인 연간 행사 내용을 학부모와 학생이 참고할 수 있도록 학기 초에 발송하고 행사를 할 즈음에 안내문을 발송한다. 학교소식에 의거 교육과정 행사 안내문, 각종 행사 안내문, 홈페이지를 활용하여 학교 행사 및 참여를 안내한다.

2) 성격지도

성격지도는 교사, 학부모의 관찰에 의한 학교생활 부적응 행동, 문제행동 발견으로 정서적 안정과 원만한 교우관계 형성을 통해 즐거운 학교생활을 할 수 있도록 교과, 재량, 특별활동 시간을 활용하여 이루어지는 인성교육의 일부분이다.

① **학부모 상담**: 1학기에 1회 상담 주간에 모든 학생의 학부모와 상담을 실시함으로써 학생들의 가정환경과 학습 습관, 성격에 관한 상담을 통하여 학생의 성격 형성과 관련된 문제를 파악하고 지도·계획한다. 결손가정, 다문화가정, 기타 저소득층 가정으로 구분하여 학생을 1학생 자매결연을 하여 서로 상담을 실시한다.

② **친친(친한 친구)데이 주간**: 매월 1~7일까지 친친데이를 정하여 친구 얼굴 그리기, 친구 칭찬하기 등 주제별로 학급 행사를 실시하고 우수 학생을 선정하여 수상한다.

3) 직업지도

학생들의 장래 직업과 관련하여 진로지도, 직업정보 제공, 직업의 선택과 추수지도 및 기타 진로에 관한 활동으로 직업카드(직업의 종류) 활용 수업, 지역 인사 초빙 수업(예: 경찰관, 소방관, 은행원) 등 각종 진로지도와 관련된다.

① **나의 장래 희망 그리기**: 학기 초 나의 장래 희망을 그리고 꿈을 정하여 올해 내가 하고 싶은 일, 이루고 싶은 것을 정하는 나의 계획시간을 갖는다.

② **부모님 직업 체험학습하기**: 한 학기에 한 번 부모님의 직장을 방문하여 체험학습을 하고 직업의 특징을 조사한다. 체험학습 신청과 보고서 작성을 통하여 현장에서 느끼는 체험을 권장한다.

4) 사회성지도

교우관계, 이성관계, 가족관계 및 기타 대인관계 등 사회성과 관련된 지도활동으로 소시오그램(교우관계 파악)이나 교사, 학부모 관찰에 의해 파악된 내용에 대한 지도가 이루어진다.

① **친친데이 주간 실시**: 매월 학급 행사를 실시하여 친구 간의 우정을 돈독히 하는 행사를 실시한다.

② **모둠활동 실시**: 모든 활동을 모둠을 기초로 하여 상벌 제도를 실시한다. 같이 협동하여 학습활동과 학교생활을 할 수 있도록 점수제를 실시한다. 불우 이웃돕기를 통하여 학생들의 이웃에 대한 배려를 생각하는 기회를 준다.

③ **효도 쿠폰제**: 효도 쿠폰제를 실시하여 가정에서의 효와 공경하는 생활태도를 알려 준다.

④ **일기 쓰기**: 매주 2일 이상 일기 쓰기를 통하여 가족, 이웃, 친구 간의 예절 바른 생활을 지도한다.

⑤ **장애 체험 행사하기**: 특수 장애학생과 함께 생활하고 나와 다른 친구 도와주기, 서로 당번을 정하여 도움을 주기 활동을 실시한다.

5) 건강지도

신체장애, 각종 질병, 위생 및 기타 건강에 관계된 문제의 해결을 시도하는 지도활동으로 건강검사, 체력검사, 보건교육 등이 이에 해당된다.

① **중간놀이 시간**: 10분간 스트레칭 활동을 통하여 몸을 건강하게 하기, 줄넘기 급수제 활용을 통하여 모든 학생이 줄넘기를 생활화하기 등이 있다.

② **매년 건강검진하기**: 매년 건강검진을 통하여 학생들의 건강과 성장을 확인하여 가정으로 안내한다.

③ **매월 보건소식 발송**: 각종 질병과 몸에 좋은 환경 등 각종 보건소식지를 안내문으로 발송한다.

④ **매월 밥상머리 교육 실시**: 급식실 소식과 간단한 상식 등 건강에 필요한 정보를 안내문으로 발송한다.

6) 여가지도

교과활동 이외에 여가 선용, 취미 오락활동, 놀이 및 기타 여가 시간 활용에 관한 지도활동으로 학생 희망에 따른 계발활동, 방과 후 교육활동 등이 이에 해당된다. 한 예로 봉사정신을 기를 수 있도록 지도할 수 있는데, 이를 위해 청소년단체에 가입하여 체계적인 지도를 할 수 있다. 또한 학년 초 학급의 단합대회를 통하여 놀이 및 여가 선용에 대한 지도가 가능하다.

3. 생활지도 활동단계

생활지도는 크게 다섯 가지 활동단계로 이루어진다. 이 단계들은 제시되는 순서대로 진행되는 것이 일반적이다(송선희 외, 2014).

1) 학생이해활동

교사는 학생 간 개인차의 존재를 인식하고 그 개인차를 이해하기 위하여 조사활동을 한다. 이것을 학생이해활동(student inventory service)이라 한다. 조사 내용으로는 학생의 지적 능력, 성격, 태도, 가치관, 적성, 소질, 흥미감, 가정환경, 교우관계, 장래 계획 등을 포함한다. 조사활동의 기본적인 방법으로는 가정환경 조사, 학교생활기록부 확인, 학생·학부모·교우 면담, 심리검사, 사회성 측정, 자서전·일기 쓰기 등 다양하다. 조사 결과는 누가기록하여 교육적으로 활용될 수 있도록 하여야 할 것이다.

- 현장에서의 조사활동
  - 학교생활기록부 열람: 학년 초 전 학년의 학교생활기록부 내용을 열람하

여 기초적인 자료를 얻음(주소, 학부모, 학업성취도, 학교생활의 특징, 형제자매 등)

- 담임의 가정환경조사서: 기초적인 내용을 조사할 수 있는 조사서를 작성 활용함(학부모 연락처, 취미, 집에서의 생활태도, 가정환경, 교사에게 바라는 사항 등)
- 진단 평가: 전 학년에서 배운 내용을 얼마나 도달했는지에 대한 진단 평가를 실시함(과목별 성취도, 지적 능력)
- 전화를 통한 학부모 상담: 학부모와의 상담을 통해 학생들의 장래 희망이나 가정 형편, 성격 등을 파악
- 다양한 검사지(질문지, 그림, 적성 검사지 등)를 통한 조사활동

조사활동 관련 보충자료

학기 초 학생들에 대한 정확한 이해와 지도에 필요한 기초자료를 수집하는 활동으로 가정환경을 비롯하여 학업성취와 건강상태, 취미와 특기, 장래 희망, 교우관계, 부모와 학생이 학교에 원하는 바람 등 생활지도에 필요한 일체의 자료를 조사, 수집하는 활동을 한다.

이 활동을 위해 학생 기초 조사표를 작성하여 3월 초에 가정에 배부하고 학생과 부모님이 함께 작성해 오도록 한다. 1학년 입학 때부터 매년 신학기가 되면 조사하는 기초 조사표이기 때문에 가정에서는 부모님과 학생이 사실대로 정성껏 기록해서 보낸다. 기록표에는 학생의 인적사항인 주소, 전화번호, 가족사항, 형제관계 등을 기록하게 하고, 좋아하는 과목과 싫어하는 과목, 수강 중인 학원 등 학업성취와 관련된 내용과 친하게 지내는 친구를 묻는 교우관계, 그리고 특기와 취미, 장래 희망의 진로지도 사항, 나의 성격적 특성, 학부모와 학생이 교사에게 바라는 점을 기록하게 한다. 그리고 기타 란을 마련하여 교사

에게 특별히 부탁하고 싶은 것을 적게 한다. 이 기타 란에는 기초 생활 수급자
이거나 생활이 어려워 중식 지원이나 우유 급식 지원, 방과 후 무료 수강을 희
망하는 내용을 적어 보내기도 하고, 반 학생들에게는 알리지 않길 원하는 가정
사의 이야기, 편부모 가정인 경우, 다문화 가정인 경우에 적어 보낸다. 이 기초
조사를 통해 3월에 학생들의 전반적인 생활지도에 필요한 일체의 개인적인 자
료를 1차적으로 반 전체 학생들을 대상으로 자료를 조사, 수집하고 있다. 또한
문장완성검사를 통해 학생들의 가족관계나 정신적 건강상태 등을 조사하여 학
생들의 생활지도를 하는 기초 자료로 삼는다.

2) 정보제공활동

정보제공활동(information service)은 조사활동을 통해서 얻어진 정보를 바탕
으로 학생들에게 필요한 각종 정보 및 자료를 제공하여 개인적인 발달과 현실 사
회에 적응할 수 있도록 도와주는 활동을 말한다. 담임(담당) 교사는 필요한 정보
를 수집해서 학생, 학부모, 타 교사들에게 제공하는 활동을 한다. 정보의 주요 영
역으로는 교칙 · 교과목 · 학습 방법 등 학교 교육과 관련된 교육정보, 직업세계
등 진로와 관련된 직업정보, 개개인의 인성 · 인간관계 등 개인 · 사회 정보가 있
다. 이들 정보를 통하여 문제를 해결할 수 있어야 하고, 필요할 경우 쉽게 접근하
여 도움을 받을 수 있어야 할 것이다.

- 현장에서의 정보활동
  - 진로 교육: 특별활동이나 재량활동 시간을 통한 다양한 직업 탐색 교육
    및 체험활동 전개
  - 특별활동을 통한 소질 계발: 본인의 희망에 따른 계발활동 전개
  - 다양한 현장체험학습 실시: 학교 및 학급 행사활동 시간을 활용한 다양

한 현장체험을 실시하여 학생들의 소질 계발교육 실시
- 지역사회와 연계한 소질 계발활동: 지역사회의 다양한 행사에 참여를 적극 권장하여 학생의 소질 계발에 노력함

3) 상담활동

상담활동(counseling service)은 상담자와 내담자 간에 행해지는 극히 개별적인 과정으로 학생에게 스스로 자신을 이해 · 발견하고 자신의 문제를 해결할 수 있는 능력을 배양하고 최대한의 자율적 성장을 돕는 활동이다. 상담활동의 기본 목표는 학생에게 자율적 능력을 배양하고, 학생의 부적응 상태의 여러 증상을 해소하고, 학생이 갖는 정서적 갈등 및 불안감을 해소하고 적응적 감정을 증진시키는 데 있다. 대부분의 학교에서는 주로 담임교사가 상담활동을 맡고 있으나, 진로상담부서(전문상담교사)를 두고 있는 학교에서는 상담교사가 많은 활동을 하고 있다. 또한, 학교 상담활동을 보완하기 위하여 학교보건원과 교육청별 청소년상담센터를 설치 · 운영하고 있고, 많은 학교에서는 '학생상담 자원봉사자'를 두어 학생상담에 도움을 주고 있으며, 학교 양호교사도 건강 중심의 상담활동에 참여하고 있다.

- 현장에서의 상담활동
  - 연간계획에 의한 상담활동: 담임은 학년 초에 상담계획을 수립하여 개별 상담을 진행함
  - 전문가 및 상담교사를 활용한 상담활동: 문제 상황이 발생했을 때 전문가(교육지원청의 Wee센터 포함) 및 학교 상담교사의 협조를 통한 상담활동 전개
  - 담임의 개별 상담: 부적응 학생, 따돌림 학생, 행동이 거친 학생 등을 대상으로 한 수시 개별 상담활동 전개

■ 상담활동 관련 보충자료

　　학급 규칙을 잘 지키지 못하거나 과제 학습을 안 해 오는 경우, 맡은 청소를 소홀히 하는 경우, 교우관계가 원만하지 못한 경우, 도덕적인 생활에 위반하는 경우 등 학교에서 여러 가지 문제가 생길 경우 상담을 한다. 상담 종류는 학생 개인상담과 집단상담, 학부모 상담 등이다. 사소한 문제일 경우에는 쉬는 시간이나 점심시간을 이용해서 짧은 시간에 이루어지는 경우가 있으나 방과 후 오후 시간을 이용해서 하는 경우가 대부분이다. 행동 수정에 의한 방법으로 상담이 이루어지나 교우관계나 가족 간에 문제가 있을 시에는 가족화, HTP, 문자 완성검사, 나무 그림 등을 그리게 하여 학생의 기본적인 성장 과정과 가족관계 등을 파악한 후에 상담을 한다.

　　상담한 내용은 상담 일지에 기록한다. 단순한 다툼이나 역할을 소홀히 할 경우, 과제 학습을 해 오지 않는 경우에는 자신의 정한 약속을 적게 하고 칠판 옆에 붙여 놓아 자신이 한 약속을 수시로 확인하게 한다. 친구들과 서로 연관이 되어 있는 경우에는 개인상담과 집단상담을 병행하여 개인 간의 감정을 서로 이야기해 보는 시간을 주어 타인들을 이해할 수 있도록 돕는다.

　　학기 초에 학생들과 학교에서 문제를 몇 번 이상 일으킬 경우 부모님에게 연락을 한다고 미리 약속을 하고, 학생이 문제를 일으킨 경우에는 부모님에게 연락을 한다고 한 후 전화로 학생의 문제를 알리고 가정에서의 학생생활과 부모님의 이야기를 듣고 상담을 한다. 전화 상담으로 불가능하거나 미리 학생들과 약속을 하지 않은 영역이지만 면대면 상담이 필요한 경우에는 학부모와 상담 시간을 마련하여 상담을 한다. 먼저 학부모에게 학생의 장점을 이야기하고 상담을 요구하게 된 주된 문제를 이야기한다. 이때 이런 문제는 일어날 수 있는 일로 낙담하지 말 것을 알리고 학부모의 마음을 충분히 공감하는 자세를 취하며 학생의 문제를 해결하는 방법을 찾아 노력할 것을 당부한다. 상담을

장기간 요하는 경우에는 학교의 교육청 산하 상담센터에 의뢰하여 상담을 받
게 한다.

4) 진로 및 정치활동

상담활동 이후 학생의 소질, 능력, 적성에 따라 무엇인가를 선택할 수 있도록
하는 조직적인 활동을 진로 및 정치활동(career and placement service)이라고 한
다. 점차 학생들이 선택해야 할 기회가 많아지고 이에 따라 학생들은 어려움을 겪
게 되는데, 이러한 문제들을 해결해 주고 나아가 선택한 사항들을 잘 실행할 수
있는 계기를 마련해 주는 활동이 정치활동이다. 이에는 계열 · 교과목 · 클럽활동
등 교육과정상의 선택뿐만 아니라, 개인 문제의 선택 등도 포함된다. 원활한 정치
활동을 위해서는 개별 면담이나 오리엔테이션 등 집단지도가 수행되기도 한다.

- 현장에서의 진로 및 정치활동
  - 방과 후 활동을 통한 수준별 수업 전개: 우수아 대상, 부진아 대상 방과
    후 교실을 운영
  - 다양한 방과 후 활동 전개: 발명품반, 음악, 미술, 체육, 영어 등의 다양한
    활동에 참여 권장

5) 추수활동

추수활동(follow-up service)은 상담활동, 정치활동 후에 계속해서 당면 문제
에 대하여 잘 적응하고 있는지를 점검하는 활동이다. 적합한 환경에 정치되었다
하더라도 지속적인 지도나 정보가 요구되기도 하고, 상담교사와 긴밀한 관계를
유지해야 할 필요가 있기 때문이다. 특히, 비행학생의 문제해결을 위해서는 지속

적인 추수활동이 필요하다. 추수활동은 학생이 자율적으로 성장·발달할 수 있도록 계속적으로 지도하는 활동이다. 추수지도활동의 목적은 상담 또는 생활지도의 효과성, 즉 학생들의 발전 상태를 지속적으로 점검하여 문제의 재발을 예방하고, 계속적인 성장·발달을 촉진시키는 데 있다. 추수지도활동의 형태를 몇 가지로 정리하면 다음과 같다.

- 우발적인 추수지도활동으로서 상담자나 교사들은 그들의 정상적 활동의 일부분으로 추수지도를 하고 있다. 즉, 상담자나 교사가 때때로 학생들에게 준 조언의 경과를 알아보는 경우와 필요한 추가적 정보를 얻기 위해 추수지도하는 형태다.
- 사례연구의 대상이 되었거나 집중적으로 교정적인 도움을 받았던 학생에 관한 추수지도활동이다.
- 졸업생이나 중퇴하여 학교를 떠난 사람들에 관한 추수지도활동 형태다.
- 졸업예정자들에 대한 것으로, 직장을 얻으려고 하는 학생들이나 상급학교에 진학하고자 하는 학생들에 관한 추수지도활동 형태다.

이상과 같은 추수지도활동의 중요한 교육적 의의는 추수지도를 통하여 학교의 생활지도 계획 및 지도 방법을 반성·평가하고, 그 개선을 도모하는 자료로 활용될 수 있다는 것에 있다.

- 현장에서의 추수활동
  - 담임의 계속적인 관찰: 상담학생의 적응 상태 여부를 관찰
  - 졸업생에 대한 교육적인 지도: 편지 및 전화 상담을 통한 교육적인 지도
  - 문제학생의 문제해결을 위한 계속적인 지도: 끝없는 관심과 사랑으로 감동을 주는 지도
  - 학생과 학교, 지역, 가정 간의 상호연계 지도

    – 생활지도 프로그램 평가 및 개선을 위한 가치 있는 자료의 제공

〈표 1-1〉 생활지도단계의 실제

---

1. 학생조사활동
   1) 1학기 초
      (1) 가정환경조사
         - 학생의 기본 인적 사항
         - 가족 구성원과 부모의 학력 및 직업
         - 특기, 취미
         - 장래 희망
         - 여가 시간 활용 방법 등
      (2) 학업성취도 파악: 학교생활기록부 활용
      (3) 교우관계 파악: 교우관계도 조사
      (4) 건강기록부 확인: 건강 및 체격 상태 파악
      (5) 전년도 담임교사 및 지도교사와 면담
      (6) 자기소개서 작성
         - 교실 게시판을 이용한 1주일 이상 게시
         - 학급 임원 선출에 사전 홍보 자료로 활용
      (7) 개별 면담
         - 학생들과 시간을 정해서 1:1 면담을 통해 학생의 기본 인성 및 심리 상태 파악
   2) 1학기 중: 심리검사 실시
      - 성격검사
      - 흥미검사
      - 적성검사
      - 직업흥미도 검사 등
      - 인터넷 사이트 활용(커리어넷 , 워크넷 등)
      - 학교 계획에 따른 학년별 심리 적성 검사 실시

2. 정보활동
   1) 학교 연중 교육활동 안내: 학기 초 배부
   2) 성적 체크리스트 작성: 연간 응시하는 고사 성적 추이 비교 분석
   3) 직업정보 안내
      - 인터넷 사이트 안내
      - 나의 꿈 실천일지 작성: 연중 정기적으로 실시
      - 나의 전문분야 보고서 작성: 연중 정기적으로 실시
      - 사회적 정보 안내: 지식채널e, 사회적 이슈가 되는 동영상 등을 보여 줌

---

3. 상담활동
   1) 생활 관련 상담
   2) 진로 및 진학 관련 상담
   3) 문제행동에 대한 상담
   4) 학교 부적응에 관련한 상담
   5) 기본생활습관에 관련한 상담
   6) 학부모 상담(전반적 내용 포함)
   7) 전문가의 도움이 필요할 경우 Wee Class의 전문상담교사에게 의뢰

4. 진로 및 정치활동
   1) 자기 관리 프로그램(자체 제작 프로그램)을 통해 스스로 시간을 관리하도록 도움
   2) 성적 체크리스트를 통해 자기의 성적에 대한 인식과 학업성취 의욕 고취
   3) 진로지도 프로그램(나의 꿈 실천 일지, 나의 전문분야 보고서 등)을 통한 진로 탐색 능력 배양
   4) 가고 싶은 고등학교 파일 관리를 통한 현실감 있고 진로 적성에 적합한 진학 지도

5. 추수 지도
   1) 진급시킨 학생의 추이를 파악하고 관련 사안이 있을 경우 현 담임교사 및 지도교사와 협력함
   2) 졸업생들의 진학 만족도 모니터링을 실시하여 이후 진학 지도에 참고함
   3) 지역 인프라를 활용하여 졸업한 학생들의 성장하는 모습을 체크함

제2장

학생이해활동

개 요

학생이해활동은 생활지도와 학교폭력의 예방과 대처를 위한 기초적인 활동이다. 학생이해활동을 통해 학생들의 특성이나 문제를 파악하게 되고 이에 따라 생활지도가 이루어지게 된다. 학생이해활동은 심리검사, 관찰, 질문지, 사회성 측정, 면담, 각종 기록 분석 등의 방법을 통해 이루어진다.

1. 심리검사

심리검사란 평가하고자 하는 행동의 표본을 체계적으로 그리고 표준화된 방식에 따라 측정하여 개인차 비교 및 개인 내 비교를 가능하게 하여 행동의 원인을 진단하고 특정 구성개념을 추론할 수 있게 함으로써 인간을 보다 다각도로 이해하도록 해 주는 심리측정법을 의미한다(김계현 외, 2011; 박영숙, 1994; Anastasi & Urbina, 1997; Cronbach, 1990).

심리검사는 이해, 선발, 분류, 정치, 진단, 평가, 검증 등의 기능을 가지고 있다(Cronbach, 1990; Gregory, 1992). 즉, 검사 대상자의 특징을 좀 더 객관적이고 정확하게 파악하여 이해하기 위한 이해의 기능이 있고, 특정한 능력이나 자질, 특별한 문제를 가진 사람들을 가려내 선발하고, 심리검사의 결과에 따라 기준에 따라 분류하거나 특정 조직에 배치하는 정치의 기능이 있다. 또한 문제 증상에 따라 필요한 치료를 정하는 진단의 기능, 상담이나 치료가 효과가 있는지를 확인하는 평가 및 검증의 기능이 있다(한국초등상담교육학회, 2006).

이러한 심리검사의 유형은 검사의 제작, 실시, 채점, 해석이 일정한 준거에 따라 이루어지는지에 따라 표준화검사와 비표준화검사로 나누어지고, 검사결과가 특성을 나타내는 점수로 제시되는지 혹은 언어적 기술로 제시되는지에 따라 양적 검사와 질적 검사로 나누어진다. 또한 측정시간 제한이 있어 시간 내에 최대한의 수행을 하도록 하는 속도검사와 시간제한 없이 개인이 가지고 있는 능력을 발휘하도록 하는 역량검사로 구분할 수 있다. 검사에서 모호한 자극이 제시되는지에 따라 투사적 검사와 객관적 검사로 나누어진다. 투사적 검사는 불분명하고 모호한 자극을 제시한 후, 개인이 자신의 내적 상태를 자극에 투사시켜 응답에서 의도적이거나 왜곡된 반응이 어려워 비교적 풍부한 무의식적 반응을 이끌어 내는 반면, 객관적 검사는 제시되는 자극이 명확하며 검사의 실시, 채점 및 해석이 용이하며 객관화되어 있는 검사다.

심리검사의 측정 내용에 따라 지능검사, 성격검사, 진로 및 학습 관련 검사 등으로 나누어진다. 이러한 검사에 대한 내용은 다음과 같다.

1) 지능검사

지능검사는 주로 지적 능력 수준을 파악하고자 하는 목적으로 사용되고 있으나 성격장애나 신경학적 결함 여부 등을 평가하는 데도 활용되고 있다.

학생들의 지적 능력을 평가하는 개인용 검사로는 Wechsler 지능검사가 널리 사용되고 있다. Wechsler 지능검사는 실시연령에 따라 만 2세 6개월~만 7세 7개월까지 사용하는 WPPSI-IV(Wechsler Preschool and Primary Scale of Intelligence-IV), 만 6세 0개월~만 16세 11개월까지의 아동 · 청소년에게 실시하는 WISC-IV(Wechsler Intelligence Scale for Children-IV), 만 16세 이상 성인에게 실시하는 WAIS-IV(Wechsler Adult Intelligence Scale-IV)를 사용한다.

K-WISC-IV의 경우, 총 15개의 소검사로 구성되어 있다. K-WISC-III에서 3개의 소검사(차례맞추기, 모양맞추기, 미로)가 삭제되고, 동일한 10개 소검사와 5개의 새로운 소검사(공통그림찾기, 순차처리, 행렬추리, 선택, 단어추리)가 추가되었다. K-WISC-IV는 K-WISC-III와는 다른 차원에 이론적 근거를 두고 있다. 이론의 근거가 부족했던 Wechsler 지능검사에 CHC(Cattell-Horn-Carroll) 이론을

적용하여 WISC-III가 WISC-IV로 개정되었다. CHC 이론에서는 지능이 위계적 구조를 가지고 있다고 본다. 1층위는 숙달 정도와 수행 속도 등과 관련된 좁은 인지 능력이고, 2층위는 1층위의 요인들을 좀 더 넓은 인지능력으로 묶은 것으로 WISC-IV(결정성 지능, 유동성 지능, 시각-공간 지능, 단기기억, 처리속도)를 통해 측정된다. 가장 상위층인 3층위는 g 요인으로 일반 인지능력을 나타낸다(김상원, 김충욱, 2011).

K-WISC-IV는 〈표 2 - 1〉과 같이 15개의 소검사(보충검사 5개)로 구성되어 있다.

① **언어이해지표**(VCI): 공통성, 어휘, 이해, (상식), (단어추리)

② **지각추론지표**(PRI): 토막짜기, 공통그림찾기, 행렬추리, (빠진 곳 찾기)

③ **작업기억지표**(WMI): 숫자, 순차연결, (산수)

④ **처리속도지표**(PSI): 기호쓰기, 동형찾기, (선택)   * ( )는 보충검사

Wechsler 지능검사는 여러 개의 소검사 환산점수의 합산으로, 평균 100점에 표준편차 15점을 기반으로 하며, 평균에서 1 표준편차 (15점) 사이인 85점과 115점을 평균수행 범위로 보고 있다(신민섭, 도례미, 최지윤, 안현신, 2012). K-WISC-IV는 다음과 같은 4개의 지표점수와 전체 지능지수(FSIQ)가 계산된다. 지표의 측정 내용은 다음과 같다.

① **언어이해지표**(VCI): 언어 자극에 대한 이해 및 추론, 언어적 개념 형성, 어휘 사용능력 등 언어적인 요소에 대한 지식

② **지각추론지표**(PRI): 시각적 자극에 대한 지각 및 추론, 시각 - 운동 통합 능력

③ **작업기억지표**(WMI): 단기기억, 정보조작 및 처리와 관련된 영역에서 주의력, 집중력, 정신적 통제, 추론능력

④ **처리속도지표**(PSI): 시각적 정보의 처리능력으로 주의력, 시각적 단기기억력, 시각 판별력, 시각 - 운동 협응능력

⟨표 2-1⟩ K-WISC-IV의 소검사 측정내용[( )는 보충검사]

지표	소검사	실시내용	주요 측정
언어이해 (VCI)	공통성	공통적인 대상이나 개념을 나타내는 두 개의 단어를 제시받고 이것이 어떻게 비슷한지를 설명한다.	언어적 추론, 개념 형성
	어휘	그림 문항에서는 그림의 이름을 말하고, 언어 문항에서는 읽고 단어에 대한 정의를 한다.	언어지식, 언어적 형성 개념
	이해	일반적 원칙이나 사회적 상황에 대한 이해를 바탕으로 질문에 답한다.	언어적 추론과 개념화, 언어적 이해와 표현, 사회적 판단력과 성숙도, 실제적 지식 사용능력
	(상식)	광범위한 일반적 지식 주제에 대한 질문에 답한다.	결정적 지능, 장기기억, 학습된 지식의 유지 및 인출 능력
	(단어추리)	일련의 단서를 듣고 공통된 개념을 찾아 단어로 답한다.	언어적 이해, 유추 및 일반적 추론 능력
지각추론 (PRI)	토막짜기	적-백 토막을 이용하여 제한시간 내에 제시된 모양을 만들어 낸다.	추상적 지각 자극의 분석 및 종합 능력, 시각-운동 협응
	공통그림찾기	2줄 또는 3줄로 된 그림을 보고 공통특성으로 묶을 수 있는 그림을 각 줄에서 하나씩 고른다.	추상화와 범주적 추론 능력
	행렬추리	불완전한 행렬을 보고 5개의 반응선택지에서 행렬의 빠진 부분을 선택한다.	유동성 지능, 시각적 정보 처리와 추상적 추론 능력
	(빠진 곳 찾기)	그림을 보고 제한 시간 내에 중요한 빠진 부분의 이름을 말하거나 가리킨다.	시지각 및 시각적 조직화, 사물의 본질적인 세부에 대한 지각적 재인

작업기억 (WMI)	숫자	'숫자 바로 따라하기'에서는 읽어 준 숫자를 똑같은 순서로 반복하고, '숫자 거꾸로 따라하기'에서는 읽어 준 숫자와 반대로 숫자를 반복한다.	청각적 단기기억, 계열화 능력, 주의력, 집중력
	순차연결	순차적으로 불러 주는 숫자와 글자를 듣고 숫자는 많아지는 순서, 한글은 가나다 순서대로 기억하여 답한다.	계열화, 정신적 조작, 주의력, 청각적 단기기억
	(산수)	구두로 제시된 일련의 수학 문제를 마음속으로 풀어 답한다.	정신적 조작, 집중력, 주의력, 수와 관련된 추론능력
처리속도 (PSI)	기호쓰기	특정 제한시간 내에 간단한 모양이나 숫자와 짝지어진 기호를 베껴 쓴다.	단기기억, 학습능력, 시각–운동 협응, 동기
	동형찾기	특정 제한 시간 내에 반응부분을 보고 표적 모양 중 하나라도 일치하는 기호가 있는지를 표시한다.	시각적 단기기억, 시각–운동 협응 시각적 변별
	(선택)	무선 또는 일렬로 배열된 그림들을 보고 특정 제한시간 내에 목표 그림을 연결하여 표시한다.	처리속도, 시각적 선택주의, 각성

* 출처: 곽금주, 오상우, 김청택(2012). K-WISC-IV: 전문가 지침서. 서울: 학지사 심리검사연구소.

2) 성격검사

Allport(1937)에 의하면 성격은 독특한 적응을 결정하는 개인만의 정신 · 신체적 체계들의 역동적 조직체로 그 사람만이 가지고 있는 독특한 행동방식으로 볼수 있다. 성격검사는 이러한 개인의 독특한 행동양식을 측정하는 검사로 다면적인성검사(MMPI), 성격유형검사(MBTI) 등의 대표적인 자기보고식 객관적 검사와로르샤흐 검사(Rorschach), 주제통각검사(TAT), 그림검사, 문장완성검사(SCT)와같은 투사적 검사가 있다.

(1) 다면적 인성검사

다면적 인성검사(Minnesota Multiphasic Personality Inventory: MMPI)는 미국의 Minnesota 대학의 임상심리학자인 Hathaway와 정신과 의사인 McKinley가 정신과 병동의 환자를 치료한 경험을 근거로 정신질환의 진단을 위해 개발한 검사다. 병리적 성격을 측정하는 검사로 개발되었으나 일반적 성격특성을 파악하는 데도 널리 사용되고 있다(김중술, 1996).

다면적 인성검사는 성인용 MMPI와 13세에서 18세 청소년이 사용하는 청소년용 MMPI-A가 있다. 검사의 주 내용은 검사 태도를 측정하는 타당도 척도와 10개의 임상척도로 이루어져 있다. 임상척도의 주 내용은 〈표 2-2〉와 같다.

〈표 2-2〉 다면적 인성검사의 임상척도 측정내용

척도명	약어	측정내용
건강염려증	Hs	신체기능에 대한 과도한 집착 및 그와 관련된 질환이나 비정상적인 상태에 대한 불안
우울증	D	사기 저하, 미래에 대한 희망의 상실 및 자신의 생활환경에 대한 일반적인 불만
히스테리	Hy	현실적 어려움이나 갈등을 회피하거나 부인하려는 성향
반사회성	Pd	분노감, 충동성, 정서적 피상성 및 예측불능성
남성성-여성성	Mf	성적 고정관념, 직업 및 취미에 대한 관심, 심미적 및 종교적 취향, 능동성-수동성, 대인감수성
편집증	Pa	대인관계의 민감성, 피해의식, 왜곡된 지각
강박증	Pt	강박적 사고, 강박적 행동, 비정상적인 공포, 지나친 자기비판, 자신감의 저하, 주의집중 곤란, 과도한 예민성, 우유부단 및 죄책감
정신분열증	Sc	외부 현실에 대한 해석의 오류, 망상, 환각, 자아통합 결여
조증	Ma	정신적 에너지, 사고의 다양성, 인지적 비약 및 과장성, 과잉활동, 정서적 불안정성, 흥분성, 민감성 및 기분의 고양
사회적 내향성	Si	사회적 장면에서의 불편함, 고립, 일반적 부적응 및 자기비하

* 출처: 김중술(1996). 다면적 인성검사, 서울: 서울대학교출판부.

(2) 성격유형검사(MBTI)

대중적으로 가장 많이 알려진 성격유형검사인 MBTI(Myers-Briggs Type Indicator)는 Jung의 심리유형론을 근거로 Myers와 Briggs가 개발한 것이다. 또한 Murphy와 Meisgeier가 개발한 아동 및 청소년용 성격유형검사인 MMTIC (Murphy-Meisgeier Type Indicator for Children)는 초등학교 4학년부터 사용할 수 있다.

성격유형검사 MBTI는 성격유형을 나누는 네 가지 지표의 양극단의 선호경향에 따라 16가지 성격유형을 제시하고 있다. 네 가지 지표는 주의초점에 따라 내향(Introversion) – 외향(Extraversion), 인식기능에 따라 감각(Sensing) – 직관(iNtuition), 판단기능에 따라 사고(Thinking) – 감정(Feeling), 생활양식에 따라 판단(Judging) – 인식(Perceiving)로 나누고 지표의 조합으로 16가지 성격유형이 제시된다. 지표와 각 차원의 내용은 다음 〈표 2-3〉과 같다.

〈표 2-3〉 MBTI 지표

선호경향	지표차원	선호경향
외향(**E**xtraversion)	주의초점	내향(**I**ntroversion)
에너지가 외부지향적이고 활동적인 경향		에너지가 내부지향적이고 조용하고 신중한 경향
감각(**S**ensing)	인식기능	직관(i**N**tuition)
오감을 통한 감각경험과 지금과 현재에 초점을 두는 경향		감이나 직관에 의존하며 미래와 가능성에 관심을 두는 경향
사고(**T**hinking)	판단기능	감정(**F**eeling)
사실에 의거하여 논리적이고 분석적이며 객관적으로 판단하는 경향		타인과의 관계와 상황을 근거로 의미와 영향에 관심을 두는 경향
판단(**J**udging)	생활양식	인식(**P**erceiving)
분명한 목적과 방향, 기준을 두고 체계적으로 생활하는 경향		융통성을 가진 목적과 방향을 지니며 상황에 따라 개방적으로 생활하는 경향

* 출처: 한국MBTI연구소 사이트(www.mbti.co.kr)

(3) 로르샤흐 검사

로르샤흐 검사(Rorschach ink blot test)는 대표적인 투사적 검사로 모호한 잉크반점을 제시한 후, 피검사자가 자신의 무의식을 투사하여 반응한 내용을 통해 성격특성을 파악하는 검사다.

총 10장의 흑백 또는 컬러 카드로 여러 가지 형태와 색채, 음영, 공간과 같은 지각적 속성을 자극으로 제시하여 반응 영역과 결정요인 등을 분석하여 개인의 반응 양식, 정서 상태, 인지적 조작, 동기, 대인 간-환경 간 지각 양식, 반응 경향 등을 파악할 수 있다(박경, 최순영, 2009). 로르샤흐 검사 카드는 [그림 2-1]과 같다.

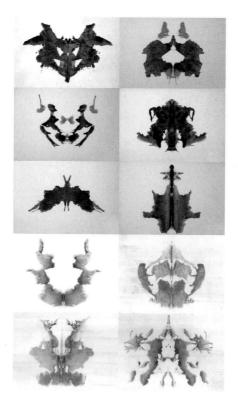

[그림 2-1] 로르샤흐 검사카드

(4) 주제통각검사

Murray와 Morgan이 개발한 주제통각검사(Thematic Apperception Test: TAT)는 투사적 검사로 인물들이 등장하는 모호한 내용의 도판을 제시한 후 그에 대한 이야기를 구성해 보도록 하는 검사다. 아동에게는 좀 더 친숙한 동물그림으로 자극이 제시되는 아동용 주제통각검사(Children Apperception Test: CAT)를 개발하여 사용하고 있다.

성인용 주제통각검사(TAT)는 백지를 포함하여 총 31장으로 구성되어 있고, 카드에 따라 성인 남자, 성인 여자, 소년, 소녀 등의 사용대상이 다르게 제시된다. 아동용 주제통각검사(CAT)는 10장의 표준판과 10장의 보충판 등 총 20장의 도판으로 구성되어 있다. 주제통각검사는 다양한 대인관계상의 역동적 측면을 파악하는 데 유용한데, 검사를 통해 개인의 과거경험, 상상, 욕구, 갈등 등이 투사되어 성격의 특징적인 면, 발달적 배경, 환경과의 상관관계 방식 등에 대한 정보를 제공해 준다(김동민 외, 2014). 성인용 주제통각검사(TAT)와 아동용 주제통각검사(CAT) 도판의 예는 [그림 2-2]와 같다.

[그림 2-2] 성인용 주제통각검사(TAT) 1번 도판과 아동용 주제통각검사(CAT) 1번 도판

(5) 그림검사

피검사자의 경험을 투사하여 그림을 통해 알아보는 것이 그림검사다. 그림검

사로 가장 대표적인 것은 집 – 나무 – 사람 그림(House-Tree-Person: HTP), 인물화(Drawing A Person: DAP), 동적가족화(Kinetic Family Drawing: KFD), 동적학교화(Kinetic School Drawing: KSD) 등이 있다.

'집 – 나무 – 사람' 그림(HTP)의 경우, '집'은 자기 – 지각, 가정생활의 질, 혹은 가족 내에서의 자신에 대한 지각, '나무'는 자기 자신에 대한 무의식적이고 원시적인 성격으로 갈등과 방어, 정신적 성숙도 및 환경에의 적응 정도, '사람'은 자기상, 이상적인 자아, 타인에 대한 지각 등이 드러난다(김동민 외, 2014).

(6) 문장완성검사

문장완성검사(Sentence Completion Test: SCT)는 일련의 미완성된 문두를 제시하고 문장을 완성하도록 하는 투사적 검사다. 다른 투사적 검사에 비해 검사 자극이 분명하여 의식된 수준의 심리적 특성을 파악하는 것이 가능하다.

문장완성검사의 문항들은 가족관계, 대인 지각 및 관계, 학교생활에 대한 태도, 긍정적 및 부정적 요인, 자기개념, 자신의 능력에 대한 태도, 과거에 대한 태도, 목표에 대한 태도 등을 측정한다.

3) 진로 및 학습 관련 검사

진로 관련 검사는 학생들의 직업이나 전공 선택에 참고할 수 있는 객관적 자료를 제공하고자 사용되는 검사로 적성검사, 흥미검사, 가치관검사 등이 있다. 반면 학습 관련 검사는 학업성취도를 측정하는 학력검사와 학습과 관련된 동기, 흥미나 기술 등을 측정하는 학습기술검사, 학습동기검사, 학습흥미검사 등이 있다.

(1) 진로 관련 검사

적성검사는 특정 분야의 학업이나 직업에 대한 앞으로의 수행능력과 적응도를 예측하는 검사다. 즉, 학업이나 직업과 관련하여 갖고 있는 능력을 측정하여 향후

그 분야에서 직무를 잘 수행할지 또 그 직무 분야에 잘 적응할지를 예측하고자
한다. 적성검사는 일반적인 전공이나 직업 분야에 대한 적성을 알아보는 일반적
성검사와 법률직, 의학직, 과학자, 교직과 같은 특정 직업 분야에 대한 적성을 알
아보는 특수적성검사로 나누어진다.

   흥미는 일반적으로 개인의 일에 대한 선호와 관심에 관한 것이다. Holland
(1997)는 직업에 관한 흥미는 그 직종에서 적응이나 성공가능성의 기반이 되는
일종의 준비도로 보았고, 개인이 어떤 활동에 흥미를 갖고 있다면 그 활동을 주
로 하는 특정 직업에서 더 적응이 수월하고 성공할 가능성도 높게 볼 수 있다고
보았다(이재창 외, 2014). Tracey와 Hopkins(2001)는 직업 선택을 예측하는 주요
변수로 능력보다 흥미가 더 예측력이 높다고 주장하였다. 흥미검사로는 스트롱
(STRONG) 직업흥미검사, 홀랜드(Holland) 진로탐색검사, 쿠더(Kuder) 흥미검사
등이 있다.

   가치관검사는 개인의 미래 직업만족도나 직업적응을 예측하는 주요 지표로 활
용될 수 있는데, Dawis와 Lofquist(1984)는 자신의 가치가 충족될 수 있는 직업
을 선택할 때 또 그러한 직업환경에서 일할 때 직업만족이 높아진다고 보았다.
가치관검사로는 한국고용정보원에서 개발한 직업가치관검사와 진로탐색의 한
영역으로 직업가치를 측정한 한국심리적성검사연구소의 MCI 진로탐색검사 등
이 있다.

(2) 학습 관련 검사

   대표적인 학력검사는 학생들이 교육과정에서 규정하고 있는 교육 목표에 어
느 정도 도달했는지 파악하기 위해 실시되는 학업성취도 평가와 대학입학수학능
력시험이 있다. 학업성취도 평가의 경우 국가 수준에서 매년 중학교 3학년과 고
등학교 2학년을 대상으로 실시되고 있다. 학습에 대한 동기, 흥미, 방법이나 기술
등을 평가하는 검사로는 학업동기검사(김아영, 2003), 학습흥미검사(조봉환, 임경
희, 2003), 학습방법진단검사(한국심리자문연구소, 1997) 등이 있다.

4) 학생정서행동특성검사

학생정서행동특성검사(교육과학기술부, 2016)는 성장기 학생들이 흔히 경험하게 되는 정서·행동발달상의 문제를 조기발견하고 악화되는 것을 사전에 예방하기 위해 학생들의 정신건강을 알아보는 검사다. 검사는 초 1·4학년(CPSQ), 중·고 1학년(AMPQ-II)을 대상으로 매년 실시되고 있다. 1차 검사는 단위학교에서 실시하고 관심군에 대한 2차 검사는 전문기관에서 실시한다.

학생정서행동특성검사의 주 내용은 우울, 불안, 주의력결핍과잉행동장애(ADHD), 학교폭력, 친구관계, 자살생각 등 주요 정서·행동문제 전반에 관한 것으로 〈표 2-4〉와 같다. 검사결과에 따라 정상군과 기준점수 이상인 관심군(우선관리, 일반관리)으로 나누고, 관심군인 경우 좀 더 심층적인 평가나 전문상담 등으로 연계한다. 학생정서행동특성검사의 내용은 다음과 같다.

〈표 2-4〉 학생정서행동특성검사의 내용

초등학생 CPSQ(Child Problem-Behavior Screening Questionnaire)		중·고등학생 AMPQ-II(Adolescent Mental-Health Problem-Behavior Questionnaire)	
유형	내용	유형	내용
내재화문제	불안, 우울, 스트레스, 교우관계	내재화문제	정신증, 우울증, 기분장애, 불안, 신체화, 의존성, 식이장애, 학습이해
외현화문제	주의력결핍과잉행동장애(ADHD), 반항적 행동장애, 품행장애		
인지적 문제	학습	외현화문제	주의력결핍과잉행동장애(ADHD), 강박증, 비행, 품행장애, 성, 대인관계, 폭력피해
오·남용	약물, 인터넷		
정신신체화문제	경련, 틱, 식이장애		

* 출처: 교육과학기술부(2016). 2016 학생정서·행동특성검사 및 관리 매뉴얼. 교육과학기술부.

5) 심리검사의 선택

평가도구의 양호수준을 판단하는 기준으로는 타당도(validity), 신뢰도(reliability), 객관도(objectivity), 실용도(usability or practicality)가 있다. 이러한 기준이 심리검사를 선택하는 기준이 될 수 있다. 그 외에는 가능한 한 최신의 검사인지, 믿을 만한 출판사에서 출판한지가 검사 선택시 고려할 점이 될 수 있다.

① 타당도(validity): 검사 혹은 평가도구가 측정하려고 의도하는 것을 제대로 측정하고 있느냐를 밝히는 것이다. 또한 '무엇을(what)' 재고 있느냐 하는 개념이다. 내용타당도, 예언타당도나 공인타당도, 구인타당도 등이 해당된다.

② 신뢰도(reliability): 측정에 일관성(consistency)이 있느냐 또 측정의 오차가 얼마나 적으냐 하는 것이다. 신뢰도가 높은 검사는 같은 대상에게 시간을 달리 해서 실시를 해도 일관성 있는 결과를 얻게 된다. 신뢰도에는 재검사신뢰도, 동형검사신뢰도, 반분신뢰도, 문항내적 합치도 등이 있다.

③ 객관도(objectivity): 채점이 객관적인가에 해당되는 것으로 누가 채점을 하더라도 같은 결과가 나오는 것이 객관도가 높은 것이다.

④ 실용도(practicality): 경제성과 간편성 같이 실제 검사를 활용할 때 고려되는 요인들이다. 검사실시의 용의도, 검사의 구입 · 실시 · 채점 등에 소요되는 경비 등에 관한 것이다.

2. 관찰법

관찰은 학생의 특성을 파악하고 이해하기 위한 가장 자연스러운 방법으로 빈번하게 사용되고 있다. 교사는 항상 의식적 · 무의식적으로 학생들을 관찰하고 있으며, 어떠한 형태로든 이 관찰결과를 가지고 학생을 평가하고 있기 때문에 체계적인 관찰이 필요하다. 관찰은 일상생활에서도 자주 사용하는 타인의 이해방법이지만 다음과 같은 몇 가지 문제점을 가지고 있다(이재창, 2005).

- 관찰자의 편견이 작용할 가능성이 크다. 각자 세상을 보는 고유한 준거기준 (frame of reference)을 가지고 있기 때문에 사람들마다 같은 관찰도 다르게 해석될 수 있다. 따라서 정확한 관찰을 위해서는 객관적으로 평가할 수 있는 능력을 갖추어야 한다.
- 관찰된 행동이 대표성을 가지고 있지 못할 수 있다. 즉, 관찰된 행동이 전체를 대표할 수 없는 경우가 많다. 따라서 관찰된 행동이 개인을 대표할 만한 행동이 되기 위해서는 여러 다른 상황에서 수회에 걸쳐 관찰이 실시되어야 한다.
- 관찰내용에 대해 정확한 보고를 하지 않거나 행동을 잘못 해석할 수 있다. 따라서 정확한 관찰을 위해서는 관찰의 보고와 해석에 대한 반복되는 훈련과 실습이 필요하다.
- 관찰의 내용을 전부 다 혹은 정확하게 기억하기가 어렵다. 관찰한 내용을 다 기억하든지 또는 정확하게 재연하기가 어렵기 때문에 정확한 기록이 필요하고, 최근의 관찰 기록은 이런 이유로 영상녹화를 많이 이용하고 있다.

관찰의 정확성을 기하기 위해서 유의해야 할 지침을 들어보면 다음과 같다 (Gibson & Mitchell, 1995).

- 한 번에 한 명만 관찰한다. 관찰은 일반적으로 개별적 분석을 위한 것으로 한 명의 학생에게만 초점을 두는 것이 필요하다. 학생이 처한 상황에서 학생들이 보이는 구체적인 행동을 관찰하려면 한 번에 한 명만 관찰해야 한다.
- 분명한 기준과 계획을 가지고 관찰한다. 관찰 전에 무엇을 관찰할 것인지 명확히 해야 한다. 즉, 계획을 세워서 관찰을 해야 한다.

- 관찰은 반복적으로 이루어져야 한다. 신뢰성을 형성할 수 있을 정도로 충분한 시간과 빈도로 관찰이 이루어져야 한다.
- 자연스러운 다양한 상황에서 관찰한다. 학생은 가정, 교실, 식당, 운동장 등에서 각기 다를 수 있기 때문에 어떤 학생의 행동을 이해하기 위해서는 이러한 다양한 상황에서의 행동을 관찰해야 한다.
- 전체적인 상황을 고려하여 관찰한다. 행동의 전후 상황을 파악하면서 관찰해야 관찰 결과를 정확하게 분석할 수 있다.
- 관찰결과는 다른 데이터와 종합적으로 해석한다. 개인을 이해하기 위해서는 그 사람에 관한 모든 자료를 종합해서 분석하는 것이 중요하다.

1) 관찰법의 유형

관찰의 방법은 여러 가지가 있을 수 있다. 관찰의 방법에 대해 잘 알아야 정확한 관찰이 가능하다. 관찰의 방법은 다음과 같이 세분화할 수 있다(황정규, 1998).

① **자연적 관찰법**(naturalistic observation): 일상적 관찰로, 어떤 행동이나 현상이 자연적으로 발생한 그대로를 조직적인 의도 없이 관찰하는 방법이다. 즉, 일상생활에서 우발적으로 일어난 행동을 조직적이고 계획적인 의도 없이 관찰하는 것이다.
② **전기적 관찰법**(bibliographical observation): 한 개인의 행동 특성을 시간적으로 장기간에 걸쳐 계속 관찰하는 방법으로 흔히 종단적 방법(longitudinal study)이라고도 한다. 이 방법은 한 개인 혹은 소수의 피험자를 오랜 기간 동안 계속해서 관찰하게 됨으로써 전반적인 변화를 세밀하게 심층 연구할 수 있고, 시간적으로 전후의 상호관계를 파악하는 데 유리하다.
③ **행동요약법**(behavior summaries): 개인의 행동을 신체적 · 지적 · 정서적 · 사회적 영역 등으로 구분하여 각 영역에 해당되는 행동만을 관찰하는 것이다.

④ **시간표집법**(time sample technique): 관찰 장면을 제한하지 않고 특정한 행동단위가 일정한 시간 내에 얼마나 발생하는가를 양적으로 측정하는 방법이다.

⑤ **장면표집법**(situational sampling technique): 관찰하려고 하는 행동이 잘 나타나는 장면을 선택해서 관찰하는 것으로 사건표집법(event sampling method)이라고도 한다.

⑥ **참여관찰법**(participant observation): 관찰자가 직접 관찰이 속한 장면으로 들어가 피관찰자의 행동을 관찰하는 것이다.

⑦ **실험적 관찰법**(experimental observation): 관찰하려는 장면이나 조건을 인위적으로 조작하여 같은 행동을 보다 정확하고 엄밀한 조건 아래에서 관찰하는 방법이다.

2) 관찰기록

관찰의 결과를 활용하기 위해서는 이를 적절한 방법으로 기록·정리해야 한다. 특히 관찰의 기록에서 명심해야 할 일은 첫째로 기록은 보존이 목적이 아니므로 활용하기 쉽도록 할 것이며, 둘째로 질적인 기록과 함께 양적으로 정리하여 처리하기 쉽도록 고안해야 하며, 셋째로 인간의 기억력에는 한계가 있고 착오가 많기 때문에 관찰한 직후에 기록하거나 여의치 못하면 가능한 한 빨리 기록해 두어야 한다(황정규, 1998). 일반적으로 관찰 특히 지시적 관찰의 경우에는 특정한 도구를 사용해서 관찰 도중에 기록하는 것이 보통이다. 관찰의 기록에 주로 사용되는 방법은 일화기록법, 체크리스트법, 평정법 등을 들 수 있다.

① **일화기록법**(anecdotal records): 특정 상황에서의 개인의 행동을 상세하게 기록하는 것이다. 이 방법은 교사나 관찰자가 학생의 중요한 행동사례를 비형식적으로 보고하는 형태다. 일화기록은 주어진 상황에서의 행동표본을

있는 그대로 서술한다.

② **체크리스트법**(checklist): 검목표라고도 불리는데, 관찰하려는 행동단위를 미리 자세히 분류해서 표로 작성하고, 그러한 행동이 나타났을 때 체크하게 하거나 빈도로 표시하게 하는 방법이다.

③ **평정법**(rating scales): 관찰한 내용을 유목(예를 들어, 전혀 그렇지 않다)이나 수치를 부여하여 적절한 곳에 평가하도록 하는 방법이다.

학생 이름 _____		학년 반 _____	
날짜	사건	의견

[그림 2-3] 일화기록법 예

행동특성	행동항목	학생명			
		혜교	중기	지원	진구
공격성	(1) 다른 사람에게 신체적 고통을 준다(예: 발로 찬다, 꼬집는다, 때린다).			∨∨	∨
	(2) 다른 사람을 정신적으로 불쾌하게 한다(예: 놀린다, 놀아 주지 않는다, 위협한다).	∨	∨		
	(3) 다른 사람의 물건을 공격한다(예: 의자를 찬다, 물건을 못 쓰게 한다).	∨		∨	
	(4) 제 삼자를 개입시켜 공격을 한다(예: 다른 사람에게 공격하게 시킨다).		∨∨∨		
	(5) 권위자에 대해서 비판한다(예: 교사를 욕한다, 비웃는다).				∨

[그림 2-4] 체크리스트법 기록 예

예 1) 이 학생의 책임감은?

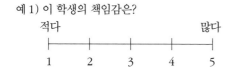

예 2) 이 학생의 사회성은?

___ 1. 대단히 많다.
___ 2. 많은 편이다.
___ 3. 보통이다.
___ 4. 적은 편이다.
___ 5. 거의 없다.

[그림 2-5] 평정법 기록 예

3. 질문지법

질문지법(questionnaire)은 어떤 문제에 관해서 작성된 일련의 질문에 대해 피험자가 대답을 기술하도록 하는 방법이다. 응답형식에 따라 다음과 같은 종류가 있다.

① **자유반응형**(open or free response questionnaire): 어떤 문제에 대해 응답자가 자유롭게 어떤 형식에 구애받지 않고 반응하는 형태다.

② **선택형**(choice method): 두 개 이상의 선택지 중에서 가장 적절한 선택지를 고르도록 하는 방법이다.

③ **체크리스트형**(checking method): 미리 만들어진 목록에 대해 긍정 또는 부정으로 대답하는 형태다.

④ **유목분류형**(classification method): 같은 종류의 여러 가지 문항을 일정한 표준 혹은 준거에 따라 몇 개의 항목으로 분류시키는 방법이다.

⑤ **등위형**(ranking method): 서열법이라고도 하는데, 일련의 항목의 순위를 정

학교생활이 즐겁지 않은 이유는 무엇입니까?
____ 1. 공부하는 것이 재미가 없어서
____ 2. 마음에 맞는 친구가 없어서
____ 3. 선생님이 나에게 관심이 없어서
____ 4. 취미나 특기활동을 할 수 있는 시설이 부족해서
____ 5. 학교폭력을 당하기 때문에
____ 6. 기타 (_____)

[그림 2-6] 질문지법(선택형) 기록 예

* 출처: 이재창(2005). 생활지도와 상담. 서울: 문음사.

하는 방법이다.

⑥ **평정척도형**(rating scale method): 유목이나 수에 표시하는 형태다.

⑦ **조합비교형**(method of paired comparison): 일종의 강제선택형으로 짝 지어진 두 개 혹은 세 개의 항목을 서로 비교해서 어느 한쪽을 선택하게 하는 방법이다.

4. 사회성 측정법

사회성 측정법(sociometry) 혹은 사회성 측정검사(sociometric test)는 제한된 집단 성원 상호 간의 반응을 끌어내어 집단의 성질, 구조, 역동성, 상호 간의 관계를 분석하는 방법이다. 사회성 측정법은 집단에 있어서 성원 간의 대인선호를 측정하는 데 관심을 가지고 있다. 즉, 다른 성원들이 평가하는 개인의 사회적 가치나 개인적 가치를 측정하는 것이다. 다시 말하면 개인의 집단 속에서의 대인관계, 즉 집단 속에서 얼마나 잘 받아들여지고 있으며, 어느 정도의 인기를 얻고 있는가를 알아보기 위해서 사용하는 방법이다.

사회성 측정법은 분석방법에 따라서 다음과 같이 분류할 수 있다.

① **동료평정법**(peer appraisal method): 동료학생들 간에 서로 학생들의 인기, 통솔력, 집단의 권력구조 및 다른 사람에 대한 관심의 정도를 측정하고자 할 때 사용하는 방법이다.

② **추인법**('Guess Who' technique): 각 학생에게 여러 개의 특성을 설명해 주는 일련의 진술문을 주고, 각 설명에 가장 적합한 학생의 이름을 지시대로 하나, 또는 둘을 적어 내도록 하는 방법이다.

③ **지명법**(nominating technique): 어떤 특성을 설명하는 진술문에 맞는 사람의 이름을 선정하는 추인법과 달리 같이 놀고 싶은 사람, 공부하고 싶은 사람,

---

학년 반 _____   날짜 _____

다음 내용에 대해 가장 적합하다고 생각하는 사람을 한 사람만(꼭 필요하면 두 사람까지만)
골라서 그 이름을 오른쪽에 쓰세요. 적합한 사람이 없으면 쓰지 않아도 됩니다. 여러분의 이
름은 쓰지 않아도 됩니다.

1. 가장 재미있는 사람   _____
2. 웃는 모습을 자주 보이는 사람   _____
3. 가장 친절한 사람   _____
4. 가장 성실한 사람   _____
5. 가장 믿을 만한 사람   _____
6. 가장 상상력이 풍부한 사람   _____
7. 도움을 잘 주는 사람   _____
8. 가장 긍정적인 사람   _____
9. 리더십이 뛰어난 사람   _____
10. 특별한 능력을 지닌 사람   _____

[그림 2-7] 사회성측정법(추인법) 기록 예

같이 앉고 싶은 사람, 생일파티에 초대하고 싶은 사람 등의 이름을 지명하
도록 하는 방법이다.

④ **사회도**(sociogram): Moreno에 의해서 시작된 방법으로 소시오그램이라고
도 불린다. 대인관계를 도식에 의한 그림으로 나타내는 방법이다.

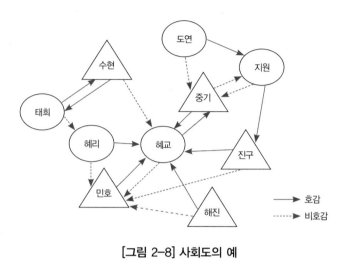

[그림 2-8] 사회도의 예

5. 면담법

면담(interview)은 학생들에게 직접 질문을 하는 가장 보편적이면서 직접적인 방법이다. 면담은 피면담자인 학생에 대한 정보를 수집하는 것으로 관심사와 관련된 사실이나 피면담자의 생각과 태도 등에 대해 파악할 수 있다.

정보 수집을 목적으로 하는 면담은 '시작(opening)' 단계에서 면담자와 피면담자 간에 좋은 관계를 형성하고, 면담의 진행에 대해 알려 주며, '주(body)'가 되는 단계에서는 면담자가 필요한 정보를 수집하는 단계하고 '종결(closing)' 단계에서는 수집한 정보를 명료화하고 검증하거나 피면담자에게 자신의 면담내용에 대해 확인하고 필요하면 다음 면담을 준비한다(Shertzer & Stone, 1980).

효과적인 면담을 진행하기 위한 지침은 다음과 같다(이재창, 2005).

• 면담의 목적을 분명히 하고 면담을 시작해야 한다.

- 피면담자가 방어적인 태도나 적대감을 갖지 않도록 라포를 형성해야 한다.
- 피면담자가 자신의 느낌을 이야기할 수 있는 기회를 충분히 주어야 한다.
- 면담이 끝났을 때에는 피면담자가 필요할 때 언제든지, 또 만날 수 있다는 확신을 주어야 한다.
- 면담이 끝났을 때는 단순히 기억에 의존하지 말고 학생의 기록부나 면담기록지에 중요한 사항을 요약해서 기록해야 한다.

6. 각종 기록 분석법

학교에서 학생들에 관한 기록물로 대표적인 것이 교육행정정보시스템인 나이스(National Education Information System: NEIS)이다. 나이스는 학생에 관한 다양한 정보를 포함한 모든 행정 정보를 기록하고 이용하는 종합 교육행정정보시스템이다. 나이스는 교사나 학교행정가가 주로 기록하지만 학생이나 학부모도 학교정보, 생활기록이나 건강기록, 성적, 상담이나 교육활동 등을 열람할 수 있다.

학교폭력의 경우, 가해학생에 대한 조치사항이 시행된 즉시 학교생활기록부에 기재하도록 되어 있다. 전학 및 퇴학처분 조치는 학적사항에 기록되며 사회봉사, 특별교육이수 또는 심리치료, 출석정지는 출결상황에 기록되며 서면사과, 접촉, 협박 및 보복행위 금지, 학교에서의 봉사, 학급교체 등은 행동특성 및 종합의견 항목에 기록되고 졸업과 동시에 삭제되거나 졸업 2년 후 삭제된다.

학생에 대한 각종 기록을 검토하여 학생에 대한 정보를 수집하고, 이러한 정보는 학생을 이해하는 데 활용할 수 있다. 나이스의 기록내용을 시기별 교사의 업무를 통해 살펴보면 다음과 같다.

〈표 2-5〉 나이스(NEIS) 학급담임교사 업무

시기	업무
당일 업무	• 일일출결 관리 및 마감 • 자율 · 봉사활동 누가기록 • 행동특성 누가기록 • 학생/학부모서비스 승인처리
월말 업무	• 월 출결 및 학급별 출결
학년 초	• 기본신상 관리 • 신입생 사진 입력 • 동아리 부서별 학생 배정
학기 중	• 학급별 수상대장 • 자격증 입력 • 진로희망사항 입력 • 자율 · 진로 · 봉사활동 누가기록 • 행동특성 누가기록 • 지필평가 후 성적 관리 • 전출 · 자퇴 · 퇴학 · 휴학 · 제적 시 학교생활기록부 정리 • 전입학 · 재입학 · 편입학 · 복학 시 학교생활기록부 처리 • 학생/학부모서비스 승인처리 및 신청 • 학부모서비스 상담
학기 말	• 개인별 세부능력 및 특기사항 입력 • 독서활동상황 입력 • 학기말 성적 관리 • 성적자료 학교생활기록부 반영 • 인적사항 및 학적사항 확인 • 출결 특기사항 입력 • 자율 · 진로활동 이수시간 및 특기사항 입력 • 봉사활동 특기사항 입력 • 행동특성 및 종합의견 입력

* 출처: 고등학교 신규교사용 나이스 업무 매뉴얼(경기도교육정보기록원)

제3장

학교상담활동

개요

생활지도의 핵심활동인 상담활동은 학생들의 심리적 문제를 포함한 다양한 당면 문제의 해결을 위해 조력하는 활동이다. 제3장에서는 상담활동의 개념, 유형, 과정에 대해 살펴보고 기본적인 상담기법에 대해 살펴본다.

1. 상담과 학교상담

1) 상담과 학교상담의 정의

상담의 정의로 Rogers(1951)는 상담을 상담자와의 안전한 관계에서 자아의 구조가 이완되어 과거에는 부정했던 경험을 자각해서 새로운 자아로 통합하는 과정으로 보았다. Blocher(1974)는 상담을 자신을 좀 더 잘 인식하고 자신의 환경에 미치는 영향에 대해서 간단히 대처할 수 있도록 개인을 조력하는 것으로 보았고, Shertzer와 Stone(1980)은 자기와 환경에 대한 의미 있는 이해를 촉진시키고, 장래 행동의 목표나 가치관을 확립해서 명료화하도록 하는 상호작용의 과정이라고 보았다.

또한 이장호(1996)는 도움을 필요로 하는 사람이 전문적 훈련을 받은 사람과의 대면관계에서 생활과제의 해결과 사고 · 행동 및 감정측면의 인간적 성장을 위해 노력하는 학습과정이라고 정의하였고, 노안영(2005)은 상담을 정의하는 데 있어서 공동주체는 상담자와 내담자로 전문적 훈련을 받은 상담자와 조력을 필요로 하는 내담자가 함께 공동으로 내담자의 자각확장과 문제해결, 발달과 성장, 문제해결을 달성함으로써 삶의 질을 향상시키는 노력의 과정으로 보았다. 이재창(2005)도 전문적인 훈련을 받은 상담자가 도움을 필요로 하는 내담자에게 자신과 주위 환경에 대한 이해를 촉진시킴으로써 적응과 발달을 할 수 있도록 행동의 변화를 가져오게 하는 상호작용의 학습과정이라고 정의하였다. 이러한 정의는 조금씩 강조점이 다를 뿐 결국 상담은 상담자와 내담자의 상호작용을 통해 문제를 해결하고 행동의 변화를 촉진하는 학습과정으로 보는 것으로 정의할 수 있다.

최근 상담에 대한 수요가 급증하면서 전통적인 상담 장면인 초 · 중등학교 및 대학교뿐 아니라 군, 기업, 종교기관, 병원, 개인상담기관 등으로 상담활동이 이루어지는 현장도 확대되고 있다.

학교상담은 학교에서 이루어지는 상담으로 학생을 주 대상으로 학부모, 교사, 학교 관련자가 상담의 대상이 되며, 진로, 학업, 대인관계, 성격, 학교폭력 등을 상담의 내용으로 한다. 학교상담은 전문상담교사나 전문상담사, 담당교사(상담부장, 진로상담부장, 생활부장)뿐 아니라 일반 교사, 학부모 자원봉사자 등이 제공하고 있으며, 생활지도의 한 부분으로 생활지도의 목적과 일관되게 학생들의 자기 이해와 건전한 적응을 돕고 문제해결과 의사결정에 있어서 능력을 향상시켜 사회구성원으로서의 역할을 수행함과 자아실현을 목표로 하는 활동이다.

학교상담은 학교에서 이루어지는 상담인 만큼 대체로 교사주도적인 면담형태로 이루어지고 수업시간을 고려하여 상담을 진행해야 하는 특징이 있다(조봉환, 임경희, 2013). 상담이 필요한 학생을 선별하여 호출하는 상담이 이루어질 때 상담자는 비자발적 내담자의 동기를 형성하는 것이 중요하다.

학교상담의 또 다른 특성 중 하나는 전문상담교사가 아닌 교사인 경우, 교사와 학생인 관계 외에 내담자와 상담자라는 관계를 이중적으로 가지게 되는 이중관계의 문제가 발생할 가능성도 높다는 것이다. 이중관계는 상담자가 객관성을 유지하기 어렵게 하여 부정적인 측면이 더 많은 것으로 보고 있다. 따라서 상담자는 학교상담에서의 이중관계의 한계점을 인식하고 상담을 진행해야 한다.

2) 생활지도와 상담 및 심리(정신)치료

생활지도와 상담은 개념적으로 구분되는가? 상담과 심리치료는 개념적으로 구분되는가? 생활지도, 상담, 심리치료는 혼용되고 있지만 개념적으로는 차이가 있다. 김계현 등(2011)은 생활지도와 상담을 학생의 변화에 대해 상담을 방법, 생활지도를 강조한 것일 뿐 차이가 없다는 일부 주장에도 불구하고 상담을 생활지도의 핵심적인 방법으로 보는 관점을 제시하였다.

Shertzer와 Stone(1980)에 의하면, 생활지도(Guidance)는 주로 학교에서 이루어지는 활동으로 학생들로 하여금 적절한 계획을 수립하고 실천을 하도록 하여 생활적응을 할 수 있도록 조력하는 데 목적이 있는 프로그램이고, 상담(Counseling)은 생활지도의 일부로 비교적 정상적인 사람이 가지고 있는 현재의 의식적인 자료를 근거로 개인의 긍정적인 측면을 강조하면서 개인이 명확한 정체감을 갖도록 돕는 활동으로 본다. 반면, 심리치료(Psychotherapy)는 일반적으로 병원과 같은 치료기관에서 개인의 성격적 또는 심리적 갈등을 다루며, 좀 더 심각한 행동의 교정을 목적으로 하여 비교적 장기간에 이루어지는 치료적 활동으로 볼 수 있다.

홍강의(1993)는 [그림 3-1]과 같이, 상담과 유사한 활동의 영역을 제시하면서 학교생활 적응문제는 생활지도의 고유영역, 학업이나 진로문제는 생활지도와 상담이 중첩되는 영역, 일시적 적응장애나 부모와의 갈등, 성문제, 심리문제, 등교거부 등은 상담 또는 심리치료의 영역으로 보고 있다. 이장호(1996)도 정보제공, 조언, 의사결정 등은 생활지도 영역, 행동이나 태도의 변화, 갈등해결 등은 상담의 영역, 성격장애나 정신장애는 심리치료의 영역으로 보았다.

결국, 생활지도, 상담, 심리치료는 서로 고유한 영역을 가지고 있으면서도 완전히 구분될 수 있는 것이 아니고 서로 중첩되는 부분을 보이는 조력활동(helping service)으로 볼 수 있다.

	가정 교육	생활 지도	상담	심리(정신) 치료	약물치료, 입원, 기타
가정 내 훈육문제					
일상생활의 가벼운 문제					
학교생활 적응문제					
친구와의 관계문제					
학습 · 학업 문제					
진로문제					
발달이행기의 문제					
일시적 적응장애					
청소년기 격동					
성문제					
부모와의 갈등					
심리적 갈등					
불안증 · 우울증					
등교거부					
품행장애 · 비행					
약물남용					
불안 · 우울 · 강박장애					
신경성거식증					
경계선성격장애					
일시적 정신증					
조울증					
정신분열증					

[그림 3-1] 상담과 관련 서비스 간의 관계

*출처: 홍강의(1993). 청소년 상담의 이론적 경향 고찰: 치료적 관점. **청소년상담연구**, 1(1), 한국청소년상담원.

3) 학교상담자의 역할과 자질

(1) 학교상담자의 역할

상담의 기능과 역할이 점차로 다양해지면서 상담자의 역할도 다양해지고 있다(이재창, 2001). 미국학교상담자협회(ASCA)에서는 학교상담자의 역할을 상담(counseling), 자문(consultation), 조정(coordinating)으로 규정하고, 학생들이 문제를 해결하고 적응하는 기술을 갖도록 하며 의사결정을 할 수 있게 돕는 조력을 상담으로 보았다. 또한 상담자가 부모, 교사, 학교행정가 등 간에 상호작용을 할 수 있도록 도와 서로를 이해하고 정보 및 기술을 습득하도록 도와주는 협력과정을 자문으로 보고, 상담과 관련된 학교의 여러 서비스를 조직하고 관리하는 활동을 조정으로 보았다. 이러한 다양한 학교상담자의 역할을 정리하면 [그림 3-1]과 같다(이재창, 2005).

- 상담 전문가로서의 역할은 자격을 갖춘 상담자에 의해서 수행되는 전문적 봉사활동을 수행하는 것이다.
- 인간 전문가로서의 역할로 상담자는 다양한 상황에서의 개인의 인지적 · 정의적 · 행동적 측면에 대한 정확한 이해와 이러한 영역 간의 상호작용에 대한 이해, 또 이를 통한 개인의 적응과 성장에 대한 이해를 할 수 있어야 한다.
- 건강 전문가로서의 역할은 상담자가 개인의 정신건강과 관련된 문제를 다룬다는 것이다. 특히 문제의 해결 뿐 아니라 예방과 발달을 위한 역할을 수행해야 한다.
- 교육자로서의 역할로 상담자는 내담자 학생뿐 아니라 교사, 학부모, 상담자, 일반 대중을 대상으로 교육을 실시할 수 있어야 한다.
- 자문가로서의 역할은 학교의 교사나 학교행정가, 학부모, 지역사회의 인사, 정책입안자나 공공기관 및 사회기관 종사자 등에게 자문을 제공하는 것이다.

- 변화 촉진자로서의 역할로 상담자는 자신이 속한 학교뿐 아니라 사회의 변화 촉진자(social change agent)로서의 역할을 수행해야 한다.
- 상담자는 다양한 사회 · 문화 · 경제적 배경을 가진 내담자를 접할 기회가 많으므로 범문화적 상담자로서 다양한 배경을 가진 내담자를 다루기 위해서는 그러한 배경을 이해할 수 있는 능력이 있어야 하고 다양한 문화에 대한 편견을 가져서는 안 된다.
- 사이버 상담 전문가로서의 역할로 상담자는 컴퓨터를 비롯한 다양한 매체를 상담에서 적극적으로 활용함으로써 내담자에게 더 가까이 갈 수 있게 되고 이러한 과정을 통해 상담자의 역할을 더 충실하게 수행할 수 있게 된다.

(2) 학교상담자의 자질

일반적으로 상담자가 갖추어야 할 자질은 크게 전문적 자질과 인성적 자질로 구분한다. 전문적 자질은 상담이라는 전문적 활동을 수행하는 데 필요한 지식과 기술을 의미하며, 인성적 자질은 상담자로서 갖추어야 할 기본적 태도나 품성과 같은 인간성이라고 할 수 있다(이재창, 2005). 유능한 학교상담자는 이 두 가지 자질을 적절히 갖추는 데 노력을 아끼지 않아야 한다.

① 전문적 자질: 학교상담자의 전문적 자질은 상담활동을 수행하는 데 필요한 지식과 기술을 말한다. 내담자의 문제를 해결하기 위한 전문적 상담을 위해 갖추어야 할 전문적 자질은 상담 이론에 관한 이해, 상담을 효율적으로 진행하는 방법과 절차에 관한 이해, 실습훈련 경험으로 볼 수 있다(이장호, 정남운, 조성호, 2006).

상담이론은 내담자의 문제의 원인을 이해하고 문제해결을 어떤 방식으로 접근할지를 안내하는 역할을 한다. 내담자의 문제에 따라 상담과정과 기법들이 달라질 수 있는데, 전문적 자질에는 이러한 상담과정과 기법에 기술이나 지식을 습득하는 것도 포함된다.

상담은 이론적인 지식만으로는 실제적인 활동이 어렵다. 따라서 학습된 이론과 기술을 실제로 적용해 보고 이에 대해 지도를 받으면서 익숙해지는 실습이 필요하다. 상담자가 자신의 상담사례를 좀 더 전문가인 수퍼바이저(supervisor)에게 지도를 받는 훈련과정을 수퍼비전(supervision)이라고 한다. 실습훈련 경험은 상담사례에 대한 논의모임이나 수퍼비전 등을 통해서 이루어질 수 있다.

② 인성적 자질: 상담은 상담자와 내담자라는 두 사람이 만나서 협력하면서 이루어지는 활동이기 때문에 상담자의 성향이나 성격 같은 인성이 중요하다. 상담에서 상담자는 상담의 중요한 도구가 되므로 인간적인 자질을 갖추어야 한다.

이장호 등(2006)은 상담자가 갖추어야 할 인성적 자질로 자기에 대한 이해와 수용, 타인에 대한 열린 마음, 삶에 대한 진지함과 용기를 제시하면서 상담자 자신과 상담자가 가지고 있는 마음 그 자체가 가장 훌륭한 치료적 매개체로서의 가치가 있다고 주장하였다.

Rogers(1961)도 상담자의 이론적 배경이나 상담기법보다 내담자가 지각하는 상담자의 태도가 훨씬 더 중요하다고 주장하였다. 상담자의 인성적 자질로는 Rogers(1961)가 인간중심상담이론에서 제안한 태도인 무조건적 긍정적 존중 (unconditional positive regard), 일치성(congruence), 공감적 이해(empathic understanding)를 들 수 있다.

무조건적 긍정적 존중은 내담자가 보여 주는 모습들을 평가하거나 비판하지 않고 있는 그대로 받아들이는 것을 의미한다. 이것은 인지적으로는 내담자가 드러내는 인식의 틀을 가감하지 않고 그대로 받아들이면서 정서적으로는 온정적인 태도로 수용하는 것으로 말한다고 볼 수 있다.

진실성 또는 솔직성, 즉시성이라 불리는 일치성은 상담자가 자신의 내적 경험 (생각이나 감정)과 외적인 표현(의사소통)을 일치시켜 개방적으로 표현하는 것을 의미한다. 그러나 일치성은 상담자가 학생에게 자신의 감정이나 생각을 무엇이든 솔직하게 표현하는 것보다는 학생 또는 학생과의 관계에서 중요하다고 생각되는 경험 내용을 솔직하게 표현하는 것이다.

공감적 이해는 내담자의 입장에서 마치 자신의 것처럼(as if) 느끼고 이해하는 것을 의미한다. 이러한 공감적 이해는 공감적으로 이해하는 것과 공감적으로 이해한 것을 전달하는 것의 두 가지 측면이 있으며, 상담자는 학생의 입장에서 공감적으로 이해할 뿐만 아니라 이해한 것을 적절히 학생에게 전달해 줌으로써 학생이 공감적으로 이해받고 있음을 느낄 수 있도록 하는 것을 의미한다(한국초등상담교육학회, 2006).

결국, 이러한 인성적 자질은 내담자와 상담자 간의 관계를 형성하고 발달시키는 데 영향을 미쳐 상담의 효과를 높이는 데 가장 중요한 역할을 한다(조붕환, 임경희, 2013). 또한 상담자는 전문적 자질과 인성적 자질을 모두 갖추기 위해 꾸준한 노력을 해야 한다.

2. 학교상담의 유형

상담의 유형은 상담의 방법, 목적, 내용, 대상, 형태 등에 따라 여러 가지 유형으로 분류할 수 있다. 먼저 상담 방법에 따라 대면상담과 비대면상담으로 나눌 수 있다. 대면상담은 상담자와 내담자가 직접 만나 얼굴을 맞대고 진행되는 상담이다. 대면상담에는 대화를 통한 방식이 일반적이나 대화 외에 적용되는 조력방식에 따라 놀이치료, 미술치료, 음악치료, 독서치료, 연극치료 등 다양한 예술적 표현을 활용한 상담유형이 있다. 비대면상담은 전화나 컴퓨터, 편지 등 직접 만나지 않고 주로 통신매체를 통해 이루어진다. 특히 이메일이나 채팅을 이용한 사이버 상담은 편리성, 경제성, 시공간의 한계 극복 등 장점이 많아 최근 많이 이용되고 있다.

상담의 목적에 따라 1차적 증상, 즉 문제의 해결을 목적으로 하는 치료상담, 약물문제나 성과 같은 문제가 발생하는 것을 예방하기 위한 예방상담, 내담자가 당면한 위기사안에 대해 즉각적인 개입을 목적으로 하는 위기상담, 개인의 전 생애에 걸쳐 개인적 성장이 일어나도록 돕는 발달상담이 있다. 특히, 생활지도는 모든 연령층의 개인과 발달단계상의 문제를 다루고 성장을 기하는 것이기 때문에 발달상담은 예방상담과 아울러 생활지도의 핵심이 되는 상담형태라고 할 수 있다 (이재창, 2005).

상담에서 주로 다루는 내용에 따라 성격상담, 정신건강상담, 대인관계상담, 진로상담, 학습상담, 부부 또는 가족 상담 등으로 나눌 수 있다. 학교상담은 주로 성격상담, 대인관계상담, 진로상담, 학습상담 등으로 진행된다.

또한 상담의 대상에 따라 아동상담, 청소년상담, 성인상담, 노인상담, 부모상담 등으로 구분된다. 생활지도는 주로 아동상담과 청소년상담이 해당된다.

상담의 형태에 따라서 개인상담과 집단상담의 형태로 구분된다. 상담을 받는 내담자가 한 명인 경우 개인상담이고, 한 명 혹은 그 이상의 상담자와 여러 명의 내담자가 함께 상담을 진행하면 집단상담에 해당된다. 개인상담은 내담자의 문제가 시급하며 원인과 해결이 복잡하고 내담자 자신의 개인적 정보를 보호할 필요가 있는 경우나 집단에서의 상호작용에 불편함을 느끼는 내담자에게 적합하다 (이장호, 김정희, 1998). 반면 집단상담은 여러 명의 집단 구성원이 일정 시간 만나면서 서로의 문제에 대해 이야기하며 상호작용하면서 상담 효과를 도모하는 것이다. 집단상담은 타인과의 시각에 대한 인식이나 사회적 기술의 습득이 필요한 내담자, 상호작용을 통한 유대감, 소속감 및 협동심의 향상이 필요한 내담자, 사회적 기술의 훈련이나 사회적 지지가 도움이 되는 내담자에게 적합하다(이장호, 김정희, 1998).

집단상담과 유사하게 생활지도에서 집단을 대상으로 진행되는 프로그램을 집단지도라고 한다. 집단상담은 집단 구성원의 개인들에게 초점을 두고 상담자가 집단원들과 함께 협력하여 촉진자 · 안내자 역할을 하면서 개인의 문제해결과 성장을 목적으로 상호 집단으로 교류하는 상담과정이며, 집단지도는 바람직하고 건전한 학습 및 생활태도를 촉진하기 위해 주로 교육적 · 직업적 주제로 교육적 경험을 제공하려는 생활지도 활동을 의미한다(한국초등상담교육학회, 2006). 한편, 심리적인 갈등을 명료화하고 이를 해소하기 위해 집단적으로 심리치료 방법을 응용하는 것을 집단치료라고 한다(이재창, 2005). 집단상담과 비교하여 집단치료는 좀 더 심각한 적응, 정서, 발달에 관한 문제들을 가진 사람들을 치료하는 데더 중점을 두고 있고, 무의식적인 동기에 더 관심을 두고 있다. 집단지도, 집단상담, 집단치료를 비교하면 〈표 3-1〉과 같다.

〈표 3-1〉 집단지도, 집단상담, 집단치료의 비교

차원 ＼ 범주	집단지도	집단상담	집단치료
1. 일반적 명칭	토론집단 정보제공 및 생활안내집단 진로집단	집단상담	집단치료 집단심리치료
2. 집단 성원의 선발	해당 영역에 따라, 지식의 필요에 따라 자진 또는 타인이 선발	변화의 필요성을 지각해서 자진 또는 타인이 선발	문제행동에 따라 자진 또는 타인이 선발
3. 인원수	12~25명	6~12명	4~10명
4. 초점	교육적 · 직업적 · 개인적 정보와 계획	관찰할 수 있는 행동, 집단 성원의 상호작용의 유형, 여기 · 지금의 행동	집단 내외에서의 부적응 행동, 집단 성원의 심리역사
5. 목표	의사결정을 돕기 위한 계획에서 환경적 · 개인적 경향에 대한 지식의 증가	자아탐색을 촉진하는 환경을 제공하고 대안적인 행동을 찾도록 함	성격의 변화 및 이상행동의 수정
6. 지도자	1명의 교사나 상담자	1명이나 2명의 상담자	정신치료자(임상심리학자, 정신과 의사, 정신과 사회사업가)
7. 지도형태	지도자가 집단의 방향과 내용을 정함	지시적 또는 집단중심적 접근	치료자의 경험, 훈련, 환자의 문제에 따라 다르나 대체로 분석적, 지시적

8. 집단의 기간	전달된 정보나 자료의 성질에 따라 다름	집단의 성격에 따라 다르지만 대체로 5~25회	집단과 문제의 성격에 따라서 몇 주부터 몇 년 간 지속됨
9. 면접시간	10~55분	1~2시간 정도	1~2시간 정도
10. 장소	교육기관 (중등학교 · 대학교)	교육기관, 종교기관, 지역사회, 상담기관	정신병원, 임상진료실, 정신건강과 의원

* 출처: Shertzer, B., & Stone, S. C. (1980). *Fundamentals of counseling* (3rd ed.). Boston: Houghton.

집단상담, 집단지도, 집단치료는 집단을 대상으로 한 형태의 상담유형이라는 공통점을 가지고 있는데, 이러한 집단방식의 장점은 다음과 같다.

- 경제성에 대한 이점이 있다. 상담자와 여러 명의 내담자가 함께 상담을 진행함으로써 시간이나 경비 면에서 효율적인 측면이 있다.
- 조직과 조직의 역동성에 대한 이해와 집단적 상호작용을 통해 대인관계나 조직활동, 의사소통에 대한 학습이 가능하다. 이것은 개인상담에서는 얻을 수 없는 대인관계와 관련된 개인발달이 이루어질 수 있다.
- 집단 구성원의 문제해결이나 의사소통을 관찰하고 모델링함으로써 학습경험을 가질 수 있다. 또한 집단 경험을 통해 얻은 학습을 바로 적용하여 연습할 기회도 비교적 쉽게 가질 수 있다.

한편, 교사의 집단지도는 학급지도로 이를 학급경영이라고 부른다. 교사의 학급경영은 담임교사의 학급경영과 수업교사의 학급경영으로 볼 수 있다(성태제 외, 2007). 학급경영자로서 담임교사는 출결석 관리, 조례와 종례, 교실환경 관리, 학생들의 학력관리, 품행지도, 진로지도, 학부모회의 개최, 각종 행사지도와 문서관리 등의 업무를 수행한다. 반면, 수업교사로서의 학급경영은 수업시간에 발생하는 각 학생의 학습행동, 수업태도, 학습효과 등에 관한 것이다. 교사는 학급조직을 형성하고 학급규칙을 정하며 규칙에 따른 상과 벌을 준다. 학급경영은 학급운영의 핵심적 활동이며 학생들의 자발적인 참여가 이루어지도록 다양한 방식으로 운영되는 것이 필요하다(김계현 외, 2011).

3. 상담의 과정

상담의 과정은 개인상담과 집단상담으로 나누어 살펴볼 수 있다.

1) 개인상담의 과정

개인상담의 과정은 학자들마다 다르게 제시하고 있다. Egan(2001)은 문제탐색 및 명료화 단계, 새로운 측면의 발전 및 목표설정 단계, 활동단계로 구분하고, Hill과 O'Brien(1999)은 탐색단계, 통찰단계, 실행단계로 구분한다. 이장호(1996)는 문제의 제시 및 상담의 필요성에 대한 인식, 촉진적 관계의 형성, 목표설정과 구조화, 문제해결의 노력, 자각과 합리적 사고의 촉진, 실천행동의 계획, 실천결과의 평가와 종결 등의 7단계를 제시하고 있고, 이재창(2005)은 관계형성, 문제발견과 탐색, 문제해결과 치료계획, 활동과 종료 등의 단계로 구성되어 있다고 주장한다. 상담의 과정을 가장 단순하게 초기, 중기, 종결단계으로 나누어 살펴보면 다음과 같다.

(1) 초기단계

초기단계는 첫 번째 만남인 접수면접(intake)을 포함한 몇 번의 회기를 말한다. 초기단계에서 가장 중요한 것은 상담관계를 형성하는 것이다. 상담관계는 상담자와 내담자 간의 신뢰적이며 따뜻한 관계를 의미하는 라포(rapport)를 포함한다.

초기단계에서는 상호존중의 상담관계를 형성하면서 내담자의 문제에 대한 이해와 평가를 하는데, 내담자가 가지고 있는 문제의 원인과 관련 요인, 문제에 대한 학생 자신의 관점과 태도, 문제해결에 대한 동기와 기대 등(조붕환, 임경희, 2013)을 논의하고 이 과정에서 심리검사와 같은 평가도구를 활용하기도 한다.

상담을 본격적으로 하기 전에 상담의 기본적인 틀에 대한 논의와 합의를 하게 되는데, 이것을 상담의 구조화라고 한다. 상담의 구조화는 상담에서 내담자가 준수해야 할 일들과 상담의 기본적인 진행방식 등에 대해 내담자에게 안내하거나 설명하는 행위를 의미한다(이장호, 정남운, 조성호, 2006). 상담의 구조화에는 시간이나 경비 합의, 내담자의 바람직한 행동과 역할 안내, 상담자의 역할 소개, 상담과정 안내, 비밀보호의 한계 등이 포함된다.

상담에서는 기본적으로 개인 사생활과 비밀유지가 보호되지만 이러한 비밀보호는 내담자의 생명이나 사회의 안전을 위협하는 경우, 내담자에게 감염성이 있는 치명적 질병이 있다는 확실한 정보가 있는 경우, 내담자의 동의하에 법적으로 정보의 공개가 요구되는 경우 등(한국상담심리학회 상담심리사 윤리강령)에서 한계가 있고, 이를 상담 초기단계의 상담구조화 과정에서 내담자에게 안내를 한다.

상담 초기단계에서 중요한 과업이 바로 상담의 목표를 정하는 것이다. 일반적으로 상담목표는 문제해결과 증상완화를 1차적 목표, 1차적 목표를 완수하는 과정에서 일어날 수 있는 인간적 발달과 성숙을 2차적 목표로 본다. 때문에 효과적인 목표설정이 상담의 가장 중요한 활동이 되는데, 상담목표 설정시 고려할 사항은 다음과 같다.

- 상담목표는 구체적이고 명확해야 달성하기 쉬우며 또한 달성도 쉽게 확인이 가능하다. 상담목표가 구체적이거나 명료하지 않으면 목표달성을 위해 해야 할 노력이나 행동도 분명할 수 없다. 상담목표는 외현적으로 확인이 가능하도록 구체적이고 명확해야 한다.
- 상담목표는 내담자와 상호합의해서 정하는 것이 좋다. 내담자와의 논의와 합의를 거쳐 결정된 목표는 내담자의 동기를 강화한다.

- 현실적으로 달성가능한 목표로 설정한다. 내담자의 상황과 능력 등의 측면에서 성취가 가능한 것을 상담목표로 한다. 상담목표에 따라 상담전략을 정하게 되는데, 상담전략은 상담목표를 성취하는 방법으로 상담전략 역시 달성가능한 것이어야 한다.
- 상담목표가 여러 가지인 경우, 우선순위를 정하는 것이 좋다. 내담자가 가지고 있는 모든 문제를 동시에 다룰 수는 없기 때문에 우선적으로 시급하고 심각한 문제가 무엇인지에 대해 논의하고, 우선순위를 정하여 상담목표를 정한다.

(2) 중기단계

중기단계는 상담 초기에서 설정된 상담목표를 해결하기 위해 노력하는 단계로 문제해결에 대한 노력과 시도가 이루어지는 단계다. 중기단계에서는 최종의 상담목표를 달성하기 위해 구체적인 상담 작업이 이루어지며, 중간 중간의 목표인 과정적 목표를 달성하게 된다. 즉, 상담을 통해 사고나 행동의 변화가 시작되고 실천이 계획되고 시도해 보게 된다. 이 단계에서 내담자는 문제와 관련된 정서를 표현하고 문제를 구체적으로 정의하며 해결방법을 모색하게 되면서 새로운 시각에서 자신과 문제를 보게 된다(조붕환, 임경희, 2013). 이러한 과정에서 문제해결에 대한 실제적인 노력이 이루어지는데, 때로는 변화를 거부하려는 저항이 나타나기도 한다. 중기단계에서 상담자는 저항을 해소하고 문제해결을 위한 노력이 계속되도록 한다.

(3) 종결단계

애초에 설정된 목표가 달성되거나 내담자가 더 이상 상담을 받고자 하지 않으면 상담을 종결하게 된다. 종결은 갑자기 이루어지기보다는 종결을 준비하는 종결회기를 갖는 것이 일반적이다. 종결의 준비과정에서는 그동안의 상담과정을 정리하고 평가하여 내담자의 노력과 책임에 대해 논의를 한다. 또한 내담자가 상담 후에도 자신의 긍정적인 변화를 유지할 수 있도록 격려하고 앞으로의 계획을 함께 세운다.

이장호 등(2006)은 성공적인 상담 종결의 조건으로 문제 증상의 완화, 현실 적응력의 증진, 성격 기능성의 증진, 성공적인 상담 종결을 시사하는 내담자의 태도나 생각을 제시하고 있다.

종결단계에서는 추수상담에 대해 내담자에게 안내를 하는데, 상담을 종료한 후라도 내담자가 필요하면 언제든지 다시 찾아올 수 있음을 알려 준다. 때로는 종결시 추수상담을 구체적으로 내담자와 논의해 추수상담을 계획하기도 한다.

2) 집단상담의 과정

집단상담의 과정은 초기단계, 과도적 단계, 작업단계, 종결단계로 나누어 볼 수 있다.

(1) 초기단계

집단이 구성되면 초기단계를 시작으로 진행된다. 집단 구성은 자발적 신청 또는 추천 등에 의해서 이루어지는데, 가능한 성별, 연령, 배경적 요인 등을 고려해서 유사하게 조직하거나 또는 다양한 배경을 가진 구성원으로 조직한다. 특히 성별은 발달수준에 따라 아동은 남녀를 따로 모집하고, 청소년 이상은 남녀가 섞인 집단이 더 바람직하다. 연령은 학생들은 또래로 구성되는 경우를 좀 더 편안하게 느끼나 성인의 경우에는 다양한 연령층의 구성도 가능하다(이장호, 정남운, 조성호, 2006). 초기단계는 집단 구성원의 집단상담 참여단계로 집단원의 소개, 집단참여 동기, 목적과 내용, 집단참여를 위한 기본 규칙 소개 등이 논의된다.

(2) 과도적 단계

과도적 단계는 참여단계에서 작업단계로 이어지는 과도적 과정을 의미하여 변환 단계라 불리기도 한다.

과도적 단계에서는 집단상담을 시작하면서 저항, 불안, 망설임, 방어적 태도, 내적 갈등 및 집단원 간의 갈등 등이 나타나는 단계다. 경우에 따라서는 거치지 않을 수도 있지만 집단원들이 집단에 대한 친밀감, 응집력, 소속감을 느끼지 못하거나, 집단의 목표나 과제가 분명치 않거나, 다른 구성원이나 집단 지도자에 대한 부정적 감정이 발생할 때 나타날 수 있다(한국초등상담교육학회, 2006).

(3) 작업단계

집단상담의 가장 핵심단계인 작업단계는 활동단계, 중간단계, 문제해결단계 등으로 불린다.

본격적으로 상담이 진행되는 이 단계에서는 집단원 간의 응집력이 강화되고 목표에 초점을 맞추어 활발한 작업이 이루어진다. 집단원의 적극적인 참여와 자기표현, 피드백이나 의견교환, 문제제기 및 해결방안의 탐색시도 등을 통해 이해와 통찰을 얻고 행동의 실천 방법이 탐색되는 단계다.

(4) 종결단계

개인상담의 종결단계와 마찬가지로 집단에서의 종결단계도 그동안 상담작업을 정리하는 종결단계를 거친다.

종결단계에서 집단원은 집단상담에서 경험하고 새롭게 배우고 느낀 것을 정리하고 통합하는 활동을 하게 된다. 이 단계에서는 종결과 헤어짐에 대한 감정을 다루기, 집단에서 의미 있게 경험한 것이나 학습한 것 등을 이야기하면서 집단상담의 효과를 평가하기, 해결되지 않은 목표나 주제, 앞으로의 계획 이야기하기, 집단원 각자에 대한 피드백 주고받기 등이 다루어지게 된다.

4. 상담의 기법

기본적으로 상담은 대화를 통해 이루어지고 이론과 무관하게 적용되는 공통된 기법이 있는데, 몇 가지 대화기법에 대해 살펴보면 다음과 같다.

1) 경 청

상담은 경청으로 시작하여 경청으로 끝난다고 할 정도로 학생의 이야기를 잘 듣는 것이 중요하다. 경청이 이루어져야 다른 상담의 기법들을 적용할 수 있다.

경청은 언어적 메시지만 해당되는 것이 아니라 비언어적 메시지를 듣는 것, 즉 관찰이 동시에 이루어져야 하기 때문에 '적극적 경청'이라고 표현하기도 한다. 결국, 경청은 내담자의 말과 행동에 집중하여 따라가는 것이 된다.

경청에서는 상담자가 내담자의 말을 듣는 동시에 내담자도 상담자의 말을 듣고 상담자의 모습을 관찰하게 된다. 따라서 상담자는 경청에 적합한 태도를 가져야 되는데, Egan(2001)은 SOLER 원칙을 제안하였다. SOLER는 상담자가 학생을 똑바로(Squarely) 보고, 개방적(Open) 자세를 취하고, 약간 학생 쪽으로 몸을 기울이고(Lean), 적당하게 눈(Eye)맞춤을 하고, 편안한 포즈를 취하며(Relaxed) 경청한다는 것이다. 또한 경청을 하고 있음을 대화하는 학생에게 전달할 수 있는 끄덕임과 표정도 적절하게 하는 것이 좋다.

2) 계속 반응

계속 반응은 상담자가 내담자의 말을 듣고 있거나, 동의하거나, 비슷한 생각을 가지고 있다는 것을 알려 주는 짧은 말의 반응으로 가벼운 격려나 최소 촉진적 반응, 수용, 장단 맞추기로 불리기도 한다.

계속 반응은 경청에 대한 반응으로 볼 수 있는데, 내담자의 이야기를 듣고 "음" "그래서요?" "그렇군요." "알겠어요."와 같이 짧게 표현하는 것이나 고개를 끄떡이거나 손동작을 사용하는 것과 같이 내담자의 이야기를 듣고 있음을 알려 주고, 내담자가 더 이야기를 할 수 있도록 분위기를 형성하게 된다. 계속 반응은 대화를 촉진하는 반응으로 우호적인 대화의 분위기를 형성하고 대화의 흐름을 부드럽게 이어 준다(한국초등상담교육학회, 2006).

계속 반응 예

내담자 그 친구와 사이는 그때부터 멀어지게 된 것 같아요.

상담자 그래요(계속 반응).

내담자 지금 생각해 보면 많이 아쉬워요. 제가 먼저 사과를 했어야 한다는 생각이 들어요.

상담자 그렇군요(계속 반응).

---

3) 질문

상담에서 질문은 세 가지 목적이 있는데, 첫째, 내담자가 더 많이 개방하고 자기노출을 하도록 격려하기 위해서, 둘째, 내담자가 좀 더 이야기를 상세하거나 구체적으로 할 수 있도록 하기 위해서, 셋째, 내담자가 한 이야기를 좀 더 명확히 이해하기 위해서다(노안영, 2005). 그러나 너무 많은 질문은 내담자에게 조사받는 듯한 인상을 주거나 답을 하는 데 부담감을 줄 수 있으므로 상담자에게는 적절한 질문 반응이 요구된다.

질문은 내담자에게 지나치게 응답을 강요하는 것으로 들리지 않도록 요청형식으로 하는 것도 좋다. 질문 반응에서 유의점은 다음과 같다.

① 개방형 질문으로 한다. '예'나 '아니요'로 응답하는 질문을 폐쇄형 질문이라고 하고, 좀 더 구체적인 정보를 요구하는 질문을 개방형 질문이라고 하는데, 폐쇄적 질문은 내담자에게 풍부한 응답을 끌어내지 못하기 때문에 필요시에만 사용하는 것이 바람직하다. 개방형 질문은 내담자에게 상황, 감정, 사건 등의 내용, 방법, 시기, 장소 등에 대해서 좀 더 상세한 설명을 통해 폭넓은 답변을 요구하는 것이다.

② 가급적 '왜'로 시작되는 질문은 피한다. '왜'로 시작되는 질문은 내담자에게 책임을 묻거나 비판하는 느낌을 주어 내담자를 방어적으로 만들기 때문에 필요한 경우가 아니면 가급적 하지 않는다.

③ 질문은 단일질문이라야 한다. 즉, 한꺼번에 두 가지 이상의 이중질문을 하지 않아야 한다. 여러 가지 질문을 동시에 하게 되면 내담자는 응답하기가 어렵다.

④ 질문은 되도록 간결하고 명확하여 알아듣기 쉬워야 한다. 내담자가 질문을 이해할 수 있도록 쉽고 간단하게 질문하고, 내담자가 질문에 대해 이해하고 있는지를 살핀다.

⑤ 일단 질문을 한 다음에는 잠시 멈추고 기다리면서 응답에 대한 심리적 압박을 느끼지 않도록 응답할 시간을 충분히 주어야 한다.

질문 예

상담자 친구와 싸운 것은 작년이었니?(폐쇄형 질문)

내담자 예.

상담자 무슨 일 때문에 싸우게 되었지?(개방형 질문)

내담자 제가 약속시간에 늦었는데, 친구는 제가 일부러 그랬다고 생각했나 봐요.

상담자 왜 네가 약속시간에 늦은 건데?('왜'로 시작하는 질문)

내담자 제가 일부러 그런 게 아니라고요. 약속시간을 잘못 알았거든요. 그런데 친구는 일부러 그랬다고 화를 냈어요.

상담자 그래서 친구가 화를 어떻게 냈고, 너는 어떻게 했어? 그런 다음에 어떻게 된 건데?(이중질문)

내담자 …….

4) 반영

반영은 내담자의 말 속에 담긴 내용과 감정을 다시 상담자가 말함으로써 되돌려 주는 기법이다. 반영은 내용반영과 감정반영으로 나누어 볼 수 있다. 내담자의 표현 중 인지 측면의 '내용'은 관계된 사람들, 대상, 상황, 사건, 생각, 의견, 판단, 행동, 경험 등에 해당하며 내용반영이 되고, '정서'는 기쁜, 즐거운, 행복한, 슬픈, 분노한, 역겨운, 찝찝한 등 감정 또는 정서를 지칭하는 모든 내용이 해당하며 감정반영이 된다(한국초등상담교육학회, 2006).

반영은 상담자가 내담자의 이야기에 귀 기울이고 있고 잘 이해하고 있는지 확인할 수 있는 기회가 되며, 내담자 입장에서는 자신의 말을 다른 사람에게 들음으로써 보다 적극적으로 자신의 내면을 탐색할 수 있는 기회가 된다.

(1) 내용반영

내용반영은 재진술(Restatement or Paraphrasing)이라고 하는데, 내담자가 한 말을 그대로 되풀이하거나 간단히 요약해서 되풀이하는 것이다. 내용반영은 내담자가 말한 것을 모두 되돌려 주는 것이 아니라 그 중 핵심적인 내용을 다시금 들려 주는 것으로, 주로 내담자가 말한 것보다 단어 수를 더 적게, 비슷한 말을 쓰고 더 구체적이거나 더 분명한 말로 표현한다.

(2) 감정반영

감정반영은 내담자가 한 말 속에서 드러난 감정을 다시 언급하는 것으로, 내담자가 사용한 정서적 단어나 문장을 포함한다. 감정반영은 단순히 내담자의 감정을 형식적으로 언급하는 것보다는 내담자의 감정을 추론하여 공감적으로 표현하는 것이 필요하다. 감정반영을 통해 상담자는 내담자가 자기탐색을 하도록 내담자의 깊은 감정을 반영해 주는 거울(노안영, 2005) 역할을 한다고 볼 수 있다.

반영 예

내담자 그 친구가 너무 크게 화를 내니까, 저는 당황해서 말을 할 수가 없었어요. 친구의 오해를 풀어 주고 제가 잘못한 부분은 사과를 했어야 하는데, 아무 말도 할 수가 없었어요. 그게 제일 잘못이었던 것 같아요. 지금 생각해도 왜 그랬는지 모르겠어요.

내용반영 바로 사과를 하지 못한 게 잘못이라고 생각하는군요.

감정반영 그 상황에서 말을 하지 못한 것에 대해 후회가 되는군요.

---

5) 요 약

요약은 상담 내용의 일부나 전체에 대해 상담자가 말로 정리해서 표현하는 반응이다. 내담자는 많은 이야기를 상담에서 하지만 말하고자 하는 내용이 무엇인지 흐름을 잃는 경우가 있다. 요약은 반복해서 강하게 표현되는 주제들을 확인하여 드러내는 대화 기술로, 단순히 앞에 언급된 내용들을 간추려 정리하는 수준이 아니라 여러 상황과 장면들 속에 흩어져 표현된 이야기 주제들을 찾아내어 묶고 이를 내담자에게 되돌려 주는 기술이라고 볼 수 있다(한국초등상담교육학회, 2006).

요약은 내용반영과 비슷하나 좀 더 종합적이고 다양한 내용이 포함되는 반응 기술이다.

요약 예

상담자 지금까지 이야기를 들어보면, 원래 친하게 지내던 친구와 오해로 인해서 멀어지게 되었고 네가 먼저 사과했더라면 좋겠다고 생각을 하는 것 같군요.

6) 직 면

직면은 상담자가 내담자 행동의 모순이나 불합리한 측면, 앞뒤가 맞지 않는 내용, 감정과 말의 불일치, 말과 행동의 차이, 현실과 환상의 차이, 상담자의 해석과 내담자의 해석 간의 차이 등을 지적하는 것을 말한다. 직면은 내담자가 미처 깨닫지 못한 자신의 모습에 대한 지적이기 때문에 상당히 도전적인 기술이다. 따라서 직면을 위해서는 내담자와 라포가 형성되어 내담자가 상담자의 지적에 대해 수용할 수 있는 준비가 되어 있어야 한다. 직면이 주의를 요하는 도전적인 기술임에도 불구하고, 직면을 통해 내담자는 생각하지 못한 자신의 새로운 모습을 보게 되고 이를 반성적으로 돌이켜 보는 좋은 계기가 될 수 있다.

직면 예

내담자 이제 와서 그 친구와의 일을 이야기하는 게 무슨 소용이 있겠어요.

상담자 그런데도 오늘 상담에서 네가 계속 그 친구와의 이야기를 하고 있는 이유는 무엇일까?

7) 해 석

내담자가 진술한 말의 내용에서 표면상의 의미가 아닌 이면의 의미를 설명해 주는 것을 해석이라고 한다. 즉, 표면상으로 따로따로 독립된 내담자의 진술 내용들 간에 하나의 연결고리를 지어 주는 것, 내담자의 방어나 감정, 저항, 혹은 내담자와 내담자 사이의 감정 전이에 대해서 지적해 주는 것, 내담자의 행동이나 성격에서 공통적으로 나타나는 주제나 패턴, 인과관계로 나타나는 현상에 대해 지적해 주는 것, 일반적으로 이전의 행동에 대한 새로운 의미를 부여하는 것들을 말한다(이재창, 2005).

상담자의 해석을 통해 내담자는 자신의 모습과 행동의 의미를 이해하게 되고 이를 통해 변화의 방향을 설정할 수 있다. 해석 반응도 직면 반응처럼 도전적인 기술에 해당되기 때문에 해석의 시기나 수준을 적절히 잡는 것이 필요하다. 또한 해석은 내담자의 말과 행동에 대한 상담자의 의미 분석이기 때문에 정확하지 않을 수 있다. 따라서 단정적인 표현보다는 "내가 보기에는……." "아마도 그것은……." "…… 이렇게 볼 수 있겠어요." "…… 가능성도 있을 것 같아요." 등의 잠정적인 표현이 좋다.

해석 예

상담자 어쩌면 지금 반 친구들과의 사이가 좋지 않은 이유도 예전의 그 친구와 싸운 이유와 같다는 생각이 들기 때문이라고 볼 수 있을 것 같아요.

---

8) 자기개방

자기개방은 상담자가 내담자에게 자신의 경험이나 감정을 노출해서 나누는 것을 말한다. 자기개방이라고 해서 무엇이든 상담자가 자신의 이야기를 하는 것보다는 내담자에게 도움이 된다고 판단될 때 사용하는 것이 바람직하다. 자기개방은 자기개방의 적절한 시기, 양과 질을 고려해야 하고, 상담자의 자기개방을 내담자가 어떻게 받아들이는지에 대한 관심도 필요하다.

자기개방 예

내담자 계속 친구들이랑 싸우게 되는 것 같아 괴로워요. 저는 모두하고 친하게 지내고 싶은데, 안되는 게 속상해요.

상담자 나도 3학년 때 사람들이 나를 싫어하는 것 같은 경험을 했지. 너무 외롭고 속상하더라.

---

9) 구체화와 명료화

구체화는 내담자의 이야기 속에서 이해가 필요한 부분들을 좀 더 세세하게 표현하도록 유도하는 반응이다. 특히 내담자가 사용하는 어휘나 개념들은 일반적 또는 상담자가 생각하는 것과 다른 의미를 가진 것일 수 있다. 내담자의 이야기를 좀 더 이해하기 위해서 더 많은 내용을 듣고자하는 기술이 구체화다.

내담자가 말한 내용을 구체적으로 살펴보는 기술이 구체화라면, 명료화는 내담자가 말한 내용에 담긴 의미를 분명하는 기술이다. 내담자가 전달하는 메시지를 잘 이해하지 못했을 때, 내담자가 표현한 내용을 보다 정교하게 이해하려 할 때, 또는 상담자가 들은 내용의 정확성 여부를 직접 확인하고 싶을 때 명료화 기술을 사용할 수 있다.

구체화와 명료화 예

내담자 저랑 말을 하지 않으려는 친구들을 보면 마음이 좀 그렇죠.

상담자 마음이 좀 그렇다는 것은 무슨 의미인지 좀 더 이야기해 주겠니? (구체화)

내담자 왜 나한테만 그러는지 마음에 안 들고 화가 나기도 해요.

상담자 내가 듣기엔 친구들이 너에게 말을 걸지 않아 화가 난다는 것인데, 맞니? (명료화)

10) 조언 및 정보 제공

조언은 직접적으로 지시나 지도를 하는 것으로 어떤 것에 대한 답을 제시하는 것이다. 상담에서는 가급적 조언을 해 주는 것은 삼가는 것이 좋지만 때로는 내담자가 대안을 스스로 찾지 못할 때 여러 가지 대안을 조언해 주어 선택할 수 있도록 하는 것이 효과적이다.

정보 제공은 어떤 사실이나 이론, 자료 등 내담자가 알지 못하는 새로운 정보를 내담자에게 전해 주는 것을 말한다. 정보 제공은 원칙적으로 내담자가 요구할 때나 정보가 필요한 상황이라고 판단될 때 제공되어야 하고, 정보를 제공할 시점, 내용, 양, 제공 방식 등을 고려해야 한다.

정보 제공 예

내담자 따돌림은 어떤 걸 얘기하나요?

상담자 여러 명이 의도적이고, 반복적으로 어울리기를 피하거나 놀리거나 괴롭히는 걸 말해요.

제4장

학교상담이론

개 요

상담활동을 효과적으로 수행하기 위해서는 각 상담이론이 제시하는 상담 내용과 주제, 목표, 접근 방법, 기법 등에 대한 이해가 필요하다. 제4장에서는 주요 상담이론인 정신분석 상담, 개인심리학적 상담, 인간중심 상담, 실존주의 상담, 행동주의 상담, 합리적 정서적 행동적 상담, 인지치료, 게슈탈트 상담, 현실치료, 의사교류분석, 단기해결중심 상담의 주요개념, 상담의 목표 및 과정, 상담의 기술에 대해 살펴본다.

1. 정신분석 상담

1) 주요개념

Freud의 정신분석은 인간에 대한 결정론(determinism)과 무의식(unconscious) 이라는 두 가지 개념을 기본적으로 가정하고 있다. 결정론은 인간의 행동은 우연히 일어나는 것이 아니라 반드시 원인이 있는데, 무의식에 있는 충동이 그 원인이라고 보는 것이다. 그는 인간의 심리적 문제의 원인은 무의식 세계에 억압되어 있는 5세 이전 유아기 때의 경험에서 비롯된다고 본다. 따라서 상담은 이러한 무의식 세계에 억압되어 있는 갈등을 의식수준으로 끌어 올려 내담자가 행동의 원인과 동기를 인식하고 통찰하게 함으로써 성격을 변화시키도록 한다고 하였다.

Freud는 인간의 정신을 의식(conscious), 전의식(preconscious), 무의식(unconscious)으로 보고, 의식은 현재 깨닫고 알 수 있는 영역, 전의식은 조금만 노력하면 의식 속으로 떠올릴 수 있는 영역, 무의식은 의식적으로 떠올릴 수 없는 억압되고 금지된 생각이나 감정, 소망, 충동 영역이라고 하였다. 그에 의하면 의식은

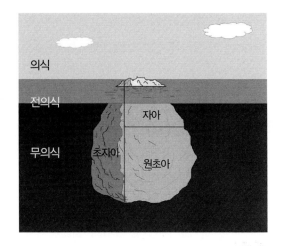

[그림 4-1] 정신분석의 성격 구조

빙산의 일각과 같아서 마음의 얇은 표면에 불과하고 인간의 마음은 대부분이 인식할 수 없는 무의식 속에 존재한다고 하였다. 한편 무의식은 직접적으로 나타나지 않고 꿈이나 백일몽, 실수, 문제행동이나 증상 등으로 통해 드러난다고 하였다.

정신분석에서 성격은 원초아(Id), 자아(Ego), 초자아(Superego)로 구성되어 있다고 본다. 원초아는 타고난 본능으로 개인의 심리적 에너지의 원천이자 본능이 자리 잡고 있는 곳으로, 즉각적이며 충동적 욕구 추구가 목적인 쾌락원리에 따라 작동한다. 자아는 성장하면서 원초아로부터 생성되는데, 원초자의 본능과 외부 현실세계를 통제하고 조절하는 현실원리에 따라 정신구조의 집행자 역할을 한다. 초자아는 우리의 양심과 도덕성에 관한 부분으로, 도덕원리에 따라 원초아의 충동과 현실적인 자아욕구를 통제하는 역할을 한다.

자아의 기능은 원초아의 충동으로 발생하는 불안을 통제하며 자신의 욕구를 현실적으로 충족하고자 하는 것으로 이러한 기능은 매우 중요하다. 원초아의 충동으로 인해 자아가 위협을 느끼는 것을 불안이라고 하는데, 불안은 실제 위험에서 오는 두려움인 현실적 불안, 실제 불안한 이유가 없음에도 자아가 무너지게 될지도 모른다고 느끼는 신경증적 불안, 자신의 양심으로부터 발생하는 도덕적 불안이 있다. 자아는 이러한 불안을 통제하기 위해 방어기제(defense mecha-nism)를 작동하게 되는데, 방어기제에는 억압, 반동 형성, 투사, 부인, 고착, 퇴행, 합리화, 승화, 치환 등이 있다.

인간의 내적 세계에는 '리비도'라 불리는 정신에너지가 있는데, 이 리비도는 주로 성적인 내용을 담고 있고 일부 공격성과 죽음과 관련된 내용이 담겨져 있다. 리비도는 출생 후 특정 신체부위에 집중되어 성적이거나 공격적인 충동을 해결하는데, 그 과정에서 성격이 발달하게 된다. Freud는 성격발달단계를 구강기, 항문기, 남근기, 잠복기, 생식기로 나누고, 이 단계 중 특히 구강기, 항문기, 남근기를 성격발달에서 중요한 시기로 보았다. 성격의 발달단계와 그에 따른 성격발달의 내용은 〈표 4-1〉과 같다.

〈표 4-1〉 정신분석의 성격발달단계

단계	연령	특징
구강기	출생~1세 또는 1세 6개월	• 입과 입술, 혀가 주요 쾌락 추구의 기관 • 구강흡입 고착: 지나치게 먹기, 말하기, 흡연, 과도한 의존성 • 구강공격 고착: 빈정거리기, 험담, 논쟁
항문기	1~3세	• 배변훈련 시기 • 양심의 발달 • 항문보유 고착: 강박 성향, 인색함, 고집이 셈 • 항문배출 고착: 무질서, 충동적이며 난폭
남근기	4~5세	• 이성의 부모에게 무의식적 근친상간의 욕구를 느낌 – 오이디프스 콤플렉스 또는 엘렉트라 콤플렉스 • 남근선망, 거세불안 • 남근기 고착: 성정체감, 초자아 발달, 과도한 경쟁심 또는 복종적 태도
잠복기	6~11세	• 성적 에너지가 억압되거나 승화됨 • 지적 활동이나 주위 환경에 대한 탐색 활발
생식기	12세 이후	• 성기를 통한 리비도 만족 추구 • 성인으로서 새로운 자아정체감 형성

Freud에서 시작된 정통 정신분석은 Horney, Sullivan, Fromm 등과 같은 신 Freud(NeoFreudian) 학파를 거쳐 최근에는 대상관계이론(object relations theory) 으로 발전하였다. 대상관계이론은 인간은 본능적으로 타인과 관계를 맺고자 하는 욕구를 가지고 있고 초기 아동기의 경험이 내면화되어 대인관계의 기본 패턴을 만든다고 본다.

2) 상담의 목표 및 과정

정신분석의 상담목표는 심리적 문제의 원인을 무의식에 있다고 보기 때문에 무의식적 갈등을 의식화시켜 개인의 성격구조를 재구성하는 것이다. 즉, 내담자의 무의식적 동기에 의해서 유발되고 지속되는 정서적인 문제나 부적응 행동을 수정하기 위해서 무의식적 동기를 확인하여 이를 이해하면서 현실적으로 자신의 동기를 다루는 자아의 기능을 강화하고자 한다.

상담의 과정은 시작단계, 전이의 발달단계, 훈습단계, 전이의 해결단계로 볼 수 있다. 내담자는 정신분석을 받는 동안, 무의식에 억압되었던 자신의 갈등을 드러내고 상담자는 내담자에게 과거와 연결되어 있는 현재의 행동이 무엇을 의미하는지 설명하는 해석을 한다. 이러한 반복적 해석을 통해 내담자는 통찰을 얻게 되는데, 이것을 훈습(working through)이라고 한다. 훈습을 통해 결국 내담자의 전이가 해결되고 통찰을 얻게 된다.

3) 상담의 기술

(1) 자유연상

자유연상은 내담자로 하여금 무엇이든지 마음에 떠오르는 대로 생각이나 감정을 이야기하도록 하는 방법이다. 내담자는 자유연상을 통해서 과거를 회상하고 인상적인 사건이나 상황 속에서 느꼈던 여러 가지 감정을 발산하면 상담자는 이를 해석하게 된다.

(2) 저항의 분석

저항은 내담자가 무의식적으로 상담에 협조하지 않으려는 태도를 말한다. 저항은 자아가 억압된 충동이나 감정이 드러나는 것에 대해 불안을 느끼는 것으로 상담자는 이러한 심리적 저항이 어떤 이유로 인해 생기는지를 분석한다.

(3) 꿈의 분석

Freud가 무의식에 이르는 지름길로 본 것이 꿈이다. 정신분석 상담에서는 내담자가 꾼 꿈의 내용에 잠재된 상징적 의미를 찾아내고자 한다. 꿈은 꿈에 나타난 그대로의 현재몽과 현재몽이 상징하고 있는 잠재몽이 있으며, 정신분석에서는 현재몽에 대한 자유연상을 통해 상징적으로 감춰진 잠재몽의 의미를 밝힌다.

(4) 전이의 분석

전이는 상담과정에서 중요 인물에게 지니고 있는 애착, 증오, 질투, 수치 등의 감정들이 상담자에게 투사되는 것을 의미한다. 해석을 통해 전이감정이 해소되고 의미를 깨닫게 되면 과거의 영향으로부터 벗어날 수 있게 된다.

(5) 해 석

해석은 자유연상이나 꿈, 저항, 전이 등을 분석하고 그 속에 담긴 행동상의 상징적 의미를 내담자에게 지적하고 설명하는 것이다. 내담자는 해석을 통해 자신의 부적응 행동에 대한 통찰을 얻게 된다.

2. 개인심리학적 상담

1) 주요개념

Adler의 개인심리학(individual psychology)은 정신분석으로부터 발전된 이론으로, 인간은 의미(meanings)의 세계 속에서 살고 있는 존재이고 현실 자체보다 현실을 어떻게 보고 어떤 의미를 부여하는 것인지가 중요하다고 본다. 개인심리학적 상담에서는 인간은 모두 태어날 때부터 열등감을 가지고 있는데, 신체나 기관의 결함이나 손위 또는 더 힘 센 다른 형제 또는 부모와의 관계를 통해 변화된다고 본다. Adler는 인간의 행동을 열등감에 대한 보상으로 보았다. 따라서 열등감은 비정상적인 것이 아니라 오히려 이를 극복하여 완성을 추구하게 하는 동기가 된다고 본다.

인간은 열등감을 극복하고 끊임없이 완전성을 추구한다. 현실적으로는 불가능하지만 많은 가상의 목표를 가지고 이를 이루기 위해 행동한다. 이러한 가상의 목표를 가공적 목표(fictional goal)라고 한다. 가공적 목표는 미래에 대한 기대가 되고 열등감에도 불구하고 더 높은 단계로 향하게 노력하게 만든다.

Adler는 가족 내의 위치인 출생 순위가 타인과의 관계를 통해 성격과 대인관계 발달에 영향을 준다고 보았다. 또한 이러한 가족 내에서의 경험이나 형제관계는 생활양식을 결정하는 요인이 된다고 보았다.

생활양식은 각 개인의 독특한 행동양상으로, 초기 아동기에 형성되고 사회적 관심과 사회적 활동수준에 따라 지배형, 기생형, 회피형, 사회형으로 나눠진다. 사회적 관심은 타인에 대한 관심과 공감을 의미하는데, 정신건강의 척도가 된다(Sherman & Dinkmeyer, 1987). 반면, 사회적 활동수준은 타인과 교류하는 에너지 수준으로, 사회적 활동수준이 높은 사람은 사교적이며 활발한 대인관계를 하는 사람으로 볼 수 있다. Adler의 생활양식에 대해 구체적으로 살펴보면 〈표 4-2〉와 같다.

〈표 4-2〉 Adler의 생활양식

사회적 활동수준 \ 사회적 관심	고	저
고	사회형: 사회적 관심과 사회적 활동수준이 모두 높아 자신뿐 아니라 타인의 복지를 위해 협력한다.	지배형: 사회적 관심은 없으면서 사회적 활동수준만 높아 타인의 복지를 고려하지 않고 주장적 · 공격적 · 반사회적 행동을 한다.
저	기생형: 사회적 관심은 높지만 실제로 활동하는 사회적 활동수준은 낮아 타인에게 의존하고자 한다.	회피형: 사회적 관심뿐 아니라 사회적 활동수준도 낮고 실패를 두려워하여 여러 가지 문제를 회피하고자 한다.

2) 상담의 목표 및 과정

개인심리학적 상담은 인간은 자유롭게 결정을 할 능력이 있고, 또 원하는 행동을 할 수 있다고 보기 때문에 어떤 문제증상의 제거보다는 개인이 자신의 기본적인 과오를 인정하고, 자신의 자아의식(self-awareness)을 증대시키고자 한다. 따라서 개인심리학적 상담의 목표는 내담자에게 부족한 사회적 관심, 상식, 용기를 불어넣어 바람직한 생활양식으로 바꾸도록 재교육이나 재정향을 위해 노력하는 것으로 결국 생활양식을 변화시키는 것이다.

상담과정의 초점은 개인의 목표, 생활양식, 태도, 동기 등에 둔다. 상담은 다음과 같은 네 단계를 거치게 된다(조붕환, 임경희, 2013).

- 적절한 상담관계 맺기
- 총체적인 생활양식을 파악하고 이해하기
- 자신에 대해 보다 깊이 이해하도록 돕기
- 새로운 선택을 하고 실천하도록 돕기

3) 상담의 기술

개인심리학적 상담에서 내담자의 목표와 생활양식을 이해하기 위해서 초기 아동기 기억과 꿈 탐색, 가족 구도 탐색, 즉시성, '마치~처럼' 행동하기, 행동의 대가 알려 주기, 버튼(좋은 기분 버튼과 나쁜 기분 버튼) 누르기, 역설적 의도 활용, 심상 만들기, 과제 설정과 이행 등의 기법을 활용한다.

3. 인간중심 상담

1) 주요개념

Rogers의 인간중심 상담이론은 원래 비지시적 상담 또는 내담자중심 상담으로 불리다가 인간은 스스로 성장할 수 있는 잠재 능력과 고유한 인격체임을 강조하는 인간중심 상담으로 불리게 되었다.

인간중심 상담에서는 모든 인간은 선하고 합리적이며 잠재력을 가지고 있고 누구나 자아실현을 할 수 있다고 본다. 따라서 인간중심 상담은 이러한 개인의 잠재력과 성장가능성을 개발하는 데 목적이 있다. 이러한 인간중심 상담이론에서 보는 기본적 인간관은 다음과 같다(나항진 외, 2012).

(1) 본질적으로 선하고 신뢰로운 존재

인간은 본질적으로 선하고 신뢰롭고 믿을 만한 존재다. 사람들이 때때로 그렇지 못한 모습을 보이는 것은 방어성에서 나온 것이며 인간의 본질은 그렇지 않다.

(2) 긍정적 자아개념의 소유자

인간의 자아는 긍정적 자아개념을 지니고 있으며 사회적 발달을 지향한다. 즉, 인간은 자신을 향상시키고 유지하려는 타고난 성향을 소유하고 있어 이를 통한 인간중심의 상담이 가능해진다.

(3) 자기실현 경향성

모든 인간은 자신을 유지하거나 향상시키는 데 기여하는 방향으로 모든 능력을 발달시키는 경향인 자기실현 경향성을 지니고 있다.

(4) 문제해결력의 소유자

인간은 누구나 적당한 환경이 주어지면 스스로 성장하여 자아실현할 수 있는 능력이 있다.

인간중심 상담이론에서는 각 개인은 주관적 경험의 세계인 현상적 장에서 존재한다. 따라서 각자 자기식대로의 경험과 현실을 가지고 있고 그에 따라 자아가 발달한다. 상담자가 내담자를 이해하기 위해서는 결국 이러한 개인 내적 참조 체제(internal frame of reference)를 파악해야 한다.

2) 상담의 목표와 과정

외부적 기준과 내면적 욕구와의 괴리, 진정한 자기와 이상적 자기와의 괴리, 유기체적 욕구와 존중받고자 하는 욕구와의 괴리와 갈등 같은 자아개념과 경험 사이의 불일치는 불안을 야기하고 부적응 문제를 만들어 낸다. 인간중심 상담에서는 자아와 경험 사이가 일치하여 자신의 잠재 능력과 성장가능성을 발휘하는 완전히 기능하는 인간(fully functioning person)으로 성장하도록 하는 것이 목표다.

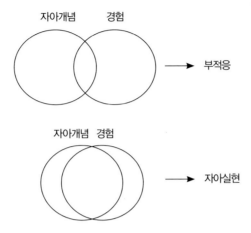

[그림 4-2] 인간중심 상담의 부적응과 자아실현

인간중심 이론의 상담자는 내담자의 성장을 위해 내담자가 스스로의 성장 능력을 발휘할 수 있는 촉진적인 조건을 제공해 주는 역할을 한다. 인간중심 상담의 과정은 내담자가 주체적으로 자신의 문제해결에 대해 충분한 통찰을 얻음으로써 성격의 변화가 일어나는 것으로 그 성격변화의 과정은 고정성으로부터 변화성으로, 경직된 구조들로부터 유동적 구조로, 그리고 고정된 상태로부터 과정으로 이어지는 연속선상의 변화과정이라고 보았다(김계현 외, 2011).

3) 상담의 기술

인간중심 상담이론은 상담 기술보다는 상담자와 내담자의 관계를 강조하고 있다. 상담관계에서 상담자가 내담자에게 제공할 필수적 성장조건은 무조건적 긍정적 존중(unconditional positive regard), 일치성(congruence), 공감적 이해(em-pathic understanding)를 들 수 있다. 이러한 상담자의 태도는 상담자가 갖추어야 할 인성적 자질에도 해당이 된다.

무조건적 긍정적 존중이란 상담관계에서 상담자가 내담자를 평가하거나 판단하지 않고 내담자가 나타내 보이는 어떤 감정이나 행동 특성들을 그대로 수용하여 이를 소중히 여기고 존중하는 상담자의 태도를 의미한다. 일치성 혹은 진실성은 상담자가 내담자와의 상담관계에서 순간순간 경험하는 자신의 감정이나 태도를 솔직하게 인정하고, 경우에 따라서는 솔직하게 표현하는 상담자의 태도를 말한다. 공감적 이해는 상담자와 내담자가 상담과정에서 상호작용하는 동안에 발생하는 내담자의 경험들과 감정들, 그리고 이러한 경험과 감정들이 상담의 과정 순간순간에서 내담자에게 갖는 의미를 상담자가 민감하게, 그리고 정확하게 이해하려는 노력을 말한다. 공감적 이해는 상담자가 내담자의 지각적 세계에 철저하게 익숙해지는 것을 의미하며, 상담자는 이해한 바를 내담자에게 적절히 표현할 수 있어야 한다.

4. 실존주의 상담

1) 주요개념

실존주의 상담의 대표적 인물은 Yalom, May, Fromm, Frankl 등이다. 특히 Frankl의 상담이론은 그가 아우슈비츠 수용소의 경험을 통해 만든 상담이론으로 의미치료라 불리기도 한다.

실존이란 인간 존재의 특유한 존재방식을 의미한다(노안영, 2005). 실존주의 상담에서는 인간의 존재 의미, 자유와 책임, 의지, 불안과 고립, 죽음에 관심을 둔다. 따라서 실존주의 상담에서는 자기인식 능력, 자유와 책임 능력, 자신의 정체감 확립과 타인과의 의미 있는 관계 수립, 의미 · 목적 · 가치 · 목표 등의 추구, 실존적 불안, 죽음이나 비존재에 대한 인식 등의 주제를 다룬다(Corey, 2014).

인간은 자신의 행위에 대한 선택의 자유와 함께 책임이 있으며 항상 변화하는 존재다. 인간은 스스로 자기의 본성을 창조하며 다른 사람들이 자신에게 행동해 주기를 바라는 대로 행동하여 다른 사람들과의 관계를 통해 자신을 알게 된다(김 남순, 1996). 실존주의에서는 불안을 인간의 가장 중요한 문제로 보고 불안이 여러 가지 심리적 문제의 원인이 된다고 보았다. 불안은 존재의미의 상실로 인해 생기고, 결국 존재의미를 찾음으로써 해결된다고 본다.

2) 상담의 목표와 과정

실존주의 상담의 목표는 내담자로 하여금 존재의 의미를 깨닫고 자신의 타고난 잠재력을 실현할 수 있도록 하는 데 있다. 내담자가 불안에 직면하여 가치 있는 존재의 창조라는 진정한 목적에 근거한 행동을 할 수 있도록 돕는 데 있다. 내담자가 자신의 실존에 대한 인식을 하는 것은 내담자 자신이 존재하는 방식을 변화시킬 수 있는 것을 깨닫게 됨으로 실존주의 상담에서는 중요한 목표가 된다(Corey, 2014).

실존주의 상담에서 상담관계는 내담자가 자신의 사적인 의미의 세계를 표현하는 데 중요한 수단이 되므로 상담자가 상담과정에서 내담자와 의사소통을 촉진시키는 관계를 형성하는 것이 매우 중요하다. 상담관계가 형성되고 나면 내담자에게 상담목표를 이해시키고 상담목표에 따라 적절한 기법을 활용하여 자기 각성을 촉진시킨다. 내담자가 자신의 장애, 자신의 자유와 선택 및 삶의 의미를 각성하게 되고 자기 선택에 따른 책임을 느끼면서 새로운 자신의 세계를 수용할 수 있게 되면 상담이 마무리 된다(김대동, 2005).

3) 상담의 기술

실존주의적 상담은 상담기법보다는 상담자의 태도, 인간관, 철학을 강조하는 이론이다. 대부분의 실존주의 상담자는 특별한 기법을 사용하거나 강조하지는 않는다. 이는 기법을 무시하기보다는 어떤 기법이라도 필요한 경우에는 사용하는 것으로 볼 수 있다. Frankl의 의미치료에서 사용하는 기법인 역설적 의도와 탈숙고에 대해 살펴보면 다음과 같다(노안영, 2005).

(1) 역설적 의도

역설적 의도(paradoxical intention)는 지나친 주의나 의도가 불안의 원인이 되어 이를 회피하게 만들기 때문에 내담자가 두려워하는 행동을 더 하도록 하거나 일어나기를 소망하도록 촉진하는 과정이다. 예를 들어, 말을 더듬어 다른 사람들에게 말을 하지 않으려는 내담자에게 오히려 말을 의식적으로 더 더듬게 하여 불안을 직면하게 하는 것이다.

(2) 탈숙고

탈숙고(dereflection)는 지나친 주의나 의도처럼 지나친 숙고(생각)가 오히려 자발성과 활동성에 방해가 되므로 단순하게 자신 외의 다른 관심에 대하여 초점을 맞추어 지나친 숙고를 상쇄시킴으로써 내담자의 자발성과 활동성을 회복시켜 주려는 것이다. 예를 들어, 자신의 실수를 반복적으로 생각하여 절망감에 빠진 내담자에게 가벼운 잡지책을 보도록 하여 부정적인 생각으로부터 빠져나오게 하는 것 등이 있다.

5. 행동주의 상담

1) 주요개념

행동주의 상담이론은 부적응 행동을 제거하고 새로운 적응 행동을 형성하거나 강화하도록 하는 학습이론을 적용한 것으로 행동수정 또는 행동치료라고도 불린다. 즉, 학습이론인 Pavlov의 고전적 조건화(classical conditioning)이론, Skinner 의 조작적 조건화(operant conditioning)이론, Bandura의 사회학습(social learning)이론 등이 상담에 적용된 것이다.

행동주의 상담에서는 눈에 보이지 않는 정신세계보다는 외현적으로 관찰되는 행동에 관심을 두고 개인의 부적응 행동도 경험의 산물로 학습된 것이라고 본다. 따라서 이러한 부적응 행동의 수정도 학습을 통해 가능하다.

고전적 조건화는 무조건 반응(예를 들어, 침을 흘리는 행동)을 유발하는 무조건 자극(예를 들어, 개에게 고기를 줌)과 아무런 반응을 유발하지 않는 중성자극(예를 들어, 종소리)을 반복적으로 제시하여 연합시키면 중성자극이 조건자극이 되어 조건반응(예를 들어, 침을 흘리는 행동)을 만들어 낸다는 것이다.

조작적 조건화는 어떤 행동 후에 보상이 따르면 그 보상을 더 얻기 위해 행동이 더 많이 나타나게 된다는 것이다. 이렇게 보상으로 인해 행동의 빈도를 증가시키는 것을 강화라고 한다. 강화는 정적 강화와 부적 강화가 있는데, 정적 강화는 특정반응이 일어난 다음에 그 자극이 주어짐으로써 그 반응이 일어날 확률을 증가시키는 것을 의미하며, 부적 강화는 특정행동의 발생을 억제하거나 감소시키던 자극이나 결과를 제거함으로써 그 행동의 발생이나 형성을 촉진시키는 것을 의미한다.

사회학습이론은 관찰이나 모방을 통해 학습된다는 이론이다. 다른 사람의 행동을 관찰하고 모방함으로써 학습이 이루어질 뿐 아니라 다른 사람이 강화나 벌을 받는 것을 보는 대리적 학습을 통해서도 행동이 학습된다.

행동주의 상담에서는 이미 학습되어 문제를 야기하는 부적응 행동은 소거시키고 새로운 행동을 학습시킨다. 이때, 조건화되었을 때의 조건자극과 유사한 자극에도 조건반응이 일어나는 것을 일반화라고 하고, 조건자극과 몇 개의 유사한 다른 자극 간의 차이를 구분하는 것을 변별이라고 한다. 또한 복잡한 행동을 학습하는 데 있어서 단순한 행동으로부터 시작해서 점차 목표행동을 학습시키는 것을 조형이라고 한다.

2) 상담의 목표와 과정

행동주의 상담에서는 상담목표가 학습의 방향, 즉 상담의 방향을 제시하는 것이기 때문에 매우 중요하다. 행동주의 접근에서 상담목표는 바람직하지 못한 행동을 없애고 바람직한 행동을 새롭게 학습시키는 것이다(조붕환, 임경희, 2013). 결국, 행동주의 상담의 목표는 학습을 통한 행동의 변화로 볼 수 있다.

행동주의 상담의 상담과정은 다음과 같다(이재창, 2005).

① **상담관계의 형성**: 내담자의 문제를 규명하고 협조를 얻기 위해서 상담자는 내담자와 원만한 상담관계를 형성한다.
② **문제행동의 규명**: 내담자의 문제행동을 확실히 규명해야 한다. 상담자는 내담자의 문제행동이 겉으로 드러나는 구체적인 행동으로 나타낼 수 있도록 도와주어야 한다.
③ **현재의 상태 파악**: 문제행동과 관련된 내담자의 현재 상태를 파악한다. 행동변화의 기초선(기저선)을 파악하여 상담목표 설정에 반영한다.
④ **상담목표의 설정**: 상담자와 내담자는 서로 수용할 수 있는 상담목표를 설정한다.
⑤ **상담기술의 적용**: 상담목표를 달성하기 위하여 가장 적절한 상담기술이 무엇인가를 결정하여 적용한다.
⑥ **상담결과의 평가**: 상담결과의 평가는 기초선과 상담목표에서 설정한 구체적 행동을 평가함으로써 이루어진다.
⑦ **상담의 종결**: 일반적으로 상담의 종결은 상담에서의 상담목표에 대한 최종 평가에 뒤이어 이루어진다.

3) 상담의 기술

(1) 고전적 조건형성에 기초한 상담기법

고전적 조건형성에 기초한 대표적인 상담기법은 다음과 같다(나항진 외, 2012; 이재창, 2005).

① 체계적 둔감법: 상호제지 이론에 기초를 둔 기법으로 단계적으로 불안이나 공포 등의 부적응문제를 제거하는 것이다. 대체로 첫째, 이완훈련, 둘째, 불안이나 공포의 위계 작성, 셋째, 위계표에 따라 둔감화의 3단계로 나누어진다. 즉, 불안이나 공포의 위계를 작성하고 이완을 통해 불안이나 공포가 낮은 것에서 높은 것으로 하나씩 제거해 나가는 방법이다. 예를 들어, 시험불안을 가지고 있는 내담자에게 불안을 제지할 이완을 학습시킨 후, 이완시킨 상태에서 불안이 가장 낮은 장면부터 불안한 장면을 떠올리게 한다. 이때 불안을 느끼면 다시 이완하게 하고, 이완이 되면 다시 불안한 장면을 떠올리게 하는 작업을 반복적으로 실시함으로써 더 이상 그 장면을 떠올렸을 때, 불안하지 않도록 한다.

② 자기주장 훈련: 내담자에게 자기주장을 이야기해도 타인으로부터 벌이나 불안이 동반되지 않는다는 것을 경험하게 하여 자기주장 행동을 학습시킨다.

③ 혐오요법: 불쾌한 그림이나 사진, 구토제, 전기충격 등과 같은 벌 또는 혐오 자극을 사용하여 바람직하지 않은 행동을 소거시키는 방법이다.

(2) 조작적 조건형성과 모델링에 기초한 상담기법

조작적 조건형성과 사회학습이론에 기초한 대표적인 상담기법은 다음과 같다(나항진 외, 2012; 이재창, 2005).

① 모델링: 모델링은 다른 사람이 행동하는 것을 보고 간접적으로 학습하는 모방학습을 말한다. 상담자나 주변의 인물이 모델이 될 수 있고, 책이나 영상

속의 인물이 모델이 될 수도 있다.

② **행동계약법**: 행동의 변화를 위해 상담자와 내담자 사이에 행동에 대한 계약을 체결한다. 행동계약에는 목표행동뿐만 아니라 강화물이나 강화스케줄 등을 구체적으로 설정한다.

③ **토큰경제법**: 대리경제 체제라고 불리는 토큰경제법은 바람직한 행동을 할 때마다 토큰을 통해 강화를 하는 것으로, 토큰은 그 자체로는 강화효과가 없으나 강화물로 바꿀 수 있는 상징적 표나 점수가 된다.

6. 합리적 정서적 행동적 상담

1) 주요개념

인지가 감정이나 행동보다 선행한다고 주장하는 인지적 상담이론이 합리적 정서적 행동적(Rational-Emotive-Behavioral Therapy: REBT)이론이다. Ellis가 개발한 합리적 정서적 행동적 상담이론은 인간의 심리적 고통이나 문제의 원인은 비합리적 사고라고 본다. 즉, 사고의 결과로 부정적 정서와 역기능적 행동이 야기된다고 본다. 예를 들어, 우리가 어떤 것을 나쁘다고 생각하면 우리는 그것에 대해 나쁘다고 느끼게 되고 그에 대해 행동하게 된다는 것이다.

Ellis(1973)에 의하면, 인간의 문제행동은 감정에 의해서 형성된다기보다는 비합리적인 사고에 의해서라고 본다. 그는 개인을 신경증으로 이끄는 다음과 같은 11개의 비합리적인 신념을 제시했다(이재창, 2005).

• 주위의 모든 사람으로부터 절대적으로 항상 사랑과 인정을 받아야 한다.
• 가치 있다고 여겨지기 위해서는 완벽하리만큼 유능하고 적절하며, 성취적이어야 한다.

- 어떤 사람들은 나쁘고 사악하며, 악랄하며, 비난과 처벌을 받아야 한다.
- 원하는 대로 일이 되지 않는 것은 한심하고 파멸적이다.
- 불행이라는 것은 개인의 통제능력 밖의 일이다.
- 위험하거나 해로운 일이 있으면 개인은 항상 그것을 걱정하고 생각해야 한다.
- 어려운 일이나 자기의 책임을 직면하기보다는 회피하는 것이 더 쉽다.
- 사람은 타인에게 의존해야만 하고 자기가 기댈 수 있는 더 강한 사람이 있어야 한다.
- 과거의 경험이나 사태가 현재의 행동을 결정하며, 이는 변화될 수 없다.
- 사람은 다른 사람의 문제에 대해 온갖 신경을 다 써야 한다.
- 모든 문제에는 언제나 바르고 완전한 해결책이 있으며, 이러한 해결책을 찾지 못한다면 이는 파멸이다.

비합리적 사고는 대부분 '당위성'과 관련된 신념이다. "나는 ……해야 한다." "학생이니까 ……해야 한다." "우리 집은 ……해야 한다."와 같이, 자기 자신과 타인, 주어진 환경조건에 대한 당위적 사고가 비합리적 사고와 연관된다.

2) 상담의 목표와 과정

합리적 정서적 행동적 상담에서는 부적응의 문제의 원인이 비합리적 사고에 있기 때문에 상담의 목표는 이러한 비합리적 신념을 검토하여 합리적 신념으로 바꾸는 것이다. 비합리적 신념을 합리적 신념으로 바꾸는 과정에서는 비합리적 신념을 상담자와 함께 검토하는 것이 필요하다.

합리적 정서적 행동적 상담의 과정이나 기법은 ABCDEF 모델이다. 각각 A는 선행사건(Activating events), B는 사고 내지는 신념(Belief), C는 사고의 결과 (Consequences), D는 논박(Dispute), E는 상담의 효과(Effect), F는 바뀐 합리적 신념에 의한 새로운 감정(Feeling)이나 행동을 의미한다. 즉, 부정적 정서와 역기능적 행동 같은 문제(Consequences: C)는 어떤 사건의 발생(Activating events: A) 그 자체에 의해서라기보다도 그 사건에 대해서 개인이 가지는 신념체계(Belief system: B), 특히 비합리적인 신념체계(irrational Belief system: iB)에 의해서 발생한다. 따라서 이러한 문제를 해결하려면 비합리적인 신념체계를 합리적인 신념체계(rB)로 바꾸어야 하는데, 이를 위해서 신념의 타당성에 대해서 검토하는 논박(D)을 사용한다. 내담자가 자신의 비합리적인 신념(iB)을 논박을 통해 합리적 신념(rB)으로 바꾸게 되면 그 효과(E)가 나타나게 된다. 이를 그림으로 나타내면 [그림 4-3]과 같다.

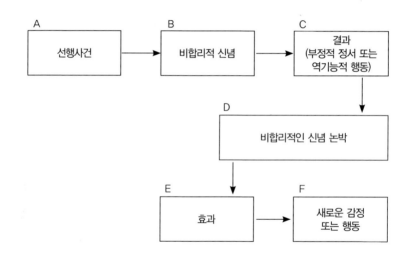

[그림 4-3] 합리적 정서적 행동적 상담의 ABCDEF 모델

3) 상담의 기술

합리적 · 정서적 · 행동적 상담이론이 인간의 종합적인 측면을 모두 포함함에 따라 기법도 기본적으로 인지적 기법, 정서적 기법, 행동적 기법으로 나누어 살펴볼 수 있다. 합리적 · 정서적 · 행동적 상담의 상담목표가 인지를 바꿈으로써 정

서와 행동의 변화를 유도하는 만큼 인지적 기법이 가장 핵심적인 기술로 볼 수 있다. 인지적 기법은 다음과 같다.

① **논박**: 내담자의 비합리적 신념에 대해 논리성, 현실성, 실용성에 근거하여 논박한다.
② **인지적 과제 주기**: 비합리적 신념체제를 확인하고 제거하는 과제를 내담자에게 제시한다. 자신의 일상경험을 ABCDEF 모델에 따라 적어 보게 하는 과제나 독서 및 시청각 자료 보기, 자신의 상담내용 다시 듣기 등의 과제가 사용된다.

합리적 정서적 행동적 상담은 인지만 강조하는 이론이 아니라 인지에 따른 정서를 다룬다. 정서적 기법은 다음과 같다.

① **인지 · 정서 심상**: 내담자에게 가장 최악의 상태가 일어날 때를 상상하여 느낌을 떠올리게 한 후, 비합리적 신념을 찾아 바꿈으로써 부적절한 감정을 적절한 감정으로 변화시킨다.
② **수치심 공격 연습**: 다른 사람들이 어떻게 할지에 대한 두려운 행동을 실제로 시연해 봄으로써 수치심에 도전하는 경험을 하도록 한다. 다른 사람들은 자신이 생각하는 것만큼 타인에 대하여 관심이 없음을 알게 됨으로써 다른 사람의 평가나 비난에 지나치게 영향받는 것에서 벗어날 수 있다.
③ **유머의 사용**: 유머를 통해 비합리적인 사고의 왜곡과 불안을 덜 심각한 방법으로 다룬다.
④ **불완전성에 대한 무조건적인 수용**: 내담자가 무조건적으로 수용되고 있음을 알 수 있도록 언어적 및 비언어적 표현을 상담자가 전하는 기술이다.

논박의 과정을 통해 수정된 합리적인 사고는 행동적 실천을 통하여 확인하고 점검하는 과정이 필요하다(한국초등상담교육학회, 2006). 합리적 정서적 행동적 상담의 행동적 기법은 강화법, 역할연기, 조형 등 행동주의 상담의 기법과 같다.

7. 인지치료

1) 주요개념

합리적 정서적 행동적 상담처럼 인지를 다루는 또 다른 접근법은 Beck이 개발한 인지치료(Cognitive Therapy)다. 인지치료는 최근에 인지행동치료(Cognitive Behavioral Therapy: CBT)로 발전되어 우울, 불안, 공포증 등 다양한 심리적 문제의 해결을 위한 접근 방식으로 널리 사용되고 있다.

인지치료는 부적응의 문제의 원인이 되는 인지도식(schema)을 찾아내어 현실 검증을 통해 이를 수정하는 방법이다. 어떤 상황에 직면하면 자동적으로 떠오르는 생각을 자동화된 사고라고 하는데, 자동적 사고의 인지도식이 역기능적일 때 문제가 발생하게 된다. 인지도식의 역기능은 인지적 오류로 볼 수 있는데, 인지적 오류란 사람들은 보통 개인의 주관적인 추측을 객관적인 사실과 혼돈하게 되고 이러한 오류가 많을수록 심리적인 문제가 발생할 가능성이 커진다(한국초등상담 교육학회, 2006)는 것이다. 결국, 인지치료는 역기능적 인지도식으로부터 자동적 사고로 나타나는데, 인지적 도식에 오류가 있는 경우 심리적 문제가 발생된다고 본다. 대표적인 인지적 오류는 다음과 같다(Beck, Emery, & Greenberg, 1985).

① **임의적 추론**: 증거가 없거나 반증될 증거가 있는 채로 결론을 내린다.
② **선택적 추상화**: 자신이 이미 지닌 인지(사고)를 지지하는 정보에만 관심을 둔다.
③ **과잉 일반화**: 별개의 몇 가지 제한된 사건을 토대로 결론을 내린 후, 그 결론을 관련된 상황과 관련되지 않은 상황 전반에 적용한다.

④ **과장 및 최소화:** 실제 중요도의 정도와 다르게 요인 혹은 사건들을 왜곡한다.

⑤ **개인화:** 결론을 내리기 위한 논리적 토대가 없는데도 외적 사건에 자신을 관련시킨다.

⑥ **이분법적 논리:** 모든 경험을 이것 아니면 저것의 절대범주로 구분하려 한다.

⑦ **명명하기와 잘못된 명명하기:** 부정적인 측면을 부여하는 명칭을 사용하여 자신이나 타인을 표현한다.

2) 상담의 목표와 과정

인지치료는 내담자가 오류가 존재하는 자동적 사고를 찾고 이러한 사고에 대한 증거를 찾아 사고가 타당한지를 확인함으로써 이를 기능적이고 현실적인 사고로 수정하게 하는 데 목표가 있다. 이러한 왜곡된 사고를 수정하는 것을 인지도식이 변화하는 것이기 때문에 인지적 재구조화라고 하는데, 결국 인지적 재구조화가 인지치료의 목표라고 할 수 있다.

인지치료의 상담과정은 문제와 관련된 내담자의 인지의 타당성 또는 현실적 유용성을 점검하여 수정하는 과정이다. 이러한 과정은 주로 상담자의 질문을 통해 진행되고 상담자와 내담자의 협동적 활동을 필요로 한다.

3) 상담의 기술

인지치료에서는 자동적 사고를 파악하기 위해 자동적 사고 기록지나 역기능적 사고 기록지를 사용하여 수정할 인지적 오류를 찾는다. 특별한 의미 이해하기, 절대성에 도전하기, 재귀인하기, 인지 왜곡 명명하기, 흑백논리 도전하기, 파국에서 벗어나기, 장점과 단점 열거하기, 인지 예방연습 등의 기법이 적용된다(노안영, 2005). 또한 내담자가 자신이 가지고 있는 자동화된 사고를 찾고 수정한 후에는 실생활에서 행동적으로 적용해 보는 행동적 방법을 활용한다.

〈표 4-3〉 자동적 사고 기록지 예시

날짜	상황	자동적 사고	감정	인지적 오류	대안적 사고
10월 7일	수업 발표 중에 뒤쪽에 앉은 사람들이 나의 발표를 듣지 않고 딴짓을 하고 있다.	• 내가 발표를 못하고 있다. • 나를 무시한다.	• 좌절감 • 짜증, 불안	• 개인화 • 임의적 추론 • 선택적 추상화	• 저 친구들은 뭔가 급한 일이 있나 보다. • 더 많은 다른 사람이 내 발표를 듣고 있다.

8. 게슈탈트 상담

1) 주요개념

Perls에 의해서 발전한 게슈탈트 상담은 형태주의 상담(gestalt counseling)으로 불리기도 한다. 게슈탈트 상담은 유기체로서 인간이 환경 속에 자기를 자각하고 지금-여기(here and now)에서 온전히 자신을 신뢰하고 책임지는 것을 강조한다. 게슈탈트 상담은 언어보다는 행동을 강조하고 개인의 선택을 강조하며 매 순간에 느끼는 감정을 표현하도록 촉진하는 면에서 경험적, 실존적, 실험적인 접근이다(노안영, 2005).

게슈탈트(Gestalt)란 원래 형태, 전체라는 뜻의 단어로 단순한 합 이상의 것, 즉 어떤 의미체로 통합된 전체를 의미한다. 인간은 신체, 정서, 사고, 감각, 지각 등 모든 부분이 서로 관련을 갖고 있는 전체로서 완성되려는 경향이 있고 게슈탈트도 마찬가지다. 인간의 삶은 이러한 게슈탈트의 점진적 형성과 소멸의 과정으로 볼 수 있는데, 관심이 모여지는 것을 전경, 그 외의 것을 배경이라고 한다. 게슈탈트가 필요한 욕구와 감정에 따라 형성되어 전경이 되고, 욕구와 감정이 해결되면 다시 배경이 된다. 이때, 개인이 완결된 형태로 게슈탈트를 형성하지 못하여 전경과 배경이 잘 구분되지 않거나 전경과 배경의 전환이 이루어지지 않으면 심리적 문제를 가지게 된다.

게슈탈트 상담에서는 자신의 욕구와 감정을 알아차리는 것이 중요하다. 이러한 알아차림은 전경과 배경을 구분하는 것이 될 수 있다. 자신의 욕구와 감정을 알아차림으로써 환경과 상호작용을 하게 되는데, 이것을 '접촉'이라고 하고, 내사, 투사, 반전, 편향, 융합 등의 접촉장애로 인해 심리적 고통을 느끼게 된다.

게슈탈트 상담에서는 지금–여기에서 어떤 게슈탈트가 전경에 떠올랐는지를 파악하는 것이 중요한데, 과거에 충분히 경험되거나 해결되지 못한 감정으로 인해 계속 전경으로 남아 있어 다른 게슈탈트가 형성되는 것을 방해하는 것을 미해결과제(unfinished business)라고 한다. 미해결과제는 분노, 고통, 고민, 슬픔, 죄의식, 소외감 등과 같은 표현할 수 없는 감정 등을 포함하며, 해결을 회피하거나 적절히 해소되지 않으면 심리적 문제의 주 원인이 되기 때문에 상담의 주 내용이 된다.

2) 상담의 목표와 과정

게슈탈트 상담은 내담자의 알아차림을 증진시키고 지금–여기에서 자신의 삶을 책임지고 접촉을 통해 게슈탈트를 완성하도록 조력하는 것이다. 게슈탈트 상담은 내담자를 현재를 중심으로 하여 각성시키는 것이 중요한 상담목표가 된다. 이러한 각성은 신체구조와 그 작용 및 신체부위와 그 기능의 작용과정을 감각과 느낌과 사고와 환상을 통하여 깨닫도록 하는 자기각성(awareness of self)과 주의 환경과 접촉하고 있는 실제상황을 각성시키기 위한 환경 접촉각성(environmental contact awareness)이 있다.

게슈탈트 상담과정은 두 단계로 구분할 수 있다(노안영, 2005). 첫 번째 단계는 상담자와 내담자가 진솔한 접촉을 통해 관계형성을 하고, 내담자로 하여금 지금-여기에서 무엇이 어떻게 진행되고 있는지를 자각하도록 촉진하는 단계다. 두 번째 단계는 내담자의 삶을 힘들게 하는 심리적 문제를 실험과 기법을 통해 경험하도록 함으로써 통합하여 균형을 이룰 수 있도록 하는 단계다.

3) 상담의 기술

게슈탈트 상담의 기법은 네 가지 전략 유형으로 나눌 수 있다(김정규, 1996). 먼저 '현재 감정자각' '신체자각' '환경자각' '언어자각' '책임자각' 등의 알아차림을 증진시키기 위한 전략이 있다. '너' 대신 '나'로 바꾸어 말하는 것과 같은 언어표현을 바꾸기, 신체활동의 과장, 순회, 시연을 통한 행동자각 등이 이에 해당한다.

두 번째 전략은 '과장하기' '빈 의자 기법' '꿈 작업' 등으로 내면적인 경험을 더욱 분명하게 경험하도록 돕는 전략이다. 특히, '빈 의자 기법'은 빈 의자에 내담자의 문제와 관련된 인물이 앉아 있는 것처럼 상상하면서 그 인물과 대화를 나누면서 체험되는 감정을 자각하도록 도와주는 방법으로, 빈번하게 사용되는 기법이다.

세 번째 전략은 통합을 촉진하기 위한 전략으로 '자기 부분 간의 대화' '상전(top dog)-하인(under dog)' '머물러 있기' 등이 해당한다. 이러한 기법들은 자신의 내면에 존재하는 서로 상이한 욕구나 갈등을 볼 수 있는 기회를 만든다. '머물러 있기'의 경우, 내담자는 자신이 감당하기 힘든 감정을 회피하려는 경향을 가지고 있는데 그러한 자신의 현재 감정을 직면하고 거기에 머물러 통찰하도록 돕는 기법이다.

네 번째 전략은 '반대로 하기' '과거와 미래의 대화' '실험' 등으로, 실제 생각했던 어떤 행동들이 환경조건에 잘 맞는지를 결정하거나 내담자의 행동영역을 넓히는 전략 등이 있다.

9. 현실치료

1) 주요개념

Glasser의 현실치료(Reality Therapy)는 인간의 행동은 자신의 기본적인 욕구를 충족시키기 위해 세계와 세계의 부분으로 자신을 통제하려는 시도라는 통제 이론을 근거로 하고 있다. 따라서 현실치료는 자신의 행동이 타인의 욕구를 방해하지 않으면서 효율적으로 자신의 욕구를 충족시키는 효율적인 삶의 통제자가 될 수 있도록 조력하는 과정이라고 본다.

Glasser는 다음과 같이 인간에게는 다섯 가지의 기본적 욕구, 즉 소속의 욕구, 힘의 욕구, 자유의 욕구, 즐거움의 욕구, 생존의 욕구가 있으며 이러한 욕구를 충족시키기 위해 노력한다고 본다. 따라서 현실치료에서는 그 선택에 대한 책임이 내담자 자신에게 있음을 강조한다.

① 소속과 사랑의 욕구: 소속되고 사랑받고 협동하고자 하는 욕구
② 힘(power)에 대한 욕구: 경쟁, 성취, 인정, 완수에 대한 욕구, 중요한 존재이고 싶어 하는 욕구
③ 즐거움에 대한 욕구: 인생을 즐기고 웃음과 유머를 갖고 살려는 욕구
④ 자유에 대한 욕구: 선택, 독립, 자율, 이동의 욕구
⑤ 생존에 대한 욕구: 자신의 삶과 건강을 유지하는 것에 관계된 욕구

인간은 이상의 다섯 가지 기본적 욕구를 추구하고자 할 때 우선순위를 결정하는 데 있어서 끊임없이 갈등을 하고, 그것을 해소하기 위해 자신만의 사진첩

(quality world, 질적 세계 또는 행복세상)을 가지고 있다. 이러한 욕구들은 충족되기도 하고 좌절되기도 한다. 자신의 욕구와 사진첩을 실현할 수 있도록 마치 자동차의 네 바퀴처럼 전행동(활동, 사고, 감정, 생리적 현상)이 작동하여 자신의 환경을 통제하고 선택할 수 있게 된다. 전행동에서 행동은 거의 완전한 통제가 가능하며, 사고는 어느 정도는 통제가 가능하나 감정은 통제가 어렵고, 생리적인 기능은 통제가 더욱 어렵다. 따라서 통제가 가능한 행동을 변화시키면 사고, 느낌, 생리적 기능을 변화시킬 수 있다(한국초등상담교육학회, 2006).

2) 상담의 목표와 과정

현실치료는 일차적으로 내담자가 정말 원하는 것이 무엇인지 자신의 욕구를 파악하고 그후 그러한 바람을 달성할 수 있도록 돕는 것이다. 현실치료에서는 욕구의 충족을 하는 데 있어 3R, 즉 책임감(Responsibility), 현실(reality), 옳고 그름(Right or wrong)을 강조하는데, 책임감은 내담자에게는 자신의 행동에 대한 책임과 자신의 욕구를 충족시킬 책임이 있다는 것이고, 현실은 자신의 현실을 정확하게 받아들여 직면해야 한다는 것이며, 옳고 그름은 욕구 충족을 위해서는 도덕적 판단이 있어야 한다는 것이다(노안영, 2005).

Wubbolding(1988)은 계획을 세우는 원리로 SAMIC3/P를 제시하고 있다. SAMIC3/P는 계획은 단순해야 하며(Simple), 도달 가능해야 하고(Attainable), 측정이 가능하도록 구체적이고 정확해야 하며(Measurable), 계획은 가능한 한 빨리 수행되어야 하고(Immediate), 계획은 한 사람에 의해서 통제되어야 하고(Controlled), 일관성이 있어야 하며(Consistent), 이행에 대한 확신(Committed)이 있어야 한다는 것이다(한국초등상담교육학회, 2006).

현실치료의 상담과정은 다음과 같다(이재창, 2005; Evans, 1982).

① 개입: 상담자가 내담자와 관계를 형성하고 내담자가 원하는 것이 무엇인지

알아보는 단계

② **현재 행동에 초점**: 내담자가 현재 하고 있는 행동을 탐색하는 단계

③ **현재에 초점**: 현실치료에서는 현재의 행동만이 변화를 가져올 수 있다고 보므로, 내담자의 현재 바람과 행동을 파악하는 단계

④ **자기평가**: 내담자의 현재 행동이 자신의 바람을 달성하는 데 도움이 되고 있는지를 스스로 평가하는 단계

⑤ **계획 수립**: 내담자의 행동 변화를 가져오기 위한 계획을 수립하는 단계

⑥ **관여**: 계획이 성공할 것인가 실패할 것인가를 살피고 계획에 따라 행동할 것을 결단하는 단계

⑦ **변명의 불인정**: 내담자가 계획을 실천하지 않은 것에 대해 상담자가 어떠한 변명도 인정하지 않고 내담자로 하여금 계획을 실천하기 위해 다시 결심할 것을 요구하는 단계

⑧ **처벌의 금지**: 내담자를 비난하거나 모욕하는 처벌은 실패적인 정체감(failure identity)을 강화하기 때문에 계획이 이루어지지 않음에 대해 비난하거나 벌하지 않는 단계

3) 상담의 기술

현실치료 상담의 과정이자 중요 기법은 WDEP로 요약된다. WDEP의 내용과 이를 탐색하는 질문의 예는 다음의 〈표 4-4〉와 같다.

현실치료에서 사용하는 기법에는 전행동 파악을 위한 질문하기, 바람과 현재의 행동과의 관계를 이해하기 위한 직면하기, 역설적 기법, 유머 사용하기 등이 있다(노안영, 2005).

〈표 4-4〉 현실치료의 WDEP

단계	내용	질문 예
Wants	욕구, 바람, 지각의 탐색	• 지금 원하는 것이 무엇입니까? • 상담에서 무엇을 도움받고 싶습니까?
Direction and Doing	행동의 방향과 전행동 탐색	• 원하는 것을 위해 무엇을 하고 있습니까?
Evaluation	평가	• 원하는 것은 현실적으로 이룰 수 있는 것입니까? • 당신이 하고 있는 일이 원하는 것을 얻는 데 도움이 됩니까?
Planning Doing	계획과 실천	• 그렇다면 원하는 것을 위해 무엇을 하겠습니까?

10. 의사교류분석

1) 주요개념

의사교류분석(transactional analysis) 혹은 의사거래분석이라고 불리는 상담이론은 Berne에 의해 개발되었다. 의사교류분석에서는 인간을 환경과 경험들에 의하여 과거에 이미 결정, 형성되어 있는 자신의 행동양식들을 이해할 수 있고, 또나아가 그러한 행동들을 새롭게 다시 선택, 결정할 수 있는 자율적 존재로 본다(김계현 외, 2011). 자율성은 의사교류분석 상담에서 중요한 개념으로, 의사교류분석 상담은 내담자로 하여금 이미 과거에서 결정한 것을 다시금 살펴보고 현실적이해에 근거하여 새로운 결정을 할 수 있는 자율성을 갖도록 도와준다.

Berne(1961)은 모든 사람은 부모(Parent: P), 어른(Adult: A), 그리고 어린이(Child: C)의 세 자아 상태를 가지고 있다고 보고, 상황에 따라 세 가지 자아 상태중 어느 하나가 한 개인의 행동을 지배하게 된다고 보았다. 어린이 자아(C)는 자연히 발생하는 모든 충동과 욕구, 감정 그리고 그의 생의 초기의 경험에서 느끼게 된 감정들과 그러한 감정에 대한 반응양식들로 구성된다. 어린이 자아는 순종적 어린이 자아와 자유분방한 어린이 자아로 나뉜다. 어른 자아(A)는 객관적으로 현실을 파악하는데, 외계는 물론 개체의 내적 세계와 다른 자아 상태로부터 정보를 수집하여 저장하고 이용한다. 부모 자아(P)는 출생부터 5년 간 외부의 경험, 즉 주로 부모를 통하여 모방 또는 학습했던 태도 및 기타 지각내용과 그 행동들로 구성된다. 부모 자아는 다시 비판적 부모 자아와 양육적 부모 자아로 나눠진다. 의사교류분석에서는 자아를 적절히 사용할 수 있는 능력, 특히 어른 자아를 충분히 활용할 수 있는 능력을 갖는 것이 중요하다고 본다.

인간관계의 상황이나 의사소통 과정에서는 세 자아 상태 중 한 자아가 선택적으로 행동의 주된 동력으로 작용하게 된다. 그러므로 어떤 상태에 있는 어느 자아가 개인행동의 동력으로 작용하느냐에 따라 의사소통 및 인간관계의 양상이 달라질 수 있으며 동시에 문제를 낳기도 한다(이재창, 임용자, 1998). Berne은 이러한 자아 상태를 가진 사람들 간의 의사소통을 상보적 교류(Complementary Transaction), 교차적 교류(Crossed Transaction), 암시적 교류(Ulterior Transac-

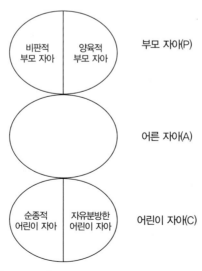

[그림 4-4] 의사교류분석 상담의 자아 상태

tion)로 나누었다.

상보적 교류는 의사소통 시 자아 상태가 상대방의 자아 상태에서 보낸 자극에 따라 원하는 반응을 하는 것으로, 기대한 대로 응답이 오는 것이기 때문에 대화가 쉽게 계속된다. 반면 교차적 교류는 의사소통 시 상대방이 반응을 기대하는 것과 다른 자아 상태에서 반응을 하는 것으로, 상대방이 예상 외의 반응을 보임으로써 언쟁, 갈등, 침묵, 불쾌, 거부감을 일으키고 대화 단절로 이어질 수 있다. 암시적 교류는 두 가지 자아 상태와 관련하여 겉으로는 보내는 메시지 이면에 다른 동기나 진의를 감추고 있는 이중적인 의사소통 교류패턴이다. 의사교류분석 상담에서 암시적 교류는 심리적 게임으로, 계속되면 대인관계 문제와 심리내적 문제를 야기한다고 본다.

Berne은 인간행동의 동기를 생리적 욕구, 자극의 욕구, 구조의 욕구, 자세의 욕구로 구분하였다(이재창, 2005).

생리적 욕구는 생존에 필요한 기본적인 욕구가 해당된다. 자극의 욕구는 일차적 욕구로, 이 욕구의 충족은 인정자극(strokes, 스트로크)을 통해서 이루어진

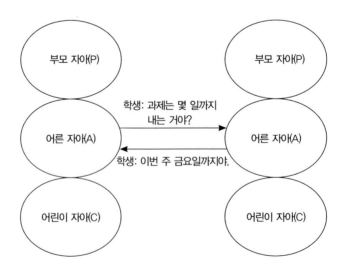

[그림 4-5] 상보적 의사교류

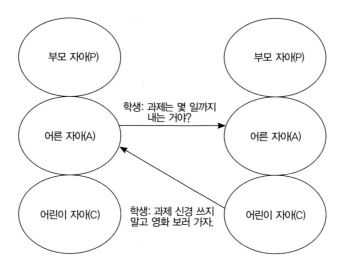

[그림 4-6] 교차적 의사교류

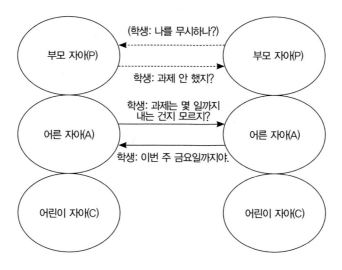

[그림 4-7] 암시적 의사교류

다. 인정자극이란 신체적 접촉이든 혹은 대화의 형식이든 한 사람이 다른 사람에게 보이는 존재인정의 한 형태다. 구조의 욕구는 개인이 인정자극을 받을 가능성을 최대화하기 위하여 자신의 생활시간을 조직 혹은 구조화하려는 욕구다. 자세의 욕구는 개인이 전 생애를 통해서 어떠한 확고한 삶의 지혜를 갖고자 하는 욕구다. 이 욕구는 생활자세(life position)를 형성하게 하고, 이 생활자세를 근간으로 해서 생활각본(life script)이라고 하는 것을 구성하게 된다(Berne, 1966). 이 생활자세는 주로 6세 이전의 부모들의 양육태도, 즉 금지나 명령, 허용 등에 의해서 영향을 받아 형성된다. 생활자세는 자기부정–타인긍정(I'm not OK–You're OK), 자기부정–타인부정(I'm not OK–You're not OK), 자기긍정–타인부정(I'm OK‐You're not OK), 자기긍정–타인긍정(I'm OK–You're OK) 등의 네 가지 자세가 있다. 네 가지 생활자세에 대해 살펴보면 다음과 같다(나항진 외, 2012).

① 자기부정–타인긍정(I'm not OK-You're OK): 어려서 부모의 자극을 무조건적으로 경험함으로써 혼자서는 살아갈 수 없다는 좌절을 경험하면서 가지게 된 자세
② 자기부정–타인부정(I'm not OK-You're not OK): 어려서 부모의 애정을 받지 못하면서 타인에 대해서도 기본적인 신뢰를 가지지 못하면서 나타나는 자세
③ 자기긍정–타인부정(I'm OK-You're not OK): 부모의 벌이나 제지를 참고 견딤으로써 자기에 대해 자신감이 생기면서 외부자극에 대해 거부하는 자세
④ 자기긍정–타인긍정(I'm OK-You're OK): 어른 자아가 적절하게 기능하면서 자신과 타인에 대해 긍정적인 태도를 갖게 됨

2) 상담의 목표와 과정

의사교류분석 상담은 내담자가 부적절하게 결정된 생활자세와 생활각본으로

부터 해방되어 자율성을 획득함으로써 자기긍정－타인긍정의 생활자세와 생산적인 새로운 생활각본을 형성할 수 있게 한다(김계현 외, 2011).

의사교류분석 상담은 계약을 하면서 시작한다. 상담과정은 다음과 같은 다섯 단계를 거치게 된다.

① 계약: 상담의 목표, 내담자와 상담자의 역할, 목표달성 방법 등에 대해 논의하고 결정하는 과정
② 구조 분석(structural analysis): 내담자로 하여금 자신의 자아 상태를 발견하고 어떻게 작용하고 있는가를 인식하도록 하는 단계
③ 의사교류 분석(transactional analysis): 내담자가 다른 사람들과 맺고 있는 의사교류를 어떻게 하고 있는지 알아보는 단계
④ 게임 분석(game analysis): 암시적 의사교류인 게임의 종류 및 만성적 부정감정의 유형에 대해 분석하는 단계
⑤ 생활각본 분석(script analysis): 생활자세 분석을 통해 내담자의 생활각본을 분석하는 단계

3) 상담의 기술

의사교류분석 상담의 기술은 다음과 같다.

① 질의: 관련된 정보를 얻기 위한 질문을 한다.
② 세부반응: 내담자의 반응에 대해 상담자의 입장을 밝혀 반응을 구체화하고 분명하게 하며 스스로 책임지도록 한다.
③ 직면: 내담자의 행동이나 말에서 불일치나 모습이 있을 때 지적한다.
④ 설명: 왜 지금 그런 행동을 하는가를 설명한다.
⑤ 실증: 예화, 유머, 비교 등을 통해 예시를 제시한다.

⑥ **확립:** 없어졌던 행동이 다시 나타날 때 어떻게 나타나게 되었는지 알고, 더 하지 않도록 노력하도록 강화한다.

⑦ **해석:** 내담자의 행위 뒤에 숨어 있는 이유를 깨닫도록 한다.

⑧ **구체적 종결:** 더 이상 게임을 할 필요가 없는 정상적인 단계에 도달하였음을 확인해 준다.

11. 단기해결중심 상담

1) 주요개념

de Shazer와 김인수(Insoo Kim Berg)가 개발한 단기해결중심 상담이론은 원래 부부와 가족을 대상으로 상담하는 가족치료에서부터 시작되었으나 지금은 다양한 장면에서 광범위하게 활용되고 있다. 단기해결중심 상담은 기본적으로 문제를 분석하지 않으며, 현재와 미래에 초점을 두고, 상담을 오래 끌지 않으며, 생각보다는 행동에 초점을 맞춘다. 단기해결중심 상담이론이 가정하는 기본적인 원리를 제시하면 다음과 같다(권해수, 2000; 한국초등상담교육학회, 2006).

① 효과가 있다면 계속 더 하라. 그러나 만약 효과가 없다면 다른 방법을 시도하라: 내담자는 자신의 문제를 해결하기 위해 나름대로의 노력을 해 온 경우가 대부분이다. 따라서 이러한 노력을 인정하고 그 효과를 검토한 후 효과가 없다면 다른 방법을 찾도록 해야 한다.

② 상담은 긍정적인 것, 해결책 그리고 미래에 초점을 맞출 때 원하는 방향으로 변화가 촉진된다: 과거와 문제의 원인에 대한 분석보다는 미래와 문제에 대한 긍정적인 측면을 살펴본다.

③ 고민이나 문제를 정상적인 개념으로 재진술하면 문제해결의 희망과 가능성이 열

린다: 내담자의 문제행동을 부정적으로 보고 없애는 데 초점을 두기보다는 정상적인 개념으로 설명하여 긍정적인 부분을 돋보이게 한다.

④ 상담자와 내담자는 모든 문제에서 예외를 찾아낼 수 있으며, 예외를 해결방법으로 사용할 수 있다: 모든 문제는 항상 어디서나 누구에게나 일어나는 것이 아니고 예외상황이 있으며, 그 예외상황에서 사용된 방법이나 단서가 문제해결을 위한 자원이 될 수 있다.

⑤ 모든 사람은 자신의 문제를 해결할 자원을 지니고 있다: 내담자가 이미 가지고 있는 자원, 기술, 믿음, 동기, 행동, 증상, 사회관계망, 환경, 개인적 특성을 활용한다.

⑥ 변화는 항상 일어나고 있다: 변화란 삶의 일부로 항상 일어나며 변화과정에서 발생하는 변화의 내용은 적응적인 활동 또는 부적응적인 활동으로 나타날 수 있다.

⑦ 작은 변화를 통한 큰 변화를 만든다: 내담자에게 일어난 작은 변화를 잘 관찰하고, 그 변화를 인정할 때 큰 변화는 자연적으로 일어나게 된다.

단기해결중심 상담에서는 상담을 받는 내담자는 방문형, 불평형, 고객형으로 나누고, 상담자는 유형에 따라서 이에 적절히 접근해야 한다고 본다. 방문형 내담자는 상담에 대한 필요성이나 동기가 약한 사람으로, 상담에 대한 태도를 확인하고 긍정적인 기대와 동기를 갖게 해야 한다. 불평형 내담자는 스스로 상담을 받고자 하고 자신의 문제가 무엇인지는 알지만 자신이 해결할 수 없거나 자신과는 무관하다고 생각하는 유형이다. 불평형 내담자에게는 자신의 변화를 통해서 타인을 변화시킬 방법을 찾을 것을 권해야 한다.

고객형 내담자는 스스로 상담을 받고자 하고 자신의 문제가 무엇인지를 잘 알며 문제해결을 위한 동기가 높고 적극적으로 노력한다. 고객형 내담자에게는 현실적이고 구체적인 문제해결 방법을 탐색하는 것이 필요하다.

2) 상담의 목표와 과정

단기해결중심 상담에서는 목표설정이 매우 중요하다. 이러한 목표에서는 상황 또는 참조틀을 보는 방식 변화시키기, 문제 상황에서의 수행 변화, 내담자 능력과 자원 풀어내기 등이 강조된다(Corey, 2014; O'Hanlon & Weiner-Davis, 2003). 단기해결중심 상담에서는 내담자가 자신의 문제를 새로운 방식으로 살피고 기존의 자원을 찾아 문제해결을 기대하고 노력할 수 있도록 하는 데 상담자의 주 역할이 있다고 볼 수 있다.

단기해결중심 상담은 첫 번째, 내담자에게 자신의 문제를 설명하도록 하고, 두 번째, 목표를 개발하기 위해 변화의 모습을 떠올리고, 세 번째, 예외를 탐색하며, 네 번째, 해결방법을 찾는 데 있어서 피드백과 용기를 제공하고, 다섯 번째, 문제해결과정에 대해 평가하는 과정으로 이루어진다(Corey, 2014; de Jong & Berg, 2008).

3) 상담의 기술

(1) 상담 전의 변화를 묻는 질문

단기해결중심 상담에서는 변화가 늘 일어나고 있다고 보기 때문에 상담을 신청 후 어떤 변화가 있었는지를 묻는다. 또한 상담을 받고자 하는 자체가 문제해결의 노력임을 지지함으로써 내담자의 자원을 강화한다.

> **상담 전의 변화를 묻는 질문 예**
>
> "상담을 신청하고 오늘 상담 받으러 오기 전까지 어떻게 지냈나요?"

(2) 예외질문

예외란 내담자가 문제라고 생각하고 있는 일이 일어나지 않거나 심각하지 않았던 상황으로, 예외질문은 이러한 상황에 대해 질문하는 것이다. 예외질문은 문제해결의 실마리를 찾고 미처 생각하지 못했던 긍정적 경험들을 떠올릴 수 있게 한다.

예외질문 예

"지금보다 덜 우울했던 때는 언제인가요? 그때는 지금과 뭐가 달랐나요?"

(3) 척도질문

척도질문은 내담자가 생각하는 문제의 심각도, 가장 먼저 해결해야 할 문제의 우선순위, 상담목표 성취 정도와 상담동기, 성공 가능성, 자신감 그리고 상담과정에서의 문제해결 정도 등을 수치로 표현하는 것이다(한국초등상담교육학회, 2006). 척도질문은 내담자가 자신의 생각이나 느낌을 구체화하고 명확히 하는 데 도움을 준다.

척도질문 예

"우울한 정도를 1점부터 10점까지 점수를 준다면, 지금은 몇 점 정도입니까? 목표가 2점이라면 2점인 상태는 어떤 것입니까? 1점을 낮추기 위해 무엇을 다르게 해야 할까요?"

(4) 대처질문

대처질문은 내담자가 나름대로 어떤 노력을 해 왔는지를 이야기할 수 있는 질문이다. 내담자의 자원과 강점을 찾는 데 효과적인 질문이다.

대처질문 예

"우울한 상태에서도 어떻게 지금까지 학교를 다닐 수 있었나요?"

(5) 관계성 질문

관계성 질문은 내담자에게 중요한 다른 사람들에 대해 질문하는 것이다. 자신의 문제를 제삼자의 위치에서 생각해 봄으로써 문제해결의 시발점을 만들 수 있다.

관계성 질문 예

"만약 부모님께 당신의 우울함이 없어진 모습이 어떨지 묻는다면 뭐라고 대답할까요?"

(6) 기적질문

기적질문은 문제가 해결된 상황을 상상해 보도록 잠시 떨어져서 자신의 문제를 돌아보고, 해결하기 원하는 것이 무엇인지 좀 더 구체적이고 명료화하는 데 효과적인 질문이다(한국초등상담교육학회, 2006).

기적질문 예

"만약 오늘 밤 기적이 일어나서 내일 아침에는 우울함이 다 사라진다면, 우울함이 사라진 것을 어떻게 알 수 있을까?"

(7) 피드백 주기

상담의 각 회기가 끝날 때 또는 상담이 종결될 때, 상담자는 내담자에게 메시지를 전달한다. 피드백은 칭찬, 중개, 제안으로 이루어지며, 칭찬은 그 동안의 노력에 대하여 칭찬을 해 주는 것이며, 중개는 칭찬과 다음에 주어질 제안을 연결하며 제안에 이론적 설명을 하는 것이며, 제안은 내담자에게 과제를 제시하는 것이다(Corey, 2014).

제5장

진로지도활동

개 요

진로지도활동은 학생들의 진로발달을 촉진하고 진로 · 직업선택과 같은 진로 문제해결을 돕는 활동이다. 제5장에서는 진로선택과 진로발달을 설명하는 특성-요인이론, 진로발달이론, 최신 진로이론에 대해 살펴보고 학교 진로지도의 내용과 방법에 대해 알아본다.

1. 특성-요인이론

사람들의 직업 선택을 설명하는 진로발달이론 중 가장 대표적인 이론은 Parsons의 특성 – 요인이론이다. 1909년 Parsons의 저서인 『직업의 선택(Choosing a Vocation)』이 출판된 이래 100여 년이 지났지만 여전히 강한 영향을 미치고 있어 그를 진로지도의 아버지로 부르고 있다. 특성 – 요인이론은 개인(자기 정보), 직업(직업정보) 그리고 이 두 정보 간의 이해와 연결로 직업선택이 이루어짐을 주 내용으로 보는 이론이다.

특성 – 요인이론은 산업화, 정보기술의 발달, 세계화 등과 같이 직업세계가 급변하고 인간중심상담이론(Rogers, 1951), 발달론적 시각(Super, 1980), 사회학습적 접근(Krumboltz, Mitchell, & Jones, 1976) 등과 같은 이론들의 영향으로 개인 – 환경 적합이론(Person-Environment fit approach)으로 확대 · 발전하였다(Chartrand, 2001).

특성 – 요인이론에서 특성(trait)이란 개인의 특징으로 면담, 관찰, 검사를 통해 확인할 수 있다. 반면, 요인(factor)이란 특정 직무의 수행에서 요구하는 조건으로 직무 내용의 특징으로 볼 수 있다. 특성 – 요인이론은 이러한 개인과 직업이 가지고 있는 특징인 특성과 요인을 진로선택 및 직업결정을 위한 핵심적 정보로 보고 있다. Parsons(1909)는 직업을 선택하기 위해서는 개인의 특성과 요인을 파악하고 이 두 정보 간의 연관성을 연결 짓는 작업이 이루어져야 한다고 보았다.

1) 특성-자신에 대한 이해

특성은 자신의 적성, 능력, 흥미, 가치관, 성격, 포부 수준, 소유 자원 등에 관한 것이다. 이러한 특성은 면담과 관찰을 통해 확인되며 각종 심리검사에서 얻는 객관적 자료를 통해 알 수 있다.

특성 중 적성은 앞으로 어떤 일에 대한 성공적 수행 가능성을 의미한다. 따라서 적성을 파악하는 것은 미래의 진학, 교육이나 직업훈련, 직업에서 성공할 가능성을 예상하는 것이기 때문에 중요한 특성에 해당한다. 일반적인 적성검사의 측정내용은 언어적성, 수리적성, 사고적성, 공간지각적성, 과학기계적성 등이 있다. 우리나라 고용노동부(워크넷)에서 실시하는 청소년용 적성검사에서는 언어능력, 수리능력, 공간능력, 지각속도, 과학능력, 색채능력, 사고유연성, 협응능력을 내용으로 하며, 성인용 직업적성검사의 경우에는 언어력, 수리력, 추리력, 공간지각력, 사물지각력, 상황판단력, 집중력, 색채지각력, 사고유창성, 협응능력을 내용으로 하고 있다.

한편 특정 과목에서의 뛰어난 성적이 직업선택에서 고려되곤 하는데, 이러한 능력은 현재 여러 가지 과업을 수행하면서 보이는 능력 특성을 의미하며 다양한 영역에서 나타나는 성취와 관련된 것이다. 이러한 능력은 학생에게는 높은 시험 점수나 학점, 상 등으로 확인할 수 있고, 성인의 경우에는 업무수행평가와 실적, 면허증이나 자격증 취득, 각종 시험을 통해서 알 수 있다.

적성은 미래에 잘 할 가능성이 있는 것이고, 능력은 현재 또는 지금까지 잘해온 것이라면, 흥미는 호기심과 재미를 느끼는 것이다. 흥미는 일과 관련된 정의적 요인으로 어떤 일을 하면서 느끼게 되는 즐거움, 행복감, 만족감 등을 의미한다. 일에 있어서 적성과 능력 같은 인지적 요인뿐만 아니라 이러한 정의적 요인도 같이 조화를 이루어야 궁극적으로 자신의 일에 대한 의미를 느끼게 되고 능률과 성공을 가져오게 된다(이재창, 2005).

가치는 일을 통해 이루기를 바라는 어떤 것으로 직업을 통해 얻고자 하는 목표다. 가치가 무엇이냐에 따라 어떤 일을 수행하는 데 있어서 태도는 달라질 수밖에 없다. 결국, 직업 가치는 사람들이 자신의 일에 부여하고 있는 의미와 이를 통해 실현하고자 하는 목표 상태를 의미한다(이지연, 2006). 직업 가치의 예로는 성취, 봉사, 개별활동, 직업안정, 변화 지향, 몸과 마음의 여유, 영향력 발휘, 지식추구, 애국, 자율, 금전적 보상, 인정, 실내활동 등이 있다. 이러한 직업 가치는 일반적으로 내재적 가치(흥미, 보람, 업무의 다양성 등 일 자체가 갖는 보상적 측면)와 외재적 가치(임금, 승진, 작업 조건, 직무안정성 등 외적 보상을 얻기 위한 수단적 측면)로 구분한다(Wollack, Goodale, Wijting, & Smith, 1971). 직업 가치는 시대와 문화에 따라 달라진다.

마지막으로 Allport(1937)는 성격을 독특한 적응을 결정하는 그 개인만의 정신 · 신체적 체계들의 역동적 조직이라고 보았는데, 즉 개인이 가지고 있는 독특한 행동방식으로 볼 수 있다. 성격이 개인이 보이게 되는 행동양식인 만큼 직업에서도 이러한 행동방식이 나타나고, 직업에서 요구되는 행동을 잘하는 사람이 그 직업에 잘 적응할 수 있다. 최근 Cattell의 분류를 근거로 다섯 개의 성격이 직업과 관련된다고 보는 성격 5 요인이론이 등장하였다(박미진, 김진희, 2015). 성격 5요인은 다음과 같다. 첫째, 개방성(Openness)은 지적 자극이나 변화, 다양성을 좋아하는 정도이며, 둘째, 성실성(Conscientiousness)은 사회적 규칙, 규범, 원칙들을 기꺼이 지키려는 정도를 의미한다. 셋째, 외향성(Extraversion)은 타인과의 교제나 상호작용, 또는 관심을 끌고자 하거나 타인을 주도하려는 정도이며, 넷째, 친화성(Agreeableness)은 사교성으로 타인과 편안하고 조화로운 관계를 유지하는 정도를 의미한다. 다섯째, 신경증(Neuroticism)으로 정서적으로 안정되었는지와 관련하여 정서적 불안정, 환경에 대한 민감성, 불안감, 피로감, 긴장의 강도를 나타낸다.

2) 요인-직업 세계에 대한 이해

요인은 특정 직업에서 요구하는 다양한 조건들로 볼 수 있다. 직업에 따라 직업 수행에 필요한 능력과 기술들이 다른데, 요인은 이러한 특정 직무의 요건들에 관한 것이다.

직업의 요인을 파악하기 위해서는 직업에 대한 이해가 필요하고, 이는 직업에 대한 정보수집을 통해 가능하다. 정보는 직업에 대한 자격요건, 근무환경, 장단점, 보수, 취업기회, 직업전망 등이 해당되며, 구체적인 정보는 해당 직업에 대한 직무분석 자료를 통해 확인할 수 있다. 우리나라의 직무분석에서는 직무의 정의, 직무의 흐름도, 직업 명세서(직업 분류, 직무수행에 필요한 조건, 인력 양성 실태 및 취업 경로, 작업 환경 조건, 관련 직업과의 관계, 직업기초능력), 직무 명세서(직무기술, 작업일람표, 핵심 작업, 장비 및 공구 일람표), 작업 명세서(작업명, 성취 수준, 작업 요소, 관련 지식 및 기능, 소요 재료, 소요 장비 및 공구)가 제시되고, 교육훈련 프로그램에서는 직무작업/교육 내용 Matrix(핵심 작업과 교육내용), 직무 작업/Course Matrix(핵심 작업과 Course), 교육훈련 Course Profile, 교육훈련 Road Map(수준과 단계) 등이 제시된다.

최근 우리나라에서는 산업현장에서 직무를 수행하기 위해 요구되는 지식 · 기술 · 태도를 체계화하여 국가직무능력표준(National Competency Standards: NCS)을 개발하여 직업인이 공통적으로 갖추어야 할 능력인 직업기초능력과 특정 분야에서 요구되는 직무수행능력을 제시하고 있다(www.ncs.go.kr). 〈표 5-1〉과 같이, 직업기초능력은 10가지의 영역으로 구성되고, 직무수행능력은 한국고용직업분류에 따른 대분류 24개, 중분류 80개, 소분류 238개, 세분류 887개에 대해 요구되는 직무능력에 관한 것이다.

〈표 5-1〉 국가직무능력표준 직업기초 능력영역

직업기초능력 영역	하위능력	내용
1. 의사소통능력	문서이해능력	업무를 수행함에 있어 글과 말을 읽고 들음으로써 다른 사람이 뜻한 바를 파악하고, 자기가 뜻한 바를 글과 말을 통해 정확하게 쓰거나 말하는 능력
	문서작성능력	
	경청능력	
	언어구사력	
	기초외국어능력	
2. 자원관리능력	시간관리능력	업무를 수행하는 데 시간, 예산, 물적자원, 인적자원 등의 자원 중 무엇이 얼마나 필요한지를 확인하고, 이용 가능한 자원을 최대한 수집하여 실제 업무에 어떻게 활용할 것인지를 계획하고, 계획대로 업무 수행에 이를 할당하는 능력
	예산관리능력	
	물적자원관리능력	
	인적자원관리능력	
3. 문제해결능력	사고력	업무를 수행함에 있어 문제 상황이 발생하였을 경우, 창조적이고 논리적인 사고를 통하여 이를 올바르게 인식하고 적절히 해결하는 능력
	문제처리능력	
4. 정보능력	컴퓨터활용능력	업무와 관련된 정보를 수집하고, 분석하여 의미 있는 정보를 찾아내며, 찾은 정보를 업무수행에 적절하도록 조직하고, 관리하며, 이를 업무 수행에 활용하는 능력
	정보처리능력	
5. 조직이해능력	국제감각	업무를 원활하게 수행하기 위해 국제적인 추세를 포함하여 조직의 체제와 경영에 대해 이해하는 능력
	조직체제이해능력	
	업무이해능력	
6. 수리능력	기초연산능력	업무를 수행함에 있어 사칙연산, 통계, 확률의 의미를 정확하게 이해하고 이를 업무에 활용하는 능력
	기초통계능력	
	도표분석능력	
	도표작성능력	

7. 대인관계능력	팀워크능력	업무를 수행함에 있어 접촉하게 되는 사람들과 문제를 일으키지 않고 원만하게 지내는 능력
	리더십능력	
	갈등관리능력	
	협상능력	
	고객서비스능력	
8. 자기개발능력	자아인식능력	업무를 추진하는 데 스스로를 관리하고 개발하는 능력
	자기관리능력	
	경력개발능력	
9. 기술능력	기술이해능력	업무 상황에서 다양한 기술들을 비교하여 적합한 기술을 선택, 적용하고, 활용하는 능력
	기술선택능력	
	기술적용능력	
10. 직업윤리	근로윤리	업무를 수행함에 있어 원만한 직업생활을 위해 필요한 태도, 매너, 올바른 직업관
	공동체윤리	

* 출처: 국가직무능력표준(www.ncs.go.kr).

〈표 5-2〉 진로관련 검사 사이트

사이트	검사의 종류		사이트 주소
워크넷	청소년 대상	청소년 직업흥미검사	http://work.go.kr (직업심리검사)
		고등학생 적성검사	
		청소년 적성검사(중학생용)	
		직업가치관검사	
		청소년 진로발달검사	
		청소년 직업인성검사 단축형	
		청소년 직업인성검사 전체형	
		고교계열흥미검사	

워크넷		대학 전공(학과) 흥미검사	http://work.go.kr (직업심리검사)
		초등학생 진로인식검사	
	성인 대상	성인용 직업적성검사	
		직업선호도검사 S형	
		직업선호도검사 L형	
		구직준비도검사	
		창업적성검사	
		직업전환검사	
		직업가치관검사	
		영업직무 기본역량검사	
		IT직무 기본역량검사	
		준고령자 직업선호도검사	
		대학생 진로준비도검사	
		이주민 취업준비도 검사	
		중장년 직업역량검사	
커리어넷	중/고등학교	직업적성검사	http://career.go.kr (진로심리검사)
		직업흥미검사(H)	
		직업흥미검사(K)	
		직업가치관검사	
		진로성숙도검사	
	대학생/일반	진로개발준비도검사	
		이공계전공적합도검사	
		주요능력효능감검사	
		직업가치관검사	

3) Holland의 직업적 성격유형이론

가장 널리 적용되고 있는 특성–요인이론 중 하나가 Holland의 직업적 성격
유형이론이다. Holland는 사람들의 직업적 특성은 여섯 가지 유형이 있고, 직업
역시 여섯 가지 유형으로 나눌 수 있다고 보았다.

Holland의 직업적 성격유형은 직업적 성격유형을 실재형(Realistic), 탐구형
(Investigative), 예술형(Artistic), 사회형(Social), 기업형(Enterprising), 관습형
(Conventional)로 나눈다(이재창 외, 2014; Holland, 1997). Holland의 여섯 가지
직업적 성격유형은 [그림 5-1]과 같고, 유형에 대한 설명은 다음과 같다.

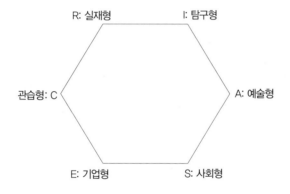

[그림 5-1] Holland의 6각형 모형

① **실재형(Realistic)**: 실재형(R)의 사람은 도구나 기계를 사용하는 것을 선호하
고 실내보다는 실외와 야외에서 신체를 활동한 구조화된 작업을 잘하는 편
이다. 대표적인 직업 분야는 기계 분야로, 직업 환경에서 실행/사물 지향의
특성을 가지고 있다. 기계나 전기 관련 기술자, 운동선수, 소방관, 중장비 기
사, 목수, 군인, 운전사 등의 직업이 실재형 직업에 해당한다.

② **탐구형(Investigative)**: 탐구형(I)의 사람은 자연 및 사회적 현상을 관찰하고 분석하여 탐구하는 것을 선호하고 지적 호기심이 많고 추리를 통한 문제해결을 선호한다. 대표적인 직업 분야는 연구개발 분야로, 직업 환경에서 사고/아이디어 지향의 특성을 가지고 있다. 경제학자, 심리학자와 같은 사회경제 분야의 학자, 각종 과학 분야의 학자 등의 직업이 탐구형 직업에 해당한다.

③ **예술형(Artistic)**: 예술형(A)의 사람은 상상력이 풍부하고 개성을 추구하며 심미적인 활동을 선호한다. 대표적인 직업 분야는 음악, 미술, 문학과 같은 예술 분야로 직업 환경에서 창조/아이디어 지향의 특성을 가지고 있다. 음악가, 화가, 디자이너, 문학가, 영화/연극 배우 등의 직업이 예술형 직업에 해당한다.

④ **사회형(Social)**: 사회형(S)의 사람들은 사람들을 돕고 가르치며 어울리기를 좋아한다. 상담, 교육, 봉사활동이 요구되며 대인관계능력이 중요하다. 대표적인 직업 분야는 교육 · 상담 분야로, 직업 환경에서 자선/사람 지향의 특성을 가지고 있다. 사회복지사, 상담가, 간호사, 교사, 성직자 등의 직업이 사회형 직업에 해당한다.

⑤ **기업형(Enterprising)**: 기업형(E)은 도전적이고 경쟁적이며 리더십을 가지고 있어 자신이 속한 조직이나 자신의 계획에 따른 특정한 목표를 이루기 위해 열정적인 태도로 임한다. 대표적인 직업 분야는 경영 분야로, 직업 환경에서 관리/과제 지향의 특성을 가지고 있다. 경영자나 기업대표, 고위관리자, 변호사, 영업사원 등의 직업이 기업형 직업에 해당한다.

⑥ **관습형(Conventional)**: 관습형(C)은 기존의 체계를 따르는 것을 선호하고 성실하고 구조화된 일을 하는 것을 선호한다. 대표적인 직업 분야는 사무 · 회계 분야로, 직업 환경에서 동조/자료 지향의 특성을 가지고 있다. 규칙을 만들거나 따르는 활동이 요구되며 현실적이고 성실한 성격과 사무처리 능력이 강조된다. 회계사, 경리사무원, 의무기록사, 비서, 은행원 등의 직업이 관습형 직업에 해당한다.

2. 진로발달이론

특성－요인이론과 달리 진로발달이론은 개인의 전 생애에 걸친 진로와 관한 발달과정에 관심을 둔 이론이다. 진로발달이론은 직업선택이나 진로문제를 진학이나 취업을 앞둔 시점과 같이 한 시점의 문제가 아니라 출생에서 죽음에 이르는 전 생애의 문제로 본다.

진로발달이론은 주로 연령에 따른 진로발달에 관한 것을 내용으로 하며 Super, Ginzberg 등이 대표적인 이론가다.

1) Ginzberg의 진로발달이론

다양한 분야의 학자였던 Ginzberg, Ginsburg, Axelrad 그리고 Herma(1951)는 미국의 중상류층 아동과 청소년을 연구하여 이들의 진로발달이 환상기, 잠정기, 현실기의 단계로 발달한다고 주장하였다(이재창 외, 2014; Ginzberg, Ginsburg, Axelrad, & Herma, 1951).

- 환상기(6~10세)는 환상적 직업선택 단계다. 환상기에는 직업선택에 있어서 현실적 조건이나 자신의 능력 등을 고려하지 않고 마치 놀이처럼 상상과 환상에 의해 직업을 선택하는 시기다.
- 잠정기(11~17세)는 시험적 직업선택 단계다. 잠정기는 청소년기에 해당하며 자신의 흥미, 능력, 가치가 직업선택에서 고려되는 단계다. 잠정기는 아직 직업선택이 완료되지 않고 잠정적으로 고려해 보는 시기로 흥미단계(11~12세), 능력단계(12~14세), 가치단계(15~16세), 전환단계(17~18세)를 포함한다.
- 현실기(18~22세)는 현실적 직업선택 단계다. 이 시기에는 직업선택에 대해

구체화되고 명료화되어 실제 직업선택이 이루어지는데, 탐색단계, 구체화 단계, 특수화 단계를 포함한다.

Ginzberg 등(1951)의 진로발달단계는 경험적 연구결과를 기초로 진로발달단계를 제시한 점에 의의가 있으나, 주로 아동 및 청소년 시기에 국한된 진로발달 양상을 제시한 한계점을 가지고 있다.

2) Super의 진로발달이론

Super는 진로발달이 전 생애에 걸쳐서 일어나는 것으로 본 대표적인 진로발달이론가다. Super(1990)는 진로를 개인이 일생 동안 수행하는 일련의 발달과업으로 보며 진로발달을 개인이 자신과 직업을 어떻게 바라보는지, 즉 개인과 환경의 상호작용에 의해 이루어진다고 하였다. 이러한 진로발달은 성장기, 탐색기, 확립기, 유지기, 은퇴기로 구분되며, 그 내용은 다음과 같다.

(1) 성장기

성장기는 출생부터 14세까지 해당한다. 이 시기는 부모와 교사 같은 주요 인물을 동일시하면서 자아개념이 발달하고, 직업에 대한 환상에서 차츰 현실적 조건 반영으로 발달한다. 성장기는 다시 직업에 대한 호기심과 재미를 가지는 환상기, 좋아하는 일을 직업선택의 기준으로 삼고 자신과 직업에 대해 알아가는 흥미기, 직업선택에서 좀 더 현실적인 자신의 능력을 고려하기 시작하는 능력기의 하위 단계로 구분된다.

(2) 탐색기

탐색기는 15세에서 24세에 해당하는 시기로 청소년과 초기 성인이 해당한다. 탐색기라는 말처럼 이 시기는 직업에 대한 구체적인 탐색이 이루어지고 진학이나 취업에 대한 결정을 하게 되는 시기다. 탐색기는 다시 진로탐색활동을 통해 하고자 하는 직업을 좀 더 명확히 하는 결정화단계, 고려하는 직업 중 특정 직업을 좀 더 구체적으로 알아보고 준비하는 구체화단계, 선택한 직업을 얻기 위해 노력을 하는 실행단계로 하위단계가 구분된다.

(3) 확립기

확립기는 25세에서 44세에 해당되는 성인기로 직업생활을 시작하고 적응하여 과업을 수행하는 단계다. 이 시기는 다시 직장에서 요구하는 일을 어느 정도 수행함으로써 직업을 안정적으로 유지하게 되는 안정화단계, 자신의 직업 분야에서 위치를 확고하게 만들기 위해 노력하는 공고화단계, 승진처럼 직업인으로 인정받고 책임을 좀 더 원하게 되는 발전단계로 나뉜다.

(4) 유지기

유지기는 45세에서 65세에 해당되는 시기로 그동안 자신이 해 온 직업생활을 유지하면서 직업세계에서 나타나는 변화와 발달에 적응하려고 노력하는 시기다. 유지기는 다시 자신의 일을 좀 더 확고하게 안정화시키려는 유지단계, 새롭게 요구되는 기술과 지식을 얻고자 하는 갱신단계, 전문성을 향상시키려는 혁신단계로 나뉜다.

(5) 은퇴기

예전에는 쇠퇴기라고 불리던 은퇴기는 65세 이상의 퇴직 이후의 진로발달단계다. 은퇴기는 직업에서 일을 줄여 가는 쇠퇴단계, 은퇴 이후의 계획을 세우게 되는 은퇴계획단계, 은퇴생활단계로 나뉜다.

3. 최신 진로이론

1) 진로타협이론

Gottfredson(1996)의 진로타협이론은 진로포부수준의 결정과 직업선택이 자신의 한계 내의 선택안의 타협으로 이루어진다고 보는 이론이다. Gottfredson은 직업과 관련된 자기개념이 발달함에 따라 직업선택의 범위가 형성되는 것을 제한(Circumscription)이라 하고, 이러한 제한된 영역에서 자기개념과 적합한 직업을 선택하게 되는 것을 타협(Compromise)이라고 하였다.

직업에 대한 제한과 타협은 크기와 힘 지향 단계(3~5세), 성역할 지향 단계(6~8세), 사회적 명성 수준 단계((9~13세), 내적 자아 확립 단계(14세 이상)를 거치면 변화된다. 즉, 자신의 크기와 힘, 성 유형, 명성 수준, 내적 자아에 따라 직업을 제한하고 타협하게 된다는 것이다. Gottfredson(1996)은 자신이 희망하고 기대하는 직업은 이러한 제한과 타협에 의한 적합성과 접근 가능성의 판단으로 이루어지며 이를 진로포부라고 개념화하였다.

2) 진로사회학습이론과 사회인지진로이론

진로사회학습이론과 사회인지진로이론은 모두 Bandura(1986)의 사회학습이론을 적용한 진로이론이다. 학습이론인 사회학습이론은 개인은 타인에 대한 관찰과 모델링이라는 경험을 통해 학습이 이루어진다는 이론이다.

진로사회학습이론을 개발한 Krumboltz(1996)는 개인이 특정한 직업과 전공을 선택하는 이유를 유전적 요인, 환경적 요인, 학습경험, 과제접근기술의 4가지 요인으로 설명하고 있으며, 이 중에서도 학습경험과 과제접근기술의 중요성을 강조하고 있다. 학습경험에는 행동주의 학습이론의 조작적 조건화에 해당되는 도구적 학습경험과 고전적 조건화에 해당되는 연합적 학습경험이 있다. 진로와 관련하여 어떤 학습경험을 했느냐에 따라 그 직업에 대한 선호를 지니게 되고, 결국 직업선택과 결정에 영향을 준다. 또한 다양한 상황에 대처하고 문제를 해결하면서 사용하는 기술인 과제접근기술 역시 문제해결 여부에 따라 그 일이 자신에게 적합한지를 판단하게 되기 때문에 진로의사결정에서 중요한 역할을 한다(Mitchell, Levin, & Krumboltz, 1999). 진로사회학습이론은 최근 우연하게 발생하는 일을 통해 경험하는 학습을 강조하는 우연학습이론(Krumboltz & Levin, 2004)에도 확대 적용되고 있다.

사회인지진로이론(social cognitive career theory)도 Bandura(1986)의 사회학습이론을 바탕으로 개발된 이론으로, 어떤 일을 성공적으로 수행할 수 있다는 스스로에 대한 믿음인 자기효능감이 강조되는 이론이다. 진로 자기효능감(career self-efficacy)이론이라 불리는 사회인지진로이론은 자기효능감과 결과기대감이 흥미와 가치, 능력에 영향을 미치고 진로선택에 핵심적인 역할을 한다고 본다(이재창 외, 2014).

사회인지진로이론에서는 자기효능감, 결과기대, 목표라는 세 가지 개념과 진로선택에 영향을 주는 성, 인종, 기질 등과 같은 개인 변인과 사회적 지지, 경제상황 등과 같은 맥락변인, 학습경험이 매개역할을 하는 변인으로 보고 있다(김영혜, 안현의, 2012)

3) 인지적 정보처리이론

인지적 정보처리(Cognitive Information Processing)이론은 개인이 진로에 대해 어떻게 생각하고 진로 관련 정보를 어떻게 처리하는지가 진로의사결정에 영향을 미치는 것을 강조하는 이론이다(Peterson, Sampson, & Reardon, 1991).

인지적 정보처리이론은 진로선택과 결정에서 사고(인지)와 감정(정서)이 작용을 하고, 이러한 사고과정이 진로의사결정에 필요한 정보를 탐색하고 처리하는 데 영향을 준다고 본다. 즉, 진로와 관련된 정보처리능력은 자신의 진로문제를 해결하고 진로를 결정하도록 하는데, 그 과정에서 부정적 인지와 정서가 문제를 야기할 수 있다.

인지적 정보처리이론은 자기정보, 직업정보, 진로의사결정기술, 초인지를 포함하는 진로문제해결과 진로의사결정의 내용에 해당되는 영역으로 구성된 정보처리 영역의 피라미드와 의사소통(Communication), 분석(Analysis), 종합(Synthesis), 평가(Valuing), 실행(Execution)의 5단계의 진로의사결정 과정을 의미하는 CASVE주기라는 두 가지 핵심개념을 제시하고 있다.

인지적 정보처리이론을 기초로 하여 진로와 관련해서 어려움을 만드는 부정적 진로사고를 측정하는 도구인 진로사고검사(Career Thoughts Inventory)가 개발되었다(Sampson, Peterson, Lenz, Reardon, & Saunders, 1996).

4) 구성주의 진로이론

구성주의 진로이론은 후기실증주의(포스터모더니즘)의 관점이 진로영역에 적용된 이론이다. 개인이 자신과 직업의 세계를 바라보는 틀인 구조를 이해함으로써 직업선택을 도울 수 있다고 본다. 즉, 진로지도는 자신과 직업세계에 관한 인식을 발견하는 새로운 구조를 학습하는 것이 된다(Sharf, 2006).

구성주의 진로이론의 대표적인 인물인 Savickas(2001, 2002)는 생애설계(life designing)라는 개념을 도입하면서 직업적 성격(vocational personality), 진로 적응도(career adaptability), 생애 주제(life theme)라는 세 가지 구성요인을 통해 자신의 진로를 새롭게 만드는 것이 필요하다고 주장하였다.

4. 학교 진로지도

1) 학교 진로지도의 기본방향

진로지도(career guidance)란 학생들을 행복한 개인 및 생산적인 사회 성원으로 성장하도록 도와주는 활동이다. 즉, '개인이 자신의 진로를 현명하게 선택하고, 선택한 진로에 들어가서는 계속 발전해 나갈 수 있도록 도와주는 과정'으로 평생 교육의 차원에서 정의될 수 있다. 진로지도의 일반목표는 다음과 같다.

- 자신의 적성, 흥미, 인성, 능력 등을 정확히 이해한다.
- 경제, 사회 구조의 측면에서 직업의 세계를 이해한다.
- 자신에게 적합한 진로 계획을 수립하고 진학 또는 취업에 필요한 지식, 기능을 습득한다.
- 일과 직업에 대한 건전한 가치관 및 태도를 형성한다.

이러한 목표를 갖는 진로지도의 기본방향은 다음과 같다.

- 유치원에서부터 성인교육에 이르기까지 평생교육으로 이루어져야 한다.
- 모든 교육과정 속에서 모든 학생을 대상으로 이루어져야 한다.
- 산학협동 체제 속에서 지역사회의 자원을 최대한으로 활용하여야 한다.
- 진로의 정치지도와 추수지도를 포함해야 한다.
- 단편적인 기능인 양성이 아닌 포괄적인 의미의 직업지도여야 한다.
- 의미 있는 삶의 내용과 경험을 풍부하게 제공해야 한다.
- 자기의 이해, 진로에 대한 인식 · 탐색 · 준비의 과정이어야 한다.

〈표 5-2〉 학교급별 진로지도의 목표

학교급	지도 목표
초등학교	• 자신의 소질, 흥미를 발견한다. • 지역사회의 각 산업체 및 여러 기관, 단체가 하는 일에 대한 이해를 통하여 모든 직업이 똑같이 소중함을 안다. • 직업의 소중함을 인식함으로써 장래 직업인으로서의 포부를 갖는다.
중학교	• 자신의 적성과 능력을 이해한다. • 직업의 사회적 역할을 이해함으로써 개인은 직업을 통해 사회에 공헌할 수 있음을 인식한다. • 다양한 직업에 관한 지식을 갖고 자신의 진로를 잠정적으로 계획한다.
고등학교	• 자신의 적성 및 여러 가지 여건을 고려하여 구체적인 진로 계획을 수립한다. • 진학 또는 직업에 필요한 정보를 넓게 수집 · 분석하여 자신에게 적합한 직업 및 학교를 선정하고 이를 위해 준비한다. • 건전한 직업 및 직업윤리를 형성한다.

〈표 5-3〉 진로지도의 영역별 목표

지도 영역	진로지도 목표
자아의 이해	• 자아에 대한 기초적인 인식을 갖게 한다. • 자아에 관련된 제 개념을 발전시킨다. • 자아개념을 명료화한다. • 긍정적인 자아개념을 갖게 한다.
일과 직업 세계의 이해	• 다양한 직업 역할을 인식시킨다. • 일의 세계에 관련된 제 개념을 이해시킨다. • 사회 속의 직업 세계의 구조와 상호 관계를 이해시킨다. • 진로목표에 적합한 계획을 수립하게 한다.
일에 대한 긍정적 태도 및 가치관	• 일과 직업에 대한 존경심을 갖게 한다. • 일에 대한 태도 및 가치를 발전시킨다. • 가치 있고 지속적인 사회제도로서의 일을 이해시킨다. • 일에 대한 가치를 갖게 한다.

의사결정 능력	• 의사결정 기술의 기본 원리를 인식시킨다. • 의사결정 기술을 발전시킨다. • 개인적인 탐구 기술 및 문제해결 기술을 발전시킨다. • 문제해결 기술을 적용하게 한다.
인간관계 기술	• 협동적인 사회적 행동을 배우게 한다. • 바람직한 사회적 관계를 발전시킨다. • 성숙한 사회적 관계를 발전시킨다. • 직업상태에서 집단행동의 역동성을 이해시킨다.
일과 직업의 경제적 측면 이해	• 생활양식과 직업 역할 관계를 인식하게 한다. • 다양한 직업과 연합된 경제적 이점을 이해시킨다. • 진로와 연합된 경제적 이점을 이해시킨다. • 직업 세계의 구조와 경제 구조와의 관계를 이해시킨다.
일과 직업의 교육적 측면 이해	• 학교와 사회에서의 교육의 계속성을 인식시킨다. • 진로발달의 한 부분으로서의 교육적 경험을 이해시킨다. • 다양한 진로와 연결된 다양한 교육적 준비의 요구를 이해시킨다. • 진로목적 성취의 수단으로서 교육의 중요성을 이해시킨다.

2) 진로지도 단계 및 내용

발달의 특성을 고려하여 진로지도의 내용은 달라져야 할 것이다. 학교급별 진로지도 단계와 진로지도의 내용은 다음과 같다.

〈표 5-4〉 진로지도단계

지도단계	지도 내용
인식단계 (초등학교)	• 자아에 대한 인식 • 자신의 소질이나 흥미 발견 • 다양한 직업의 인식 • 일과 직업 수행을 위한 지식, 기술 습득의 필요성 인식 • 일과 직업에 대한 자긍심의 발견

탐색단계 (중학교 및 일반계 고교)	• 자아개념의 명료화 • 진학 및 직업 준비 교육 • 자기의 의사결정에 관련된 요소 인식 • 직업의 분류 및 직업군 탐색 • 가치 있고 지속적인 사회적 제도로서의 직업(일)의 이해
준비단계 (실업계 고교)	• 자아개념의 구체화 • 기본 기능의 계속적인 숙달, 활용, 응용력의 강조 • 진로 목표에 적합한 계획 수립 • 일(직업)에 대한 가치 획득 • 구체적인 진로 계획의 수립과 졸업 후의 환경에 대비
전문화단계 (대학교)	• 구체적 직업 관련 지식과 특수 기술 개발 • 재교육, 현직 교육, 승진을 위한 기술 훈련 과정 제공 • 직업인의 긍지와 보람, 직업윤리와 가치관 정립 • 피고용인으로서 의미 있는 인간관계 형성 • 전문직에 고용될 수 있는 전문가의 능력 배양

〈표 5-5〉 학교급별 진로지도 내용

영 역＼학 교	초등학교	중학교	고등학교
자아의 발견	• 자신의 소질, 흥미 발견	• 자신의 능력, 적성에 대한 이해	• 자신의 직업 적성 • 주위 여건 • 역할에 대한 자각
일의 세계 • 직업의 종류와 내용 • 직업과 교육	• 사람과 일, 산업과 직업과의 관계 • 사회적 분업과 직업 • 일과 직업 수행을 위한 지식 • 기술 습득의 필요성 인식	• 산업 및 직업 분류 • 현대사회와 직업 • 직업생활을 위한 준비로서의 교육 실시	• 직업 구조의 변화 • 직업별 직무 및 전망 • 직업별로 요구되는 교육의 정도 및 내용
진로 계획 • 선택 계획 • 준비 계획	• 장래의 희망, 포부 설정 • 장래 희망을 성취하기 위한 방법 구상	• 장래의 잠정적인 직업 계획 수립 • 진학 및 직업 준비 계획	• 구체적인 진로 계획과 선택 • 진학 및 직업 준비 계획

일에 대한 태도 및 가치관	• 일의 소중함 • 일의 보람 인식	• 직업의 의의 · 필요성 • 바람직한 직업 선정 　의 조건 탐색	• 건전한 직업관 확립 • 직업 및 직장 윤리의 　실현 준비

3) 진로지도의 방법

(1) 교과활동을 통한 지도

2009개정 교육과정에서는 '창의적 체험활동'의 진로활동과 중학교 선택교과 교육과정으로 운영되고 있는 '진로와 직업'과 고등학교에서 교양교과 교육과정으로 운영되고 있는 '진로와 직업' 교과를 통해 진로 관련 교육과정을 운영하고 있다.

각 교과별 진로지도 관련 요소를 추출하고 그 교과와 관련된 일과 직업세계를 이해할 수 있는지를 판별하여 각 교과별로 진로지도의 가능성을 탐색한 후, 각 교과 진로지도 관련 단원의 연간 지도 계획을 수립하고 진로지도 학습 지도안을 작성 · 활용하는 것이 좋다.

〈표 5–6〉 진로교육 관련 교과 지도 계획안 예시(초등학교 4학년 1학기 도덕과 단원)

월	주	단원(제재)	차시	진로지도 관련 수업 주제	시간 배당	진로교육 관련 영역
5	1	3. 소중한 시간	3/3	• 시간을 소중하게 여기고 아껴 써야 하는 까닭 생각해 보기 • 자신의 시간 활용에 대한 반성	3	① 직업의 경제적 측면 이해하기 ② 일에 대한 태도

〈표 5-7〉 진로지도 담당자의 임무

담당	추진 내용
교장, 교감	진로지도 계획 및 예산 편성의 중심, 진로상담부장 및 관계 직원의 임무 설정, 진로 지도 여건 정비 등
진로상담부장	계획 추진 책임자, 예산 편성 협의, 신년도 진로지도 계획의 입안, 학교와 지역사회 단체와의 협력 체제 구축, 계원 간의 협조 체제 구축, 진로지도의 평가 등
상담가	진로지도의 본질에 입각한 상담활동, 학생의 진로 선택 능력 향상, 각종 자료의 수집 · 배치 · 해석 · 활용 등
학급 담임	학급 학생과의 원만한 인간관계 조성, 학생 개개인의 특성과 가정환경 이해, 학생 개개인의 표준화 검사 결과의 활용, 진로 정보 제공, 특별활동을 통한 진로지도 연간 계획 수립 및 추진, 진로 관련 집단 및 개별 상담, 가정과의 유기적 협조 체제 유지, 진학 및 취업자 상담지도
교과 담임	담당 교과 내용 중 진로 관련 요소 추출 및 지도, 교과 관련 진로 정보의 제공, 진로 정보실의 자료 활용 지도 등
상담 자원 봉사자	연수 · 연찬을 통한 자질 및 전문성 함양, 학생 개별 및 집단 상담 지도, 학교 진로 관련 업무 보조, 상담 분위기 및 여건 조성
학부모	자녀의 소질 · 적성 · 흥미 · 인성 · 가치관 · 능력의 이해, 직업 세계에 대한 바른 이해와 정보 제공, 학력보다 능력 중시, 자격증 시대의 도래 등에 대한 사회 변화 이해, 자녀의 진로 결정 보조, 진로지도 협력체에 적극 참여

(2) 특별활동을 통한 지도

적응활동, 계발활동, 행사활동 등 특별활동을 통하여 다양한 진로지도 프로그램을 개발 · 적용하도록 한다.

① 적응활동을 통한 지도 예시
  • 부모 · 형제의 직업 소개하기
  • 일의 종류 및 일의 세계 조사 발표하기

- 장래희망 발표하기
- 미래의 유망 직종(첨단 기술) 조사 발표하기
- 좋아하는 직업 및 적성에 맞는 직업 조사 발표하기
- 타협이 요구되는 과제에 대하여 자신의 의사결정 과정 발표하기
- 소비 경제와 관련하여 어느 직업이 자기에게 좋은지 열거하기
- 자기의 학습 습관과 장래의 직업관의 관계에 대하여 글짓기
- 과거의 직업, 현재의 직업, 미래의 직업 간의 관계에 대하여 토의하기
- 여러 가지 직업군을 소개하는 포스터 그리기

② 계발활동을 통한 지도 예시
- 각 부서별로 관련된 일의 종류 알아보기
- 현장 견학을 실시한 후 소감문 발표하기
- 여러 분야의 자원인사를 초청하여 직업의 종류와 일에 대한 강연 듣기
- 직업에 대한 역할극하기
- 과학 기술이 직업에 어떠한 영향을 주는지에 대하여 작문하기
- 진로를 결정하는 사례 연구 발표회 갖기
- 각종 봉사활동에 참여하기
- 우리나라의 직업 전망에 대한 토론회 갖기

③ 행사활동을 통한 지도 예시
- 학교행사를 통한 진로교육: 경찰의 날, 체신의 날, 약사의 날, 국경일 등 계기 교육, 각종 발표회, 훈화, 게시교육, 상담, 집단 수련회, 견학, 수학여행 등
- 진로의 시간, 진로의 날, 진로의 주간, 진로의 달 등 운영

(3) 진로 정보의 활용

진로지도를 위한 환경 조성도 필요한데 진로 정보실 운영이 그 예다. 즉, 학급별 또는 학교의 빈 공간을 이용하여 각종 진로 정보와 자료를 게시할 수 있는 자료 게시판을 설치·활용할 수 있다. 학생들에게 주어지는 정보는 크게 교육과 진학에 대한 정보, 직업과 취업에 대한 정보, 개인과 사회에 대한 정보로 나눌 수 있다.

① **교육·진학 정보:** 이수해야 할 교육과정, 특별과정 등 교육적 기회에 관한 모든 정보, 이를테면 새로 입학한 학교에 대한 여러 가지 정보, 학생들이 선택한 교과에 관한 정보, 장학금 및 기타 재정적 보조에 관한 정보, 상급학교 및 학과에 관한 정보 등

② **직업·취업 정보:** 직무와 직업에 필요한 자격 요건, 작업 조건, 승진 유형, 보수, 현재와 미래에 있어서 인력의 수요와 공급, 특정한 직업에 대한 정보 등

③ **개인·사회적 정보:** 자기 자신과 타인의 이해를 위해서 다루는 정보로서 개인과 대인관계에서 작용하는 인간적·물리적 환경의 영향에 관한 타당하고 유용한 자료로 이성관계, 예의범절, 여가활동, 개인의 용모, 사교술, 가족관계, 경제적 계획, 건강 생활 등

(4) 상담을 통한 지도

상담은 개인의 잠재 가능성을 인식·탐색하고 개발시켜 내담자가 원하는 진학·직업을 선택하고 적응하게 함으로써 만족과 행복을 느끼며 생활할 수 있도록 도와주는 과정으로 이를 통해서도 진로지도가 이루어질 수 있다.

① **초등학교:** 구체적 교수법 사용, 다양한 교육 매체 사용, 진로 발달을 위한 준비와 지도, 직접 경험과 간접 경험의 제공

② **중학교:** 구체적인 방법 제시, 감정의 표현과 탐색 기회 제공, 교과 관련 통합

지도, 집단 토의, 집단상담을 통한 문제해결력 증진

③ **고등학교**: 구체적 · 추상적인 방법 적용 가능, 수집된 정보의 활용으로 장래의 현명한 결정, 자아의 탐색과 능력 · 흥미 · 가치관의 인식, 산학 협동의 활성화

(5) 기타 활동을 통한 지도

봉사활동을 통해 다양한 일의 세계를 체험하고, 일의 보람을 깨닫게 할 수 있다. 또 정규 수업에서는 물론, 별도의 진로의 날, 진로 주간 등 1년 중 적당한 시기를 잡아 집중적인 진로지도를 실시할 수도 있다. 또 학부모의 이해와 협조 없이는 진로지도의 효과를 기대할 수 없다. 따라서 설문조사, 진로지도 자료 배부, 간담회 등을 실시하여 학부모들이 올바른 진로관을 갖고 가정에서 효과적인 진로지도를 할 수 있도록 한다.

〈표 5-8〉 진로의 날 행사 일정 예시

구분	1학년	2학년	3학년
1교시	오리엔테이션(진로 탐색의 필요성, 중요성, 행사일정 안내 등)		
2교시	진로지도 프로그램 활동 (자아 발견 – 연습과제)	자원 인사와의 면담 (반별로 다른 직종의 인사 자유로이 참석)	VTR방영 (미래의 직업 세계 – 4차 산업의 출현)
3교시	VTR방영 (나의 발견 – 자기이해)	진로지도 프로그램 활동 (직업 탐색 – 연습과제)	자원 인사와의 면담 (반별로 다른 직종의 인사 자유로이 참석)
4교시	나의 진로(생애 설계) 작성 및 발표	VTR방영 (직업의 세계, 직업의식)	모의활동
	점심시간		
5교시	현장 견학 (과제 – 소감문 작성)	진로의 날 소감문 작성	모의활동
6교시			나의 진로(생애 설계) 작성 및 발표

4) 자유학기제

최근 중학교 교육과정 중 한 학기 동안 학생들이 중간·기말고사 등 시험부담에서 벗어나 꿈과 끼를 찾을 수 있도록 수업 운영을 토론, 실습 등 학생 참여형으로 개선하고 진로탐색활동 등 다양한 체험활동이 가능하도록 교육과정을 유연하게 운영하는 자유학기제도가 실시되고 있다. 자유학기제의 추진목적은 다음과 같다(교육과학기술부, 2013).

- 학생들이 스스로 꿈과 끼를 찾고, 자신의 적성과 미래에 대해 탐색·고민· 설계하는 경험을 통해 지속적인 자기성찰 및 발전할 수 있는 기회 제공
- 지식과 경쟁 중심 교육을 자기주도 창의학습 및 미래지향적 역량(창의성, 인성, 사회성 등) 함양이 가능한 교육으로 전환
- 공교육 변화 및 신뢰 회복을 통해 학생이 행복한 학교생활 제공

자유학기제의 기본 정책방향은 다음과 같다(교육과학기술부, 2013).

- 자유학기에 집중적인 진로수업 및 체험을 실시하여 초등학교(진로인식) – 중학교(진로탐색) – 고등학교(진로설계)로 이어지는 진로교육 활성화
- 꿈과 끼를 키우는 교육 프로그램 운영이 원활히 이루어질 수 있도록 학교의 교육과정 자율성 대폭 확대
- 자유학기제 대상학기는 학생들의 발달단계를 고려하여 결정하되, 연구학교의 운영 등을 통해 신중히 결정
- 자유학기에는 특정 기간에 집중되어 실시되는 중간·기말시험은 실시하지 않고, 학생의 기초적인 성취 수준 확인 방법 및 기준 등은 학교별 마련
- 자유학기를 교육과정 운영, 수업방식 등 학교 교육방법 전반의 변화를 견인하는 계기로 활용

　자유학기제는 2016년부터 모든 중학교에서 전면 시행되고 있으며, 자유학기제 기간에는 교과수업과 자유학기활동으로 학교생활이 진행된다. 수업은 토론, 실험 · 실습, 프로젝트 학습 등 전 과정에 학생이 주도적으로 참여하는 방식으로 진행되어 학생의 진로발달을 촉진하고 있다.

제6장

학교폭력의 이해

개 요

최근 우리 사회에서는 학교 내·외부 요인에 의해 학생의 안전을 위협하는 사건이 지속적으로 발생하고 있다. 이에 2012년 '2·6 학교폭력근절종합대책' 수립을 시작으로 하여 2013년 '7·23 현장중심 학교폭력대책'에 이르기까지 학교폭력예방 및 근절에 대한 관심과 지원이 지속적으로 이루어지고 있다. 이와 같은 범국가적 관심과 지원, 관련 기관 및 교육 현장의 노력으로 최근 전반적으로 학교폭력 피해율이 낮아지는 등 소기의 성과를 거두고 있으나 언어폭력 및 사이버 폭력, 집단 따돌림과 같은 정서적 폭력은 상대적으로 줄어들지 않고 있는 상황이다.

학교폭력 문제를 근원적으로 해결하기 위해서는 학교폭력 사안처리 등 처벌적 관점에서의 대책보다는 장기적인 관점에서 학생들의 심리적인 역량을 강화시키고 변화시키는 학교폭력 예방교육이 중요하다. 그리고 학교폭력 예방교육이 효과를 거두기 위해서는 학교장의 리더십과 지원, 교사의 관심과 열정, 주변 학생의 적극적인 개입을 유도함으로써 학교 구성원 간 소통과 배려의 문화를 형성해 나가는 일이 매우 중요하다. 이 장에서는 학교폭력의 의미에 대해 살펴보고자 한다.

1. 학교폭력의 의미

1) 학교폭력의 개념

「학교폭력예방 및 대책에 관한 법률」 제2조에 의하면, 학교 내외에서 학생을 대상으로 발생한 상해, 폭행, 감금, 협박, 약취·유인, 명예훼손·모욕, 공갈, 강요·강제적인 심부름 및 성폭력, 따돌림, 사이버 따돌림, 정보통신망을 이용한 음란·폭력 정보 등에 의하여 신체·정신 또는 재산상의 피해를 수반하는 행위를 학교폭력이라고 한다. 한국초등상담교육학회(2015)에서 정리한 학교폭력의 관련 개념에 대해 살펴보면 다음과 같다.

- **상해**: 신체의 완전성을 해하는 것으로 남의 몸에 상처를 내어 해를 입히는 것
- **폭행**: 학생 간 발생하는 폭행으로 해당 사안은 교원이 해결해야 하고, 당사자 간 분쟁을 교육적 차원에서 조정하기 위해서는 다소 구체성을 띠어야 하기 때문에 형법상 협의의 개념인 '사람의 신체에 대한 유형력의 행사'로 해석(형법상 폭행죄에 해당하는 협의의 개념)
- **감금**: 장소 이전의 자유를 침해하는 행위를 말하는 것으로 신체 그 자체를 구속하지 않고, 다만 일정한 장소에서 나오지 못하게 하는 일이 그 성립 요건임
- **협박**: 상대방의 반항을 불가능하게 하거나 곤란하게 할 정도는 아니라도 상대방이 현실로 공포심을 느낄 수 있을 정도의 해악의 고지가 있는 경우(형법상 협의의 개념)
- **약취**: 폭행 또는 협박으로 사람의 현재의 상태에서 자기 또는 제3자의 실력적 지배하에 두는 것
- **유인**: 허위의 사실을 가지고 상대방을 착오에 빠뜨리게 하거나 감언이설로 상대방을 현혹시켜 판단을 바르게 할 수 없게 된 사람을 자기 또는 제3자의 실력적 지배 내에 옮기는 행위
- **명예훼손**: 특정 또는 불특정 다수가 인식할 수 있는 상태에서 진실한 사실이나 허위의 사실을 적시하여 그 사람의 평판이나 사회적 가치를 떨어뜨리는 행위
- **모욕**: 공연히(불특정 또는 다수인이 인식할 수 있는 상태) 사실을 적시하지 아니하고 사람에 대하여 경멸의 의사 표시를 하는 행위
- **공갈**: 재물을 교부하거나 재산상의 이득을 취득하기 위하여 폭행 또는 협박으로 공포심을 일으키는 행위

- **강요**: 특정인에게 하기 싫은 일을 억지로 또는 강제로 요구하는 행위
- **강제적인 심부름**: 특정인에게 강제적으로 심부름을 시키는 행위
- **성폭력**: 성욕의 흥분, 자극 또는 만족을 목적으로 하는 행위로서 상대방에게 폭행과 협박을 하면서 신체적인 접촉을 하거나 성행위를 강제로 하는 것
- **따돌림**: 학교 내외에서 2명 이상의 학생들이 특정인이나 특정 집단의 학생들을 대상으로 지속적이거나 반복적으로 신체적 또는 심리적 공격을 가하여 상대방이 고통을 느끼도록 하는 일체의 행위
- **사이버 따돌림**: 인터넷, 휴대전화 등 정보통신기기를 이용하여 학생들이 특정 학생들을 대상으로 지속적, 반복적으로 심리적 공격을 가하거나, 특정 학생과 관련된 개인 정보 또는 허위 사실을 유포하여 상대방이 고통을 느끼도록 하는 일체의 행위
- **재물손괴**: 민법상 재물은 유체물(동산, 부동산) 또는 전기 기타 관리 가능한 자연력을 말하며, 형법상으로는 유체물 및 관리할 수 있는 동력을 말하고, 손괴제는 재물만을 객체로 함(손괴란 재물에 직접 유형력을 행사하는 그 이용 가능성을 침해하는 것임)
- **정보통신망을 이용한 음란 폭력 정보**: 특정인에 대하여 모욕적인 언사나 욕설, 허위의 글이나 사생활에 관한 사실을 인터넷 게시판에 올리거나 인터넷상이나 휴대전화를 통해 성적 수치심을 주는 음란한 대화를 강요하거나 위협이 되는 문자나 동영상을 보내어 정신적 피해를 주는 일체의 행위

따라서 '사소한 괴롭힘', 학생들이 '장난'이라고 여기는 행위도 학교폭력임을 인식할 수 있도록 분명하게 가르쳐야 한다. 학교폭력은 학생을 대상으로 하는 폭력이므로 가해자가 학생이 아니더라도 피해자가 학생인 경우, 반드시 피해학생에 대한 보호조치를 실시해야 한다. 가해자가 학생이 아닌 경우, 해당 사안을 경찰 등 수사기관에 반드시 신고해야 한다.

일반폭력과 학교폭력의 차이점을 몇 가지로 정리하면 다음과 같다(법무부, 2012).

- 일반폭력은 모르는 사람 사이에서 주로 발생하며, 특정한 장소가 정해져 있지 않으나, 학교폭력은 같은 학교·학급이라는 같은 공간 내에 있는 학생들 사이에 발생하므로 사건 발생 이후에도 일정 기간 가해자, 피해자가 마주치게 됨
- 일반폭력은 폭력의 당사자 외에는 제3자가 알기 어려우나, 학교폭력은 당사자 외에도 같은 학교·학급에 있는 다른 친구들에게 쉽게 알려지게 되므로 추가적인 정신적 고통을 받는 경우가 많음
- 일반폭력은 연속성이 없으나, 학교폭력은 학교 내에서 끊임없이 특정 학생에 대해 행해지고, 문제의식 없이 학생들 사이에 학교 내 하나의 잘못된 문화처럼 형성될 수 있음

2) 학교폭력 유형의 변화

학교폭력의 양상은 시간의 흐름에 따라 변화되고 있다. 과거의 학교폭력은 소수의 문제학생에 의해 주로 발생했으나, 최근에는 다수의 학생들에 의해 반복적·정서적 폭력의 형태로 이루어지는 하나의 문화현상으로 변질되고 있다. 과거의 학교폭력의 유형과 최근의 학교폭력의 유형을 비교해 보면 〈표 6-1〉과 같다.

〈표 6-1〉 과거와 최근의 학교폭력의 유형

	주요 유형
과거의 학교폭력	• 폭력서클이 조직적·집단적으로 저지르는 폭력이 주류 • 폭행, 금품갈취 등 물리적 폭력이 많음 • 1회성 단기적 성격을 띤 경우가 많음 • 연령이 상대적으로 많은 학생들에 의해 저질러짐 • 주로 다른 학교 학생들에 대해 폭력을 행사함(자기 학교 학생은 오히려 보호)

최근의 학교폭력	• 일부 학생에게만 국한된 것이 아니라 상당 수 혹은 소그룹이 따돌림 등 집단으로 행하는 형태로 변화 • 강제적인 심부름(빵 셔틀, 와이파이 셔틀 등), 협박, 집단 따돌림, 놀림 등 정신적 폭력의 형태로 다양하게 변화-인터넷과 스마트폰, SNS 등을 활용하여 교묘한 방식으로 괴롭히고, 집단적으로 즐기는 사례가 증가 • 특정 상대방을 대상으로 계속적 · 집중적으로 행사하는 경우가 많음 • 주로 중학생들 사이에서 가장 많이 발생하나 초등학생에 의한 학교폭력이 증가하는 등 저 연령화 현상 • 학교 현장 내에서 많이 발생

출처: 법무부(2012).

3) 학교폭력 발생 장소

학교폭력은 주로 어디서 발생하는지 살펴보면 대부분이 학교 내에서 일어나며, 일부는 그 외의 장소에서도 발생한다.

• 학교 체육관에서 청소하는데 옆에 있던 친구가 청소도 제대로 못한다며 발로 찼다.
• PC방에서 놀고 있는데 학교 선배가 머리를 때리고 욕을 하며 지나갔다.
• 학교 수업을 마치고 친구와 집에 가고 있는데 학교 선배들이 돈을 요구하며 때렸다.

2012년 한국교육개발원에서 조사한 지역별 학교폭력 피해 장소에 대해 살펴보면 다음 〈표 6-2〉와 같다.

학교급별과 성별로 학교폭력이 일어나는 장소를 살펴보면 다음 〈표 6-3〉과 같다.

〈표 6-2〉 지역별 학교폭력 피해 장소

	사례 수(명)	교실 안 사례 수(%)	운동장 사례 수(%)	화장실 사례 수(%)	복도 사례 수(%)	기숙사 사례 수(%)	학교 내 다른 장소 사례 수(%)	학원이나 학원 주변 사례 수(%)	오락실, PC방, 노래방 등 사례 수(%)	놀이터, 공원, 동네골목, 공터, 빈산 등 사례 수(%)	사이버 공간 사례 수(%)	우리 집 사례 수(%)	기타 사례 수(%)
전체	321,294	133,935(41.7)	10,829(3.4)	6,982(2.2)	17,313(5.4)	2,698(0.8)	25,989(8.1)	12,475(3.9)	11,398(3.5)	17,022(5.3)	18,307(5.7)	5,787(1.8)	58,559(18.2)
서울	69,195	28,215(40.8)	2,375(3.4)	1,527(2.2)	3,670(5.3)	329(0.5)	5,498(7.9)	2,620(3.8)	2,130(3.1)	4,646(6.7)	3,836(5.5)	1,274(1.8)	13,075(18.9)
부산	22,551	9,943(44.1)	784(3.5)	387(1.7)	1,442(6.4)	109(0.5)	1,788(7.9)	1,018(4.5)	704(3.1)	914(4.1)	1,239(5.5)	341(1.5)	3,882(17.2)
대구	11,643	5,143(44.2)	405(3.5)	192(1.6)	638(5.5)	50(0.4)	875(7.5)	455(3.9)	514(4.4)	598(5.1)	679(5.8)	209(1.8)	1,885(16.2)
인천	15,122	6,103(40.4)	529(3.5)	292(1.9)	721(4.8)	85(0.6)	1,190(7.9)	574(3.8)	551(3.6)	1,003(6.6)	947(6.3)	303(2.0)	2,824(18.7)
광주	12,132	5,178(42.7)	305(2.5)	229(1.9)	583(4.8)	48(0.4)	937(7.7)	562(4.6)	598(4.9)	617(5.1)	656(5.4)	189(1.6)	2,230(18.4)
대전	11,769	5,328(45.3)	413(3.5)	260(2.2)	648(5.5)	96(0.8)	857(7.3)	434(3.7)	287(2.4)	534(4.5)	643(5.5)	228(1.9)	2,041(17.3)
울산	10,230	4,561(44.6)	295(2.9)	213(2.1)	542(5.3)	48(0.5)	751(7.3)	399(3.9)	362(3.5)	392(3.8)	637(6.2)	146(1.4)	1,884(18.4)
세종	769	350(45.5)	23(3.0)	30(3.9)	37(4.8)	26(3.4)	47(6.1)	19(2.5)	29(3.8)	22(2.9)	30(3.9)	11(1.4)	145(18.9)
경기	68,417	27,161(39.7)	2,293(3.4)	1,417(2.1)	3,896(5.7)	429(0.6)	5,434(7.9)	2,708(4.0)	2,734(4.0)	4,122(6.0)	4,217(6.2)	1,441(2.1)	12,505(18.3)
강원	9,472	3,880(41.0)	323(3.4)	229(2.4)	444(4.7)	152(1.6)	902(9.5)	264(2.8)	294(3.1)	428(4.5)	551(5.8)	204(2.2)	1,801(19.0)
충북	10,392	4,497(43.3)	312(3.0)	263(2.5)	507(4.9)	131(1.3)	815(7.8)	323(3.1)	331(3.2)	511(4.9)	627(6.0)	181(1.7)	1,894(18.2)
충남	17,953	7,509(41.8)	588(3.3)	514(2.9)	931(5.2)	314(1.7)	1,608(9.0)	581(3.2)	559(3.1)	715(4.0)	930(5.2)	269(1.5)	3,435(19.1)
전남	9,943	4,196(42.2)	347(3.5)	287(2.9)	481(4.8)	257(2.6)	952(9.6)	343(3.4)	344(3.5)	360(3.6)	476(4.8)	133(1.3)	1,767(17.8)
경북	19,367	7,977(41.2)	660(3.4)	379(2.0)	1,208(6.2)	378(2.0)	1,603(8.3)	745(3.8)	652(3.4)	758(3.9)	999(5.2)	325(1.7)	3,683(19.0)
경남	27,179	11,685(43.0)	913(3.4)	652(2.4)	1,316(4.8)	227(0.8)	2,300(8.5)	1,125(4.1)	1,168(4.3)	1,166(4.3)	1,609(5.9)	431(1.6)	4,587(16.9)
제주	5,160	2,209(42.8)	264(5.1)	111(2.2)	249(4.8)	19(0.4)	432(8.4)	245(4.7)	141(2.7)	236(4.6)	231(4.5)	102(2.0)	921(17.8)

* 출처: 교육개발원(2012).

〈표 6-3〉 학교급별과 성별 학교폭력 피해장소

	사례 수(명)	교실 안	운동장	화장실	도로	기숙사	학교 내 다른 장소	학원이나 학원 주변	오락실, PC방, 노래방 등	놀이터, 공원, 동네골목, 공터, 뒷산 등	사이버 공간	우리 집	기타
		사례 수(%)	사례 수(%)	사례 수(%)	사례 수(%)	사례 수(%)	사례 수(%)	사례 수(%)	사례 수(%)	사례 수(%)	사례 수(%)	사례 수(%)	사례 수(%)
전체	321,294	133,935(41.7)	10,829(3.4)	6,982(2.2)	17,313(5.4)	2,698(0.8)	25,989(8.1)	12,475(3.9)	11,398(3.5)	17,022(5.3)	18,307(5.7)	5,787(1.8)	58,559(18.2)
학교급													
초등학교	134,435	46,903(34.9)	8,118(6.0)	2,753(2.0)	7,027(5.2)	342(0.3)	11,066(8.2)	8,381(6.2)	3,985(3.0)	9,019(6.7)	7,861(5.8)	3,949(2.9)	25,031(18.6)
중학교	135,788	60,982(44.9)	2,181(1.6)	3,263(2.4)	7,931(5.8)	568(0.4)	10,763(7.9)	3,534(2.6)	6,114(4.5)	6,168(4.5)	7,926(5.8)	1,396(1.0)	24,962(18.4)
고등학교	50,654	25,924(51.2)	515(1.0)	955(1.9)	2,322(4.6)	1,717(3.4)	4,123(8.1)	552(1.1)	1,294(2.6)	1,821(3.6)	2,497(4.9)	436(0.9)	8,498(16.8)
기타	417	126(30.2)	15(3.6)	11(2.6)	33(7.9)	71(17.0)	37(8.9)	8(1.9)	5(1.2)	14(3.4)	23(5.5)	6(1.4)	68(16.3)
성별													
남학생	203,524	87,174(42.8)	8,707(4.3)	4,262(2.1)	11,117(5.5)	2,112(1.0)	16,114(7.9)	7,699(3.8)	9,847(4.8)	11,042(5.4)	5,938(2.9)	3,189(1.6)	36,323(17.8)
여학생	117,770	46,761(39.7)	2,122(1.8)	2,720(2.3)	6,196(5.3)	586(0.5)	9,875(8.4)	4,776(4.1)	1,551(1.3)	5,980(5.1)	12,369(10.5)	2,598(2.2)	22,236(18.9)

* 출처: 교육개발원(2012)

대부분의 학교폭력 사건이 학교 내에서 이루어지고 있는 점을 생각해 보면, 학교폭력이 장기적으로 이루어질 가능성이 크다. 또한 피해학생이 학교를 떠나지 않는 한 혹은 가해학생이 학교를 나오지 않는 한 학교폭력에서 벗어나는 것이 힘들다. 이러한 특성으로 학교폭력의 피해자는 일화적인 피해가 아닌 더 큰 신체적·정신적 고통을 겪게 될 가능성이 크다.

2. 학교폭력의 종류

가해자에 대한 선도, 피해자에 대한 보호 등에 관한 학교폭력법 상 학교 내 절차가 진행되는 학교폭력의 종류에는 주먹이나 발이 오고 가지 않는 유형도 많이 있다. 또 학교폭력의 대부분 형사처벌이 가능한 범죄 행위다. 폭행이란 신체에 대한 불법적인 힘을 행사하는 일체의 행위를 말하며, 머리카락이나 털을 잘라 버리는 것, 사람의 손을 세차게 잡아당기는 것 등 장난으로 한 행위도 폭행이 될 수 있다. 상해란 폭행으로 인하여 신체에 손상을 가져오면 상해가 된다. 약취란 강제로 일정한 장소로 데리고 가는 행위를 말한다. 유인이란 상대방을 속이거나 유혹해서 일정한 장소로 데리고 가는 행위를 말한다. 구체적으로 학교폭력의 종류를 살펴보면 다음과 같다(교육부, 2013).

1) 신체폭력

- 일정한 장소에서 쉽게 나오지 못하게 하는 행위(감금죄)
- 신체를 손발로 때리는 등 고통을 주는 행위(상해죄, 폭행죄)
- 강제(폭행·협박)로 일정한 장소로 데리고 가는 행위(약취죄)
- 상대방을 속이거나 유혹해서 일정한 장소로 데리고 가는 행위(유인죄)

사례

-폭행 사례-

2005년 7월 어느 날, 저녁식사 후(18: 50경) 피해학생 및 가해학생 교실에 에어컨이 켜져 있었는데, 가해학생은 피해학생에게 창문을 닫아 달라고 세 번을 요청했다. 그런데 피해학생은 이를 듣지 못했고, 이것이 발단으로 가해학생과 피해학생 간에 말다툼이 시작되어 주먹 싸움으로까지 번지게 되었다. 결국 피해학생의 왼쪽 눈 골절이 함몰되어 병원 입원치료(13주 진단)를 받게 되었다. 피해학생은 난청이 있는 학생이었지만 가해학생은 피해학생의 신체적인 결함을 알고 있으면서도 사건이 발생한 것이다. 가해학생은 평소에 산만한 편이고 자신의 물음에 즉각적인 반응이 없으면 몹시 흥분하는 학생으로 교사들의 잦은 지적을 받아온 것으로 나타났으며, 아버지는 권위적이고 작은 실수에도 체벌을 훈육의 방법으로 선택하고 있었다(청소년폭력예방재단 상담센터 전남지부 상담사례)

☞ 가해학생은 자신의 공격적인 행동이 여러 친구들에게 많은 상처를 준다는 인식을 전혀 하지 못했고, 자신의 행동에 대한 뉘우침도 없었다. 가해학생의 심리검사를 실시한 결과, 공격적인 성향을 많이 가지고 있는 것으로 나타났다. 피해학생은 소극적인 학교생활을 하고 있었기 때문에 자신의 신체적인 결함을 친구들에게 자연스럽게 알릴 수 있는 기회를 갖지 못했다. 이 사건에서는 가해학생이 자신의 행동에 대해 죄책감이나 반성의 기미가 전혀 보이지 않아 합의가 어려웠던 사례다. 이러한 결과를 감안한다면 문제의 초점을 가해학생에게 두어 기본적인 인성지도나 생활지도가 필요하며, 추후 다시는 폭력사태가 발생하지 않도록 예방할 수 있는 기초소양교육이 필요하다.

2) 언어폭력

- 여러 사람 앞에서 상대방의 명예를 훼손하는 구체적인 말(성격, 능력 등)을 하거나 그런 내용의 글을 인터넷, SNS 등으로 퍼뜨리는 행위로 내용이 진실이어도 범죄이고, 허위인 경우 가중 처벌(명예훼손죄)
- 여러 사람 앞에서 모욕적인 용어(외모 놀림, 병신, 바보 등 비하하는 내용)를 지속적으로 말하거나 그런 내용의 글을 인터넷, SNS 등으로 퍼뜨리는 행위(모욕죄)

3) 금품갈취, 강요

- 속칭 삥(금전) 뜯기(공갈죄)
- 옷, 문구류 등 빼앗기(공갈죄)
- 폭행 또는 협박으로 상대방의 권리 행사를 방해하거나 의무 없는 일을 하게 하는 행위로 속칭 빵 셔틀, 와이파이 셔틀 등(강요죄)

4) 따돌림

- 집단적으로 상대방을 의도적 · 반복적으로 피하는 행위
- 다른 학생들과 어울리지 못하도록 막기(강요죄)
- 싫어하는 말로 바보 취급 등 놀리기(모욕죄)
- 빈정거림, 면박 주기, 골탕 먹이기 등(모욕죄)

사례

-괴롭힘 사례-

- 내담자: 보호자(모)
- 가/피해 구분: 피해 측
- 의뢰학생 학교급 및 성별: 중학교 남학생
- 가해학생: 같은 반 친구 1명(남학생)
- 피해학생: ○○중학교 1학년 남학생
- 주 호소 문제: 아들이 친구로부터 괴롭힘을 당하고 있다. 어떻게 해야 하나요?
- 내용: 같은 반의 한 학생이 아들을 지속적으로 괴롭혀 오고 있다. 수업시간에 앞자리에 앉아서도 뒤를 돌아보며 아들을 계속 불러서 수업을 방해하고, 이 때문에 가해학생이 선생님의 지적을 받아 밖에 나가 있게 되어도 복도에서 계속 아들을 부른다고 한다. 선생님들도 가해학생 지도에 어려움을 겪고 있는데, 담임선생님에게 이 사실을 말씀드렸더니 가해학생을 야단쳤다고 한다. 그런데 가해학생은 반성의 기미를 보이지 않고 오히려 아들에게 다른 학교의 일짱, 이짱을 데려다가 때리겠다고 협박했다.
  하루는 가해학생 부모가 교문에서 우리 아들을 만나 혹시 가해학생이 반 친구들을 괴롭히면 연락하라고 연락처를 줬다는데 내가 그 연락처를 찢어 버렸다. 그런데 그 연락처를 받은 어떤 학생의 부모가 가해학생의 부모에게 연락을 한 모양인데 가해학생은 우리 아들로 오해하며, '너희 엄마지?' 했다고 한다. 그러한 오해로 인해 가해학생이 자기를 보복할까 봐 아들이 두려워하고 있다. 어떻게 해야 할지 참 걱정이다(A시 소재 학교폭력상담기관, 2009).

- 앞의 사례는 피해학생이 학급 내의 한 명의 가해학생에게 지속적인 괴롭

힘을 당하고 있는 전형적인 사례다. 괴롭힘은 힘의 균형이 깨진 상태에서 비롯되는 고의적이고 의도적인 학교폭력으로, 괴롭힘의 모습은 매우 다양하다. 또한 앞의 사례에서 보여지는 것처럼 괴롭힘의 과정에는 위협 및 협박, 금품갈취, 언어적·물리적·심리적 폭력이 동반될 수 있다. 괴롭힘을 당하는 학생들을 분류하면 크게 2가지로 나눌 수 있는데, 그 하나는 이유없이 당하는 학생들 유형으로 가해학생의 결정에 의해 기분에 따라 괴롭힘을 당하는 경우와 괴롭히기 쉽다고 느껴지는 소극적인 학생들일 때가 있다. 나머지 하나는 자극을 유발하는 아이들로 언행에 문제를 가지고 있는 아이들일 수 있다. 그러므로 부모 및 교사는 학생이 어느 유형에 속하며, 어떠한 부분이 부족한지 파악하여 부족한 영역의 힘을 키워 줄 수 있도록 해야겠다. 앞의 사례에서는 가해학생의 부모가 가해학생의 행동에 관심을 가지고, 학생의 변화를 위해 노력하고 있다는 사실은 학교폭력의 연결고리를 끊는 데 강점요인으로 작용할 수 있겠다.

5) 성폭력

- 폭행·협박을 하여 강제적 성행위, 유사성교행위, 성기에 이물질 삽입행위(성폭력 범죄 등)
- 폭행·협박과 함께 성적 모멸감을 주는 신체적 접촉행위(성폭력 범죄 등)
- 성적인 말과 행동으로 상대방에게 성적 굴욕감, 수치심을 주는 행위(모욕죄 등)
※ 성폭력은 「아동·청소년의 성보호에 관한 법률」에 의하여 강제추행 이상의 중대 사안은 경찰 등 수사기관에 반드시 신고해야 함

6) 사이버 폭력

- 특정인에 대한 모욕적인 말이나 욕설 등을 인터넷 게시판, 채팅, 문자, 카페 등에 올리는 행위(명예훼손죄 등)
- 특정인에 대한 허위 글이나 사생활에 관한 사실을 인터넷, SNS, 카카오톡 등으로 불특정 다수에 공개하는 행위(명예훼손죄 등)
- 위협 · 조롱 · 성적 수치심을 주는 글, 그림, 동영상 등을 정보 통신망을 통하여 유포(명예훼손죄 등)
- 공포심이나 불안감을 유발하는 문자, 음향, 영상 등을 휴대전화 등 정보통신망으로 반복적 전송(협박죄 등)

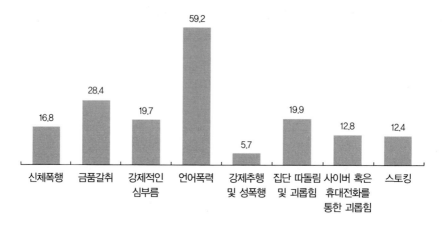

[그림 6-1] 학교폭력 피해 유형 (사례수=321,294명, 단위: %)

한국교육개발원(2012)에서 학교폭력 실태조사를 한 결과에 따르면, 학교폭력을 당한 피해자들이 응답한 피해 유형으로 '언어폭력'이 59.2%로 가장 높은 가운데, 이어서 '금품갈취(28.4%)', '집단 따돌림 및 괴롭힘(19.9%)', '강제적인 심부름 (19.7%)', '신체폭행(16.8%)' 등의 순으로 나타났다(중복체크 문항으로 100%가 넘음).

3. 학교폭력 유형에 따른 초기 대응

학교폭력은 초기대응이 중요하다. 구체적으로 학교폭력의 유형에 따라 초기
대응을 어떻게 하면 좋은지 살펴보면 다음과 같다(교육부, 2013).

1) 신체폭력

신체폭력과 관련해서는 교직원의 신속한 응급조치가 중요하다. 사안을 가장
먼저 인지한 교직원은 신속히 학교폭력 전담기구 소속 교사에게 연락해야 한다.
피해학생의 위급상황을 발견한 교직원은 보건교사에게 이를 알리거나 119에 연
락하고, 관리자와 해당 교사, 학부모에게 이를 알리고, 응급조치한 내용은 빠짐없
이 기록해 두는 것이 좋다.

담임교사 또는 교직원	학교폭력 전담기구
• 보호자, 보건교사에게 연락 • 병원 이송 시 반드시 동승	• 교감: 상황 파악, 지시 • 책임교사: 상황 지시, 주위 학생의 안정 및 질서유지 지도, 진행상황을 육하원칙에 따라 기록 • 보건교사: 응급조치, 병원 이송 시 반드시 동승, 차량 내에서 요원의 응급처치를 도움, 병원에서 피해학생 상태 설명 • 상담(교)사: 피해학생의 심리적 안정 지원

2) 언어폭력

언어폭력은 상대방의 명예를 훼손하는 구체적인 말을 하거나 인터넷, SNS, 문
자메시지 등으로 퍼뜨리는 행위이므로 증거를 확보해 놓는다.

피해학생 조치	가해학생 조치
• 욕설, 협박 등에 무응답할 것을 지도 • 인터넷, 모바일 상의 언어폭력은 저장 또는 캡처 • 보호자에게 연락, 필요시 상담조치	• 언어폭력을 했는지 사실 여부와 이유 등을 확인 • 학교폭력 전담기구에 신고 • 보호자에게 알림

3) 강요

강요에는 강제적 심부름 등이 해당하는데, 폭력서클과 연계되어 있거나 금품 갈취와 함께 일어날 수 있으므로 평소에 즉시 신고하도록 예방교육을 실시한다. 학생이 친구를 대신하여 심부름을 하거나, 친구를 대신하여 과제를 하거나, 책가방을 들어주거나, 친구에게 음식물을 제공하거나, 옷 등을 빌려 주는 등의 행동이 감지된다면 '강요'를 의심해 보아야 한다.

피해학생 조치	가해학생 조치
• 상담을 통하여 어느 정도 피해를 입었는지, 다른 폭력 피해는 없는지 확인 • 당분간 부모가 등하굣 길에 동행	• 단순가담 학생들은 상담을 통해 지도 • 보호자에게 알리고 재발하지 않도록 지도

4) 따돌림

따돌림의 경우에는 피해학생의 의사에 반하는 피해 사실 공개를 금하는 것이 좋다. 피해 사실이 확인되고 난 후 이를 바로 공개하면 피해학생이 당황해하고 난처해질 수 있다. 따라서 교사는 피해학생과 상담을 깊이 있게 하여 피해학생의 요구를 최대한 존중해 주는 방식으로 대처한다. 가해학생을 바로 불러서 야단치면 가해학생은 교사에게 일렀다는 이유로 피해학생을 더욱 심하게 괴롭히고 따돌리는 경우가 많다. 또, 반 전체 앞에서 피해학생과 가해학생의 이름을 지목하며 따돌림에 대해 훈계하면 피해학생과 가해학생 모두가 낙인이 찍혀 문제해결에 효과적이지 않다. 만약 따돌림 정도가 심한데 피해학생이 보복이 두려워 사안의 공개나 처벌을 반대하면 '피해를 당했을 때 조치를 취하지 않으면 폭력은 점점 심해지고 지속된다.' 혹은 '따돌리는 학생은 자신이 폭력을 행사하는 줄 모르기 때문에 이를 알려 주어야 가해 행동을 멈출 수 있다.'라는 내용으로 설득하는 것이 좋다.

피해학생 조치	가해학생 조치
• 피해학생이 정신적 피해를 심하게 입어 학교에 나오지 못하는 경우 집에서 휴식을 취하거나, 적절한 기관에서 상담을 받게 한다. • 학교에 출석하지 못하는 동안 담임교사는 학생의 학습 상황을 수시로 점검하여 학업이 뒤처지지 않도록 신경을 쓴다. • 관련 기관에서 받은 진단서나 상담소견서 등을 교사에게 제출하여 출석으로 인정받을 수 있도록 한다.	• 가해학생은 실제 자신이 무엇을 잘못했는지 모르는 경우가 많다. 그러므로 가해학생의 따돌림 행동이 명확한 학교폭력이라는 것을 인식시킨다. • 담임교사나 상담교사가 수시로 가해학생을 만나 지속적으로 상담을 한다.

5) 성폭력

성폭력에는 성희롱, 성추행, 성폭행 등이 포함된다. 성폭력 발생 시 대처요령과 성폭력 사안 관련 유의사항에 대해 살펴보면 다음과 같다.

성폭력 발생 시 대처요령	성폭력 사안 관련 유의사항
• 사건을 인지한 즉시 반드시 경찰 등 수사기관에 신고(미신고시 과태료 처분) • 씻어 내는 등 증거가 소멸되지 않도록 조치하여 가능한 한 빨리 의료기관에 이송 • 성폭력 전문 상담기관(1899-3075 원스톱 지원센터, 해바라기 여성아동센터)과 연계하여 성폭력 사건 발생 후 증거물 수집 및 보관 등 전문상담 및 조치	• 「아동 · 청소년의 성보호에 관한 법률」에 따라 성폭력 사안의 경우 즉시 수사기관에 신고 • 성폭력 관계기관 연계(심리상담, 일시보호 등) 시에는 피해학생(또는 보호자)의 동의가 필요함 • 학교장은 중대한 사안에 대해서는 해당 교육청에 즉시 유선 보고

• 피해학생 상담 시에는 비밀 보장 및 2차 피해 주의 • 피해학생의 심리적 안정 도모 • 성폭력 발생으로 인한 자살 위험성 파악 • 보호자에게 즉시 연락 • 목격자 및 주위 학생에 대한 조치: 성폭력 비밀누설 금지 유의사항 전달 • 피해학생 보호자와 협의하여 피해학생이 학교생활에 적응할 수 있도록 최대한 보호조치 강구	• 성폭력 관련 사실을 외부에 누출하거나 공개하는 경우 피해학생(또는 보호자)에게 더 큰 상처가 되며, 피해 사실을 유포하는 경우 법적 처벌을 받을 수 있음 • 성폭력 피해학생(또는 보호자)이 피해학생의 신변 · 사생활 보호를 위해 자치위원회 참석을 원하지 않는 경우 자치위원회에 참석하지 않고 서면 의견 진술로 대체할 수 있음 • 피해학생(또는 보호자)이 자치위원회 참석을 원하지 않더라도 자치위원회는 비공개로 가해학생에 대해 「학교폭력예방법」상의 조치를 심의 · 의결해야 하며, 학생징계조정위원회 징계로 가해학생에 대한 조치를 갈음할 수 없음

6) 사이버 폭력

사이버 폭력의 경우 평소 예방교육이 중요하다. 평소에 인터넷 사용 예절, 정보통신 윤리교육 등을 수시로 실시하고, 피해 및 가해 사실은 모두 기록으로 남는다는 사실을 교육시켜야 한다. 가정에서도 컴퓨터, 휴대전화 사용 교육을 실시토록 안내하는 것이 좋다.

피해학생 조치	가해학생 조치
• 협박성 문자가 오면 무응답할 것을 지도 • 인터넷, 모바일 등 공개적인 비방 및 욕설의 내용은 그 자체로 저장 또는 캡처 • 학교 전담 경찰관, 학교 교사 등을 SNS 친구로 등록하여 사이버 폭력 피해 발생 시 즉시 대화방 초대 • 필요 시 상담 조치	• 교사가 증거를 철저하게 확보한 후, 사이버 폭력을 지속하지 않도록 지도 • 피해학생에게 사이버 상에서 사과

4. 교사의 단계별 위기관리

학교폭력과 관련하여 교사들이 어떻게 해야 하는지 구체적으로 살펴보고자 한다. 법무부(2012)에서는 다음과 같이 교사의 역할을 소개하고 있다.

법률 제7119호(2004. 1. 29 11차 개정)에 따르면 「학교폭력예방 및 대책에 관한 법률」은 피해학생의 보호, 가해학생의 선도 · 교육 및 피해학생과 가해학생 간의 분쟁조정을 통하여 학생의 인권을 보호하고 학생을 건전한 사회 구성원으로 육성함을 목적으로 한다. 학교 내외에서 학생을 대상으로 발생하는 폭력에 적용되는 일반법으로서 학교폭력이 발생하면 형사 · 민사상의 절차와는 별개로 반드시 적용해야 하는 법이다. 그러나 학생 간의 분쟁을 사법처리 이전에 교육적으로 해결하고자 한다. 학교 내에서 가해자 및 피해자에 대한 신속한 조치로 2차 피해를 방지하는 것이 좋다. 학교폭력과 관련하여 교사의 대처방안을 3단계로 살펴보면 다음과 같다(법무부, 2012).

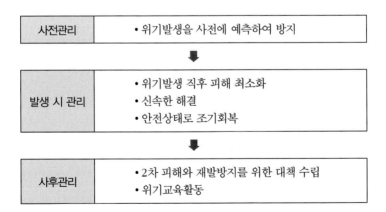

[그림 6-2] 학교폭력에 대한 교사의 대처방안

1) 사전관리의 단계

「학교폭력예방법」제15조에 따르면 다음과 같이 예방교육을 실시하여야 한다.

- 학생과 교직원에 대한 교육 → 학기별 1회 이상 실시
- 수시교육, 집중교육, 주기적 교육 → 대처 자세 생활화
- 학부모에게 예방교육 홍보물 배포 → 연 1회 이상

학교폭력 예방교육을 학기별로 반드시 1회 이상 실시하여야 하는데, 시간, 강사 선정, 강사료, 강의방식 등은 학교 실정에 따라 결정하되, 전체 학생 대상의 특강 방식은 지양하고 학급 단위로 실질적인 교육이 이루어지도록 계획해야 한다. 각 시 · 도 교육감은 각급 학교의 예방교육 계획 및 실시 여부에 대해 확인 점검해야 한다.

실질적인 예방교육은 학생뿐만 아니라 학부모와 교사에게도 실시해야 하며, 특히 학부모들은 일과 후 저녁시간으로 계획하여 참여도를 높이고, 가정통신문과 이메일을 통한 간접교육도 병행한다. 교사의 경우에는 교육청에서 주관하는 직무연수에 참가하거나 학교 자체 연수를 실시한다.

예방상담은 문제를 발견하고 그 문제의 심각성을 평가하며 문제가 더 심각해지는 것을 막기 위해 예방적 개입을 하는 것이다. 또한 이미 일어난 학교폭력 문제에 연루되어 있으나 아직 크게 표면화되지 않은 침묵하는 피해자나 잠재되어 있는 문제점을 발견하여 더 큰 문제로 확대되는 것을 방지하기 위해 개입하는 것 또한 큰 비중을 차지하게 된다.

학교폭력 예방에 있어 학생을 가장 가까이에서 관찰할 수 있는 담임교사의 역할이 가장 중요하다. 담임교사들은 세심한 관심을 가지고 선도가 필요한 학생을 파악하고, 개인상담으로 학생 개인이 겪고 있는 학급생활의 어려움과 적응 상태를 알아야 하며, 학급 분위기를 파악하여 학생 개인이 학급에서 어떠한 위치에서 생활하고 있는지 알고 있어야 한다.

2) 발생 시 관리단계

실제 학교에서는 학교폭력의 부정적인 이미지로 인하여 학교폭력을 가능하면 숨기거나 은폐하려는 경우가 많다. 학교폭력 사건처리 건수에 따라 좋은 학교와 나쁜 학교를 선별하는 기준이 된다고 생각하고, 특히 자치위원회를 소집하게 되면 자치위원회의 외부위원에게 학교의 치부를 알리게 된다는 생각으로 학생선도위원회나 징계위원회를 열어 문제를 처리하려고 하는 경우도 있다. 그러나 이는 명백히 실정법을 위반하는 행위이므로 법적 절차에 따라 자치위원회를 열어서 사건을 처리해야 한다. 2010년도에 자치위원회에서 심의한 건수는 총 7,823건으로 확인되지만, 미신고·미심의 사건이 더 있을 것으로 추정되므로 학교폭력 신고·심의를 활성화하기 위한 노력이 필요하다. 진실규명 등이 어려운 경우에는 오히려 수사기관에 의뢰하여 학교폭력의 진상을 명확하게 규명하는 방안도 고려해야 한다.

3) 사후관리의 단계

사건이 발생한 다음에는 학교폭력전담기구와 협의하여 피해학생의 신체적·정신적 피해가 조속히 치유될 수 있도록 최우선적으로 지원해야 한다. 우선 피해학생을 위한 프로그램으로는 '수호천사' 프로그램이 있을 수 있다. '수호천사'는 동급생이나 상급생을 짝 지어 주어 항상 챙겨줄 수 있도록 하는 방법이다. 학부모나 교사, 수호천사가 직접 등하교를 시켜 주는 것도 좋은 방법이다. 전문상담기관을 소개시켜 주어 학교폭력으로 받은 정신적인 문제를 해결할 수 있도록 도와줄 수도 있다.

학교폭력 근절 종합대책의 내용을 보면 다음과 같은 것이 가능해졌다.

- 기존 「학교폭력예방법」에 있던 피해학생 '전학권고' 규정을 삭제
- 학교장이 학교폭력 발생 인지 즉시 피해학생이 심리상담과 일시보호를 받을 수 있도록 조치

- 자치위원회를 거쳐 피해학생이란 사실 확인이 이루어진 경우, 심리상담, 치료, 일시보호에 필요한 비용은 학교안전공제회 또는 시·도 교육청이 부담하고 이를 가해학생의 부모에게 구상하게 하여 신속한 지원 가능
- 가해학생과 피해학생의 학급 분리 배정이 가능

가해학생을 위한 프로그램은 '지역인사 멘토제' '사제동행 등산' '학부모 봉사' 등이 있다. 지역사회 멘토제는 가까운 곳에서 항상 지켜보며 가해학생을 발전적인 방향으로 이끌어 줄 수 있는 지역인사를 선정해 주는 방법이다. 사제동행 등산은 가해학생과 교사 사이의 친밀감을 유지하고 관계를 돈독히 함으로써 행동을 수정할 수 있도록 유도하는 방법이다. 학부모 봉사는 가해학생이 처벌로 사회봉사 등을 명령받았을 때, 가해학생의 부모도 봉사활동에 함께 참여하도록 하는 것이다. 깊게 참회하는 부모의 모습으로부터 아이들도 반성하기 시작한다. 또 가해학생 및 선도가 필요한 학생을 모아 운동 팀을 구성하여 교내외 경기를 진행하게 하는 것도 좋은 방법이다. 운동을 통해 스트레스를 발산하고, 규칙 준수와 소속감, 애교심을 고양시켜 학교생활에 충실히 임할 수 있도록 유도할 수 있다. 시·도 교육감은 가해학생 재활프로그램을 필수 운영하고, 학부모 동의 없이 가해학생에 대한 심리치료를 실시할 수 있다.

알아두면 도움이 되는 주요기관

- 학교폭력 One-Stop지원 시스템
  - 위센터(학생위기상담 종합서비스) www.wee.or.kr
  - 청소년 사이버상담센터 www.cyber1388.kr/, 국번 없이 1388
  - 경찰청 신고민원포털 cyber112.police.go.kr/, 국번 없이 117
- 개인정보침해신고
  - 경찰청사이버테러 대응센터 www.ctrc.go.kr/182
  - 방송통신심의위원회 www.kocsc.or.kr/, 국번 없이 1377
  - 한국인터넷진흥원 개인정보침해신고센터/, 국번 없이 118
- 민원제기 및 상담
  - 청소년 폭력예방재단 학교폭력 SOS지원단 www.jikim.net/sos/, 1588-9128
  - 한국정보화진흥원 인터넷중독대응센터 www.iapc.co.kr/, 1599-0075

제7장

학교폭력의 원인 및 특징

개 요

인간 사회에서 갈등은 필연적으로 존재한다. 특히 미성숙 단계의 학생 사회에서 여러 요인과 갈등에서 유발되는 폭력사태는 비일비재하고 이제는 학교문화로 자리 잡고 있다.

학교폭력은 단지 학생들 사이의 갈등에 따른 결과만은 아니다. 학교폭력은 학생들 사이의 자연스런 갈등에 의해 발생하는 우발적 사건이 아니라 고의적이고 집단적이며, 고안된 형태로 이루어지는 것이 대부분이다. 따라서 학교폭력은 피해 당사자와 가해자에 대한 다양한 접근으로의 해결이 필요하며, 부모와 학교 및 전문가의 개입이 요구된다. 그러자면 학교폭력의 원인에 대한 정확한 분석이 선행되어야 한다. 이 장에서는 학교폭력의 원인이 되는 요인과 특징, 문제점을 제시했다.

1. 학교폭력의 원인

1) 개인 요인

청소년은 감수성이 대단히 예민하여 쉽게 흥분하고 동요되며 다른 사람의 비판이나 훈계·간섭 등에 지나치게 민감하고, 지나치게 남을 의식하고 남들 앞에서 부끄러움을 많이 느끼며, 자신을 남과 비교하여 평가하기도 한다. 청소년의 정서적 불안 상태는 감정의 양면성에서 극과 극을 달리는 자기 갈등적이고 모순된 감정을 보인다. 의존과 독립, 무관심과 열성, 순종과 반항, 환희와 우울, 우월감과 열등감, 희망과 절망, 자기애와 자기혐오, 이기주의와 이타주의, 이상 추구와 현실 타협 등의 양극의 감정이 동시에 나타나거나 단시간 내에 격렬한 변화를 나타낸다. 이렇듯 청소년은 감정의 양면성이 심신의 불균형을 조장하기 때문에 모든 행동에 있어서 일관성이 없고 다소 무책임하고 중용이 없다(이현림 외, 2012).

또한 청소년은 높은 학업성취 수준에 비해 학생들이 타인과 관계를 원만히 맺고 협력하는 사회적 상호작용 능력이 부족하다. 이것은 한국 학생의 언어적·수학적 소양은 1~2위인 반면, 원만한 타인관계와 협력하여 일하는 능력은 22위 수준(여성가족부, 2010)이 말해 준다. 이는 학업 스트레스를 해소할 수 있는 감성교육이 부족하고, 신체활동 참여 기회가 부족하여 과도한 스트레스로 인한 감정을 관장하는 뇌의 민감성이 둔화하여 소통 및 감성 능력이 약화된 데서 그 원인을 찾을 수 있다.

특히 폭력행위를 하는 청소년들에게 나타나는 개인적 요인 중 가장 많이 나타나는 특성은 공격성이다. 공격성은 강도나 유형의 차이를 막론하고 현대사회의 폭력이나 범죄 등에서 심각한 문제로 대두되고 있다. 공격성이 높은 사람은 사회질서나 규범을 고려하지 않고 자기중심적으로 행동하는 경향이 있다. 따라서 학교폭력 가해 청소년의 대부분은 상대방의 권리와 감정을 무시하고 친구를 지배하려는 강한 욕구인 공격성을 가지고 있다(Hoover & Oliver, 1996). 학교폭력에 영향을 미칠 수 있는 또 다른 가해학생의 요인으로는 품행장애, 반항성 장애, 주의력결핍과잉행동장애, 충동성, 타인에 대한 강한 지배욕, 피해자에 대한 낮은 공감 등이 있다(Coolidge, Denboer, & Segal, 2004).

2) 또래 요인

청소년은 또래집단 형성을 통해 동질감을 느끼고, 또래관계 속에서 사회적 상호작용에 필요한 사회적 기술을 습득하며 사회적 지원과 안전감으로 느끼게 되기 때문에 또래집단이 매우 중요하게 작용하며, 이러한 또래집단에 소속되기 위해 집단화가 이루어진다. 따라서 자신이 소속되어 있는 또래집단에서 공격적인 행동이나 학교폭력을 경험하는 동안 또래집단에서의 갈등해결 방식이 공격적으로 변하고, 이러한 변화가 학교폭력에 대한 허용적인 태도를 갖게 된다. 학교폭력에 영향을 미치는 또래집단 요인으로 비행친구와의 접촉이 큰 영향을 준다. 비행 성향이 높은 집단과 어울릴 경우, 문제행동을 학습하는 동시에 또래집단의 압력 에 의해 비행행동에 참여하게 된다는 것이다. 또한 청소년의 집단화 경향성, 집단 의 갈등해결 방식, 비행친구와의 접촉정도가 학교폭력에 영향을 미치는 또래 요 인이라고 볼 수 있다(김미영, 2007).

한편, 학교폭력은 친구나 주변 선후배들이 중요한 영향을 미치며(윤철경 외, 2012), 또래관계 및 또래 중재자가 학교폭력예방을 위한 보호요인으로 작용한다 는 결과(박효정 외, 2007)도 학교폭력에 영향을 미치는 또래 요인으로 강조하고 있다.

3) 학급 요인

학생들은 학급에서 대부분의 시간을 보내게 되며, 또래집단 및 또래관계 역시 학급에서 형성되기 때문에 학급이 학교폭력에 영향을 미치는 중요한 학교체계라 할 수 있다(이은정, 2003). 학교폭력에 영향을 미치는 학급 요인은 학급응집성이 다. 학급응집성이 높을수록 학급 구성원 간에 의사소통이 개방적이며, 친화적이 고, 신뢰감이 높다. 따라서 학급 구성원 간에 강한 소속감과 유대감을 가지게 되 고, 학급 내 문제행동이나 일탈행동이 발생하지 않으며, 집단따돌림 및 학교폭력 이 자주 발생하는 학급이 학급응집력이 낮은 것으로 나타났다(김미영, 2007). 또 한 학급규칙은 학교폭력예방을 위한 보호요인으로 작용하며, 학급규칙의 부재나 비일관성은 위험요인으로 작용한다(박효정, 2006).

4) 학교-교사 요인

학교폭력의 양상이 지속적으로 변화하고 있으나, 이에 대응하여 학생을 효과 적으로 지도할 수 있는 수단과 관련 제도가 미흡하며, 교사 양성 - 임용 - 연수 단계에서 생활지도에 대한 실천적 전문성을 키울 수 있는 프로그램의 부족이 학교폭력의 원인이다. 또한 입시 위주의 교육제도에 따른 과중한 통제 또는 폭력에 관한 인식의 교육 부재가 청소년들의 학교폭력에 대한 직접적인 원인이 되고 있으며, 부모나 교사의 교육 부재 역시 학교폭력을 유발시키는 역할을 하고 있다. 학교 – 교사 요인은 다음의 몇 가지로 더 세분할 수 있다.

첫째, 입시 위주의 교육에 따른 학교 교육의 방향성 상실이다. 입시 위주의 교육이란 학교 교육이 본질적으로 추구해야 하는 교육적 가치의 실현보다는 상급학교 진학을 위한 교육을 함으로써 학생들의 지나친 교육경쟁을 부추기는 교육이라고 할 수 있다. 이런 상황에서 교육의 방향이 인간성이나 전인교육이 아니라 시험 위주의 교과공부로 나아가는 것은 당연하다. 자주 시험을 보고 성적을 공개하고, 창피 주고, 벌 주고, 핀잔을 주어 실패감에 앞길을 막막하게 하는 시험 스트레스는 학생들의 정신건강이나 성격 형성에 부정적 영향을 주어 청소년들을 폭력의 길로 들어서게 만드는 것이다.

둘째, 학교 교육에 대한 불만족이다. 학교는 학생들의 교육적 필요를 만족시켜 주는 곳이어야 함에도 불구하고, 그 기능을 수행하지 못하므로 학생들이 학교 밖으로 방황하게 된다. 결국, 학교의 사회적 위상과 학교 교사의 사회적 위치가 위협당하면서 학교 교육이 무력해지고, 학생들의 정서교육, 윤리교육, 시민교육, 인격교육을 더 이상 기대할 수 없게 되면서 학생들이 폭력적으로 변화하게 되는 것이다.

셋째, 교사에 대한 불만족이다. 교사의 차별 대우, 교사의 무관심이 많은 부분을 차지한다. 특히 학생들은 수업시간에 행해지는 교사의 꾸중, 숙제, 체벌 등에 스트레스를 많이 받는다. 이것은 곧 교사가 학생에게 주는 심리적 인식이 학교스트레스가 됨을 알 수 있다. 이러한 물리적 · 심리적 교육환경에서 학생들의 자유나 권한은 최대한 억제되고, 책임과 공부만 강요됨으로써 정서적인 이상 증세를 일으키며, 결국 등교거부, 퇴학, 비행, 폭력, 자살 등의 사회적인 문제를 일으키게 된다(김경식 외, 2011).

5) 가정 요인

가정에서는 자녀와의 대화 부족과 학부모의 학교 교육 참여 기회가 부족하여 학교폭력으로 인한 이상 징후를 즉각 발견하지 못하는 경우가 빈번하며, 형제가 없는 한 자녀 가구, 맞벌이 부부가 증가하고 한국 사회에 만연한 야근문화 등으로 인해 가정에서의 자녀 돌봄 기능이 약화된 것이 학교폭력의 요인이다. 즉, 가정환경과 가정교육의 취약성과 부모의 양육태도에 따른 생물학적 · 심리적 결손, 생활 문화적 결손 또는 가정폭력과 가정 내 의사소통 불균형으로 인하여 가출이나 폭력적 환경에 노출된 것이 그 요인이 되고 있다.

특히 가해학생은 자신이 경험한 가정폭력의 정도가 심각할수록 폭력적인 성향을 나타내는데, 그들은 보고 듣고 경험한 그대로를 모방하여 폭력으로 상황을 해결하게 되고, 가정은 이를 통제하고 관리하지 못한다. 가정 내에서 폭력을 행사하는 경우가 아니더라도 부모와 자녀 간에 의사소통이 잘 이루어지지 않거나 불화, 갈등을 자주 일으키고 부모가 자녀 양육방식에 일관성이 없는 경우, 부모의 자녀에 대한 부적절한 처벌 훈육방식은 청소년에게 문제행동에 대한 적절한 책임과 죄책감을 심어 주지 못하며, 처벌만 피한다면 나쁜 짓을 해도 된다는 생각을 갖게 한다. 또한 요즘 학교폭력의 가해학생 중에는 가정의 경제 수준이 부유한 경우도 있어 절대적인 기준에서의 빈곤 가정보다는 상대적으로 빈곤을 느끼는 가정의 자녀들이 무력감, 열등감, 사회에 대한 반발, 반항심, 공격성, 폭력성 등을 초래하기 쉽다(김종운, 2013).

학교폭력 피해학생들의 가정 분위기는 학교폭력 가해학생들의 가정 분위기와 매우 유사한 것으로 나타난다(Craig, Peters, & Konarski, 1998). 세 가지 유형의 부모 행동이 학교폭력 피해학생이 될 가능성과 관련되어 있는 것으로 나타났다. 즉, 불안정한 애착(insecure attachment), 과잉보호적인 부모(overprotective parents) 그리고 통제적이고 냉담한 양육(controlling and coercive parenting)은 학교폭력의 피해와 관련이 있다(Perry, Hodges, & Egan, 2001). 학교폭력의 피해와 관련된

부모의 양육태도는 남학생과 여학생이 서로 다르다. 부모가 친밀하고 과잉보호적일 때, 여학생보다 남학생이 학교폭력의 피해자가 되기 쉽고, 부모가 가혹하고 냉담하며 사랑을 표현하지 않을 때 여학생이 남학생보다 학교폭력 피해자가 되기 쉽다(Perry et al., 2001).

학교폭력은 가정의 경제적 배경에도 영향을 미친다. 결손 가정의 학생들과 빈곤 가정의 학생들은 학교폭력에 노출될 가능성이 상대적으로 더 높다. 부모는 경제적으로 빈곤하다 보니 생계에 치중할 수밖에 없고, 이로 인해 미처 자녀들의 생활에 관심을 기울이지 못한다. 그러나 결손 가정이나 빈곤한 집안의 학생들이 주로 학교폭력을 유발한다고 볼 수만은 없다. 최근 학교폭력의 몇몇 사례들은 학교폭력의 가해자가 학교에서는 모범생으로 인식되거나 안정적인 가정적 배경을 가지고 있는 학생들도 포함되어 있음을 보여 주고 있다.

결국, 개인의 잘못된 생활방식, 미숙한 상황판단 능력, 기질적인 성격, 가정 내 환경적인 상호작용 등으로 만들어진 성격을 바탕으로 또래관계와의 폭력적인 연결 등이 학교폭력의 원인이 되고 있다.

6) 사회문화 요인

사회병리 현상의 일환으로 폭력적 문화의 흐름과 대중매체의 폭력성의 미화 또는 왜곡된 성문화 등으로 폭력에 대한 인식이 둔감해지고, 폭력에 대한 신고가 저조해짐에 따라 청소년 비행의 원인이 되고 있다. 특히 인터넷을 통하여 폭력영화, 만화 등 유해 영상매체에 접근이 용이하여 청소년들의 폭력에 대한 인식이 무뎌지는 경향이 있으며, 인터넷, 게임 산업을 경제적 · 산업적 관점으로만 접근하여 교육적 시각에서 심의 · 규제하고, 유해성을 자율 · 자정하려는 노력이 미흡한 데 그 원인이 있다. 학교폭력을 유발하는 사회문화적 요인을 정리하면 다음과 같다.

첫째, 학교폭력을 미화하는 대중매체의 영향이다. 최근에는 폭력을 미화하는 영화가 급증하고 있으며, 심지어는 공중파 TV에서도 폭력을 정당화시키는 장면을 여과 없이 방영하는 경우가 많다. 이 중에서도 인터넷 게임의 폭력성이 가장 심각하여 가상적 상황과 현실 상황에 대한 구분을 모호하게 만든다. 이러한 사회문화적 상황은 가치 판단력이 부족한 학생들로 하여금 긍정적으로 폭력을 수용하게 만드는 원인이 되고 있다. 실제 학교폭력 가해자들의 공통된 특성에서 인터넷 게임 중독이 차지하는 비중이 매우 크게 나타나고 있다.

둘째, 학교폭력을 조장하는 학교 주변의 유해 환경이다. 학교 주변에 유해 업소를 규정하는 법규를 비웃기라도 하듯이 여전히 학교 주변은 유해 업소로 가득차 있다. 결국, 학생들은 이런 학교 주변의 상황에 영향을 받을 수밖에 없다. PC방, 주점, 당구장, 숙박업소는 대표적인 학교 주변 유해 업소다.

셋째, 폭력에 무감각하거나 관대한 성인들의 불감증이다. 대부분의 성인은 학교 주변에서 학교폭력이 일어나도 심각하게 반응하지 않으며, 청소년 성장의 자연스런 과정으로 보는 시각이 많다. 최근의 학교폭력은 폭력의 정도가 대단히 높고 지속적이며 매우 조직적으로 발생하고 있음에도, 교원들을 비롯한 대부분의 성인은 이를 단순한 다툼 정도로 인식하고 심각하게 받아들이지 않는다.

넷째, 학교폭력은 학교 밖의 폭력 조직과 연계된 학생들에 의하여 발생할 가능성이 높다. 학교폭력의 연령이 갈수록 낮아지고 있으며 그 정도가 흉포화되고 있는 데는 학교 밖에 존재하는 폭력 조직의 영향을 받거나 직접 지시를 받고 있는 점이 크다고 볼 수 있다.

결국, 학교폭력은 다양한 사회문화적 배경이 동시에 영향을 주고 있기 때문에 학교만의 문제로 국한하지 않고 총체적인 사회안전망을 거시적으로 고려하여야 한다.

이상에서 살펴본 학교폭력의 원인을 학생의 개인적인 특성 및 가정환경 차원에서 접근하기보다는 학생을 둘러싼 다양한 체계들을 통합적으로 고려하여 학교폭력에 영향을 미치는 요인을 분석한 결과 개인, 또래, 학급, 학교-교사, 가정, 사회문화 등 다차원적인 요인이 학교폭력에 영향을 미치는 것으로 나타났다. 이것을 표로 정리하면 〈표 7-1〉과 같다.

〈표 7-1〉 학교폭력에 영향을 미치는 요인

구분	요인	비고
개인	정서적 불안	
	자존감	
	낮은 공감	
	스트레스, 무기력, 좌절감	
	분노, 공격성, 반사회성	
	품행장애, 반항성 장애, 과잉행동장애, 충동성	
또래	집단화	
	집단의 갈등해결 방식	
	비행친구와의 접촉 정도	
	친구나 주변 선후배	
	또래관계 및 또래 중재자	
학급	학급규칙	
	학급응집성	
	학교폭력에 대한 급우의 태도	
학교-교사	과도한 경쟁문화(입시 스트레스)	
	학교 교육에 대한 불만족(정서교육, 윤리교육, 시민교육, 인격교육)	
	학교안전풍토	
	폭력 허용적 문화	
	학생인성중시 학교문화, 학생인권존중 학교문화	
	체계적인 학교폭력 예방 프로그램 운영	
	담임교사의 지지, 교사 애착	

	교사의 차별 대우, 무관심과 방임	
	교사의 폭력적 체벌 정도	
	교사의 지도권(생활지도 권한 및 책임)	
	교사 – 학생 간 친밀도와 의사소통	
가정	권위적 · 민주적인 양육방식	
	가정폭력, 가정 내 의사소통	
	부모의 감독(통제), 무관심	
	가족 갈등 노출 정도	
	불안정한 애착, 과잉보호적인 부모, 통제적이고 냉담한 양육	
사회 문화	매스미디어, 인터넷, 온라인 게임 등 유해 매체 영향	
	학교 주변의 유해 환경(pc방, 주점, 당구장, 숙박업소)	
	폭력에 대한 사회의 민감성 정도	
	학교 밖 폭력 조직의 영향	
	학교폭력 예방 정책	

2. 학교폭력의 특징과 문제점

1) 학교폭력의 특징

(1) 학교폭력 최초 발생 연령 저하 추세

학교폭력 최초 발생 연령이 낮아지고 있다. 관계부처합동(2012) 조사에 의하면 피해학생 중 53.6%가 초등학교 때 최초로 학교폭력 피해 경험을 했으며, 그 비율은 초등학교 4, 5, 6학년 학생 중 36.0%가 되며, 초등 1, 2, 3학년 학생도 17.6%나 되고 있다. 이에 반하여 가해학생 중 58.0%는 초등학교 때 최초로 학교폭력에 가담했으며, 그 비율은 초등 4, 5, 6학년 학생이 43.1%를 차지하고 있고, 초등 1, 2, 3학년 학생도 14.9%나 차지하고 있다. 이렇듯 학교폭력 발생 연령이 낮아 지고 있는 이유는 폭력을 조장하는 TV, 비디오 등 매스컴과 폭력게임 그리고 우 리 사회 전반에 팽배해 있는 폭력적이고 집단적인 시위 문화 등 복합적인 요인이 작용한 결과라 하겠다.

(2) 학교폭력 발생 비율 중 중학생 비율 대다수

학교폭력 발생 비율 중 중학생의 학교폭력 발생 비율이 가장 높은 상황이다. 관계부처합동(2012) 조사에 의하면 학교폭력대책자치위원회 총 심의건수 중 중 학교가 차지하는 비율이 전체의 69% 수준이며, 2010년 심의건수 총 7,823건 중 초등학교 231건(3%), 중학교 5,376건(69%), 고등학교 2,216건(28%)으로 중학교 가 가장 높은 비율을 차지하고 있다. 또한 국민신문고에 신고된 학교폭력 관련 민원도 지속적으로 증가하고 있으며, 2010년 대비 2011년에는 중학교의 학교폭 력 증가율이 초등학교의 7배, 고등학교의 2배 수준이 되고 있다. 참고로 국민신문 고 학교폭력 관련 민원은 2009년 2,017건, 2010년 3,237건, 2011년 4,269건이며, 2010년 대비 2011년 증가율은 초등학교 5.1%, 중학교 35.6%, 고등학교 19.6%다. 이것은 중학교 학생들이 충동성과 공격성이 가장 왕성해지는 시기이며, 또한 가 정과 학교에서 가장 많은 갈등과 스트레스에 노출되고 있으며, 특히 학업성적과 진로문제, 대인관계의 어려움 등으로 인하여 다양한 스트레스를 경험하게 되고, 이러한 스트레스가 중학교 학생들의 학교폭력 문제를 유발하는 주범으로 인식되 고 있다.

(3) 피해자, 가해자의 명확한 구분이 어려움

학교폭력은 분명히 피해를 당한 피해자와 가해행동을 한 가해자가 존재함에도 불구하고 대부분의 학교폭력 사건에서 피·가해 학생을 구분하는 것이 쉽지 않 다. 예를 들어, 대인갈등 등의 여러 가지 이유로 발생한 쌍방폭행의 경우, 누가 먼저 가해를 하였고, 그 원인은 무엇이었는지, 또 폭력의 결과 쌍방 간에 피해 정도가 어떠한지의 기준만으로 가해자와 피해자를 구분하는 것은 옳지 않다. 또한 오랫동안 피해를 당하던 피해자가 그 분노로 인해 가해행동을 하는 경우도 있고, 이전의 가해자가 오히려 피해자에게 당하거나 다른 가해자에게 일방적으로 당하는 경우도 있다. 그러나 분명한 것은 학교폭력에는 분명히 가해자와 피해자가 존재하며, 충분한 사건 조사를 통해 이들을 구분해 내는 것이 매우 중요한 일이다. 또한 피해학생은 안전과 보호가 제공되어야 하고, 가해학생에 대하여는 가해행위에 대한 처분과 더불어 재발을 예방할 수 있는 분명한 조치가 있어야 한다.

(4) 폭력 양상의 흉포화

최근 나타나고 있는 학교폭력은 단순한 탈선을 넘어 심각한 범죄 수준을 보이는 경우가 많다. 최근 나타나는 가해나 피해 양상은 신체적 폭력뿐 아니라 언어적 · 정신적 폭력의 전 범위에서 매우 극단적인 수준에까지 이르고 있다. 또한 단순히 일회성으로 가해를 하기보다는 지속적이고 집요하게 가해를 하는 소위 학대적 폭력의 형태를 띠는 경우가 많다(김혜원, 2013). 최근(2013년 3월)까지 학교폭력에 시달리다 자살한 경북 경산 고교생 C군의 경우에도 가해자로 지목된 학생이 C군에게 교실에서 바지를 내리게 하는 등 성적 수치심까지 줬으며, 가해학생들은 C군 이외에도 다른 학생들까지 수시로 괴롭혔다는 증언이 나올 만큼 집요하고 흉포화되고 있는 것이다. 이를 증명하듯 여성가족부가 전국 초등학교 5학년부터 고등학교 2학년 학생 1,015명을 대상으로 조사한 연구(여성가족부, 2011)에서도 학교에서 집단 폭행이나 칼 · 몽둥이 등을 이용한 심각한 신체적 폭력을 당한 학생이 학급당 2~3명으로 나타났다.

(5) 정서적 폭력의 증가 및 폭력의 지속성 확대 경향

정서적 폭력의 증가와 폭력의 지속성이 확대되고 있다. 관계부처합동(2012) 조사에 의하면, 단순한 신체적 폭력이 아닌 강제적 심부름(금품갈취 포함) 46%, 사이버 폭력 34.9%, 성적 모독 20.7% 등 언어적·정신적 폭력이 증가하고 있다. 특히 언어적·정신적 폭력의 경우 휴대폰 문자, SNS 등을 통해 손쉽게 반복적으로 이루어지고 있어 더욱 문제가 되고 있다. 최근 학교폭력 피해 유형은 '맞았다 (1위)' '욕설이나 모욕적인 말을 들었다(2위)' '말로 협박이나 위협을 당했다(3위)' '집단적으로 따돌림을 당했다(5위)'로 나타나 '욕설이나 모욕적인 말을 들었다' '말로 협박이나 위협을 당했다'가 2, 3위를 차지하고 있다. 처음 피해를 준 학생이 보복 폭행을 하거나(44.0%), 처음 피해를 준 학생이 친한 주위 학생과 함께 폭력 행사를 한 경우(33.4%)로 학교폭력 가해 경험이 있는 학생 중 2회 이상의 비율이 61.1%나 되고 있다. 이것은 휴대전화의 보급이 급속히 늘어나면서 나타난 경향이다.

(6) 폭력의 원인이 불분명

최근 벌어지고 있는 학교폭력 현상을 명확하게 설명해 줄 원인을 밝히는 것은 매우 어렵다. 과거의 학교폭력은 집단적 결속을 저해하는 별종을 가려냄으로써, 일체감과 동질감을 강화시키려는 공동체 주의의 결과(조학래, 2002)로 해석되는 경우가 많았다. 그러나 최근의 학교폭력은 일부 구성원을 다수의 이름으로 배척함으로써 자신들의 위치를 보존·강화하려는 반공동체적이고, 반윤리적인 성격을 띠는 경우가 많다. 이렇게 가해자의 욕구를 채우는 것에 초점이 맞춰지기 때문에 피해 구성원이 갖고 있는 특징이 중요한 원인으로 작용하지 않는 경우가 많다(조학래, 2002). 실제로 3,560명을 대상으로 한 청소년폭력예방재단(2010)의 조사 결과에 따르면, 학교폭력 가해학생의 63%는 괴롭히는 이유로 '장난·이유 없음'을 꼽아 이와 같은 현실을 보여 주었다.

(7) 피해자의 신고 미흡

학교폭력의 심각성에도 불구하고, 피해 청소년들은 자신의 피해 사실을 적극적으로 알리지 못하는 경우가 많다. 이러한 현상은 비단 최근에만 나타나는 것은 아니지만, 폭력에 대한 사회적 민감성이 높아져 가는 현 상황에서도 피해자의 신고가 매우 낮다는 것이 학교폭력의 특징이다(김혜원, 2013). 이에 대한 청소년폭력예방재단(2006)의 초·중학생 3,910명을 대상으로 한 연구에서 학교폭력 피해 경험이 있는 응답자의 절반(45.9%) 정도가 자신의 경험에 대해 아무에게도 도움 요청을 하지 않았다고 보고하였다. 이어 2010년의 조사결과에서도 초·중·고등학생의 57%는 폭력을 당하고도 신고하지 않았고, 62%는 폭력을 보고도 못 본 체했다고 보고하였다. 전국 초(4~6학년)·중·고등학생 379만 명을 대상으로 가장 최근에 이루어진 제2차 학교폭력 실태조사(교육부, 2012)에서는 전체 31.3%의 학생들이 학교폭력을 목격한 후 모른 척했다고 응답했다. 이렇게 피해 사실을 적극적으로 알리지 않는 가장 대표적인 이유는 자신이 도움받을 수 있다는 확신이 없기 때문이다(청소년폭력예방재단, 2010). 또한 방관자의 역할을 하는 청소년들의 경우 자신 또한 피해자의 위치에 놓일 수 있다는 두려움으로 인해 적극적으로 방어하거나 신고하지 못하는 경우가 많았다(청소년폭력예방재단, 2010). 이렇게 낮은 신고율을 보이는 상태에서 학교폭력은 교사나 부모 등 중재 가능한 성인이 인식하지 못하는 가운데 은밀하고 지속적으로 이루어진다는 특징을 갖는다(김혜원, 2013).

(8) 가해자의 위기의식 경험

학교폭력에서는 피해자 측뿐만 아니라 가해자 측도 심적 불안감, 허탈감과 무력감, 우울증 등 심리정서적으로 여러 가지 심각한 어려움을 겪고 있다. 학교폭력 문제로 인한 대인 갈등이 깊고 오래갈수록 학교폭력 당사자들의 심리정서적 어려움뿐만 아니라 인지적 기능까지도 저하되는데, 이런 상태가 오래갈 경우 일반적인 문제해결 능력에도 어려움이 생길 수 있으며, 결국 여러 가지 부적응적 행동을 보이기도 한다. 그 결과 가출, 학교이탈, 가족 해체, 급기야는 개인의 자살에까지도 이를 수 있는데, 이런 경우 각 개인 뿐만 아니라 가족, 사회에 미치는 위기적 상황까지 고려한다면 가해 측에 대한 적절한 초기 대처 역시 중요하다. 특히 가해학생은 전학, 등교정지, 형사처벌 등 가해 행위에 대한 처벌로 인한 학업의 피해, 학교 및 생활환경의 변화에 대한 부적응으로 피해를 입게 된다. 또한 가해 행위의 근본적인 원인이 무엇인지 제대로 파악하고 이에 대하여 적극적인 대처를 취하지 못하였을 경우, 발달과정 중에 심리정서적 손상을 가져올 수 있으며 성장 후 사회에 부적응하는 결과를 초래할 수 있다.

(9) 학교폭력에 대한 관용적 태도

학교폭력의 심각성은 폭력사건을 바라보는 일반인들의 인식에도 문제가 있다. 대부분의 사람이 학교폭력이 발생하였을 때 이를 위기로 인식하기보다는 학교에서 학생 간에 있을 법한 대수롭지 않은 일로 생각하고 있기 때문이다. 학교폭력은 피해자가 심각한 신체 피해를 당하지 않았다 하더라도 폭력사건 그 자체만으로도 위기라고 할 수 있다. 더구나 청소년들은 폭력사건 자체보다 당사자가 처한 주변의 상황, 즉 폭행사건 당시 주변 학생들에게 노출되었다는 사실과 사건을 해결하는 과정에서 학생들 당사자 및 학부모와 교사들 간에 발생하는 첨예한 의견 대립의 결과로 심적 갈등이 고조되고, 주변 학생들이 여러 가지 이유로 피해자를 도와주지 못하였을 때 주변 사람들에게서 느끼는 배신감과 좌절감으로 인해 더욱 심각한 위기를 인지한다. 따라서 단순히 겉으로 드러난 폭력사건 하나만을 보고 접근해서는 안 될 것이다.

(10) 학교폭력에 대한 인식과 대응 수준이 매우 낮음

학교폭력을 당한 피해학생은 신고를 해도 문제해결이 되지 않고 오히려 보복을 우려하여 신고를 주저하는 경우가 허다하다. 관계부처합동(2012) 조사에 의하면, 피해학생 57.5%가 도움을 요청하지 않는 이유를 '일이 커질 것 같아서(1위)' '이야기해도 소용없을 것 같아서(2위)' '보복당할 것 같아서(3위)'로 응답했다. 학교폭력 가해자 역시 학교폭력을 단순한 '장난'으로 인식하거나 위장하고 있다. 관계부처합동(2012) 조사에 의하면, 가해 행동 이유는 '장난(1위)' '상대 학생이 잘못해서(2위)' '오해와 갈등(3위)'으로 나타났으며, 가해 후 상황도 '아무 일도 일어나지 않음(1위)' '피해학생과 화해(2위)'로 나타났다. 목격자 역시 학교폭력을 목격해도 보복이 두려워 방관하는 경우가 다수였으며, 관계부처합동(2012) 조사에 의하면 목격자의 62.0%가 방관하는 이유를 '같이 피해를 당할까 봐(1위)' '관심이 없어서(2위)' '어떻게 해야 할지 몰라서(3위)'로 응답했다. 학부모 역시 아이들은 싸우면서 자라는 것이 당연하다는 인식을 드러내어 학교폭력에 관대한 태도를 가졌으며, 학교폭력의 원인을 피해학생으로 돌리려는 경향으로 학교폭력을 정당화하고 있다. 교원들도 처벌보다는 교육적 차원의 계도에 치우치는 온정주의적 시각을 드러냈으며, 학교의 부정적 이미지 유발 및 신상의 불이익 등을 우려하여 학교폭력을 은폐하려는 경향을 드러냈다(관계부처합동, 2012).

2) 학교폭력의 문제점

(1) 학생의 인성 및 사회성 함양을 위한 교육적 실천의 미흡

우리나라 학생들은 높은 학업성취 수준에 비해 학생들이 타인과 관계를 원만히 맺고 협력하는 사회적 상호작용 능력이 부족하다. 특히 한국 학생의 언어적 · 수학적 소양은 1~2위인 반면, 원만한 타인관계와 협력하여 일하는 능력은 22위 수준(여성가족부, 2010)으로 나타났다. 이것을 보면 우리나라 학생들이 학업 스트레스를 해소할 수 있는 감성교육, 특히 신체활동 참여 기회가 부족하다는 것을 알 수 있다. 과도한 스트레스는 감정을 관장하는 뇌의 민감성을 둔화시켜서 소통 · 감성 능력을 약화시킨다.

(2) 적절한 생활지도를 하기 어려운 교사의 교육 여건

학교폭력의 양상이 지속적으로 변화하고 있으나, 이에 대응하여 학생을 효과적으로 지도할 수 있는 수단과 관련 제도가 미흡하다. 특히 교사들의 과도한 업무부담으로 인해 생활지도에 여력을 쏟을 수 없는 현실이다. 따라서 교사들의 잡무와 업무부담을 경감시키는 것이 시급한 과제가 되고 있으며, 생활지도 등 인성교육을 잘하는 교사를 우대하는 정책을 현실화하고, 교사 양성 – 임용 – 연수 단계에서 생활지도에 대한 실천적 전문성을 키울 수 있는 프로그램의 개발이 시급한 문제다.

(3) 학부모의 자녀교육에 대한 관여 부족

가정에서 자녀와의 대화 · 학교 교육 참여 기회가 부족하여 학교폭력으로 인한 이상 징후를 즉각 발견하지 못하는 경우가 빈번하며, 특히 형제가 없는 한 자녀 가구, 맞벌이 부부가 증가하고 한국 사회에 만연한 야근문화 등으로 인해 가정에서의 돌봄 기능이 약화되어 아이들이 쉽게 폭력 · 비행에 노출되고 있다.

(4) 인터넷 · 게임 · 영상매체의 부정적 영향력 증가

인터넷을 통하여 폭력영화, 만화 등 유해 영상매체에 접근이 용이하여 청소년들의 폭력에 대한 인식이 무뎌지는 경향이 있다. 영상매체(폭력영화, 인터넷, 게임 등)의 학교폭력 영향력을 조사한 결과, 영향력이 있다고 대답한 비율이 53.7%(매우 영향 있음+영향 있음)에 달했음(관계부처합동, 2012)을 보면 더욱 자명하다. 특히 인터넷, 게임 산업을 경제적 · 산업적 관점으로만 접근하여 교육적 시각에서 심의 · 규제하고, 유해성을 자율 · 지정하려는 노력이 미흡한 것이 문제점이다.

(5) 성적 중심의 입시 위주 교육으로 핵심가치인 '인성' 교육이 소홀

학교 급별 교육목표에 인성 함양 요소가 연계되어 있지 못해 학생 발달단계별 인성교육 실천에 한계가 있으며, 학교 인성교육이 비교과 중심으로 이루어진 측면이 강하다. 교과에서는 지필 평가를 위한 지식 습득 중심으로 되어 있어서 학생들이 타인의 감정에 공감하고 소통하며, 갈등을 해결할 수 있는 실제적 능력 함양을 위한 실천 · 체험 중심의 교육이 부족하다. 특히 또래문화를 본격적으로 형성하는 중학교의 실천적인 인성교육 방향 제시가 미흡한 실정이다. 인성교육

강화를 위해 입학사정관제, 자기주도학습전형 등 새로운 입시제도를 도입했으나, 성적 중심의 학생 선발 관행은 지속되고 있는 것이 현실이다.

(6) 가해학생에 대한 조치와 피해학생 보호의 한계

「학교폭력예방 및 대책에 관한 법률」상 조치의 구속력이 미흡하다. 전학, 특별교육 등 법률상의 조치를 가해학생이 거부하는 경우, 이에 대한 강제력이 없어 실효성 확보가 불가하며, 학교폭력 발생 시 가해학생을 피해학생으로부터 분리하여 피해학생을 보호할 수 있는 법적 근거가 미비하여 피해학생을 적극적으로 보호할 수 없으며, 가해학생에 대한 처벌이 미약하여 '학교폭력＝범죄'라는 인식이 없다. 학교폭력으로 인한 조치사항이 학교생활기록부에 기재되지 않아 교사의 학생생활 지도력이 약화되고 있으며, 학교폭력이 가장 많은 중학생의 경우 「소년법」상 촉법소년에 해당하여 보호처분에 그치게 됨에 따라 실효적인 처벌에 제한이 있다. 따라서 가해학생의 재범 방지 및 선도를 위한 사안별 맞춤형 조치가 미흡하다.

또한 피해학생의 신체적·정신적 치료를 위한 즉각적인 보상체계가 미흡하다. 보상문제가 지연될 경우, 가해자-피해자 학부모 간에 또 다른 분쟁이 야기된다. 특히 집단적 폭력 경향이 많은 추세에서 한 명의 피해 학부모가 다수의 가해 학부모와 보상협의를 이끌어 내는 것은 더욱 어려운 실정이다.

(7) 학교폭력 사안에 대한 교사의 권한 역할 부족 및 개입 곤란

학교폭력과 관련하여 교사들이 개입할 수 있는 실효성 있는 권한이 부족하여 학교폭력 사안에 대하여 학부모가 이를 거부하는 경우, 조사를 진행할 법령상 권한이 없다. 특히 경찰에 신고·고소된 사안은 수사 개시를 이유로, 법원에 넘겨진 사안은 재판 중이라는 이유로 학교의 개입이 어려운 실정이다.

(8) 규칙을 준수하는 학교문화의 미정립

학교에서 타인을 배려하고 법과 질서를 존중하는 민주시민의식과 준법정신을 체득할 수 있는 다양한 교육프로그램 제공이 미흡하다. 법무부 지원 프로그램(준법교육, 학교자치법정), 교육청 단위에서 추진하는 생활평점제 확대 운영 등에 의존하는 실정이다. 국내외 초등학생 교실학습에 대한 인식 비교 연구 결과에 따르면, 교실에서 사회생활에 필요한 질서와 규칙을 배우고 실천한다는 항목에 '그렇다'고 응답한 비율은 프랑스 63%, 영국 54.3%, 일본 20%, 한국 18.4%로 매우 낮은 실정이다(교육과정평가원, 2007). 결국 학생생활규칙 등 학생들의 생활을 규율하는 규칙이 문서상으로만 존재하고, 인성교육 차원에서 적극적으로 활용하지 못하는 실정이다.

(9) 학교폭력 유발 환경에 대한 견제·감시 장치의 미비

온라인 게임산업 위주의 관련 법령으로 인해 게임 중독 등 교육적 역기능에 대한 규제 장치가 미비하고, 인터넷, SNS, 폭력만화, 음란 동영상 등 유해한 정보를 접할 수 있는 통로는 많아지고 있으나 이에 대한 모니터링 등 대책이 미흡하다. 특히 언어적·정신적 폭력이 이루어지는 공간으로 활용되는 SNS에 대한 대응책이 미비하며, 일진 등 성인 사회의 조직적 폭력집단 문화를 학교에 유입하는 학교 내 폭력서클에 대해 대책이 미흡한 실정이다.

제8장

학교폭력의 실태 및 사례

개 요

폭력 피해 경험을 가지고 있는 사람은 그 정신적 상처가 오래도록 남아 있다. 불안, 강박 증상, 무기력, 우울 증상, 분노, 적개심, 수치심, 죄책감, 낮은 자기존중감 등 성인이 되어 잘 살고 있는 것처럼 보이지만, 그것은 단지 학교폭력 경험을 말하지 않을 뿐이다. 학교폭력 피해 경험은 평생 피해의식으로 남을 수 있으며, 사회나 대상에 대한 부정적인 인식이 생겨서 성인이 된 후에도 정상적인 사회생활을 하는 데 어려움을 겪을 수 있다. 이 장에서는 학교폭력의 현황 및 실태 그리고 그동안 학교 현장에서 일어난 학교폭력의 생생한 사례들을 통하여 학교폭력의 심각성을 살펴보고자 한다.

1. 학교폭력의 현황 및 실태

1) 학교폭력의 발생 추이

학교폭력의 발생 추이를 보면 한때 잠시 주춤하는 듯하다가 2010년에 들어와서 다시 증가 추세로 돌아서고 있다. 먼저 2008년부터 2010년까지 3년 동안 전국 초ㆍ중ㆍ고등학교 학교폭력대책위원회에서 심의한 연도별 학교폭력 건수는 〈표 8-1〉과 같다(관계부처합동, 2012).

〈표 8-1〉에서 보는 바와 같이, 학교폭력대책자치위원회에서 심의한 연도별 학교폭력 건수는 2008년 8,813건, 2009년 5,605건, 2010년 7,823건으로 2009년에 감소하다가 다시 증가세로 돌아섰다. 3년간 전체 심의 건수 중 초등학교 589건(2.6%), 중학교 15,311건(68.8%), 고등학교 6,341건(28.5%)으로 중학교가 차지하는 비율은 전체의 70%에 가까운 수준으로 가장 높았다. 이러한 현상은 2008년도

〈표 8-1〉 각급 학교의 학교폭력대책자치위원회에서 심의한 연도별 학교폭력 건수(건)

구분	초등학교	중학교	고등학교	계
2008년	207(2.3%)	6,089(69.1%)	2,517(28.6%)	8,813(100.0%)
2009년	151(2.7%)	3,846(68.6%)	1,608(28.7%)	5,605(100.0%)
2010년	231(3.0%)	5,376(68.7%)	2,216(28.3%)	7,823(100.0%)
계	589(2.6%)	15,311(68.8%)	6,341(28.5%)	22,241(100.0%)

* 출처: 관계부처합동(2012).

부터 3년간 거의 비슷한 것으로 나타났다.

또한 국민신문고에 접수된 학교폭력 관련 민원도 2009년 2,017건, 2010년 3,237건, 2011년 4,269건 등 지속적으로 증가하고 있으며, 2010년도 대비 2011년도 민원 증가율은 초등학교 5.1%, 중학교 35.6%, 고등학교 19.6% 등으로 중학교의 증가율이 초등학교의 7배, 고등학교의 2배 수준인 것으로 나타났다.

한편, 전국 초·중·고등학교 학교폭력대책자치위원회에서 심의한 연도별 학교폭력의 가해학생 수는 2008년 24,018명, 2009년 14,605명, 2010년 19,949명이었으며, 피해학생 수는 2008년 16,320명, 2009년 11,708명, 2010년 13,748명이었다. 가해학생이 받은 선도 처분은 학교봉사활동이 가장 많았으며, 그 다음으로는 사회봉사, 특별교육, 서면사과, 출석정지 등이었다. 피해학생에게는 상담과 조언, 일시보호, 요양, 전학권고 등의 조치가 취해진 것으로 나타났다.

청소년폭력예방재단(2012)에서 전국 초·중·고등학교 학생들을 대상으로 실시한 학교폭력의 피해율, 가해율 및 심각성 인식도의 연도별 추세를 살펴보면 〈표 8-2〉와 같다(청소년폭력예방재단, 2012).

〈표 8-2〉에서 보는 바와 같이, 학교폭력의 피해율은 2007년 16.2%에서 2008년 10.5%, 2009년 9.4%로 점차 감소 추세를 보이다가 2010년 11.8%, 2011년 18.3%로 다시 증가하고 있다. 가해율 또한 2007년 15.1%에서 2008년 8.5%로

〈표 8-2〉 연도별 학교폭력의 피해율, 가해율 및 심각성 인식도　(단위: %)

구분	피해율	가해율	심각성 인식도
2007년	16.2	15.1	-
2008년	10.5	8.5	28.6
2009년	9.4	12.4	32.8
2010년	11.8	11.4	38.1
2011년	18.3	15.7	41.7

* 출처: 청소년폭력예방재단(2012).

감소하였으나 2009년 12.4%, 2010년 11.4%로 높아졌고, 2011년에는 15.7%로 최근 5년 중 최고치를 나타내고 있다. 이에 따라 학교폭력의 심각성에 대한 전국 초·중·고등학교 학생들의 인식도 역시 2008년 28.6%에서 2009년 32.8%, 2010년 38.1%로 높아졌고, 2011년에는 41.7%로 최고치를 나타내고 있다.

이처럼 학생들은 학교폭력을 매년 더욱 심각하게 인식하고 있으며, 이는 피해 후유증으로 인한 정신적 치료는 물론 청소년 자살과 범죄 등 사회적 문제로 이어지고 가해학생의 무감각과 목격학생의 무관심 등 학교폭력이 일상화되고 있다. 이는 단순히 학교 내의 문제이기보다는 우리 모두, 나아가 우리 사회 모두가 관심을 기울여 사회 안전망의 관점에서 생각해 보아야 할 문제다.

2) 폭력 피해 이유

학교폭력 피해를 받은 이유에 대해서는 '특별한 이유가 없다(42.5%)'가 가장 많았으며, 다음으로 '몸이 작거나 힘이 약해서(14.2%)' '기타(13.2%)' '성격 때문에(10.5%)' 등의 순서로 나타났다. 성별로 살펴보면, 여성(48.0%)은 남성(40.4%)에 비해 '특별한 이유가 없다'의 응답 비율이 상대적으로 높았으며, 반면 남성은 '몸이 작거나 힘이 약해서(17.2%)' '외모나 장애 때문에(4.3%)' 등 신체적인 이유

〈표 8–3〉 학교폭력 피해 이유   (단위: %)

구분		사례 수 (명)	특별한 이유가 없음	몸이 작거나 힘이 약해서	내가 잘못했기 때문에	외모나 장애 때문에	성격 때문에	금품을 요구했을 때 주지 않아서	기 타
전체		1,534	42.5	14.2	9.6	3.7	10.5	6.2	13.3
성별	남	1,101	40.4	17.2	9.3	4.3	9.9	5.8	13.1
	여	433	48.0	6.7	10.4	2.2	12.0	7.3	13.4

* 출처: 교육부 학교폭력 전수조사 결과.(2012).

로 폭력 피해를 더 당한 것으로 나타났다.

3) 폭력 가해 이유

폭력 가해 이유로는 '상대가 잘못했기 때문에(47.1%)', 다음으로 '특별한 이유 없이(31.2%)' '기타(10.5%)' 등의 순서로 나타났다(2011년). 폭력 가해 이유를 성별로 보면, 남성은 여성에 비해 '특별한 이유 없이'(남 35.9%, 여 19.4%)가 상대적으로 높아 폭력이 충동적이고 우발적인 것으로 나타났다. 한편, 폭력 가해 이유에 대해 '상대가 잘못했기 때문에'가 남, 여 모두 높게 나타난 것을 보면 책임을 전적으로 상대방에 미루는 경향이 강하게 나타났다.

〈표 8–4〉 학교폭력 가해 이유   (단위: %)

구분	사례 수 (명)	특별한 이유 없이	상대가 잘못했기 때문에	내 힘이 강하다는 걸 보여 주기 위해서	용돈이 부족해서 돈을 얻기 위해	부추기는 분위기에 휩싸여서 우발적으로	다른 사람이 시켜서	기타	무응답
2009년	1,310	27.7	47.1	3.3	4.3	5.5	1.5	10.6	0.0
2010년	848	17.9	32.7	2.9	2.9	3.7	1.3	8.8	29.8

2011년		493	31.2	47.1	1.9	4.0	3.5	1.8	10.5	0.0
성별	남	362	35.9	45.3	1.3	2.8	4.1	1.9	8.8	0.0
	여	131	19.4	51.5	3.4	7.1	2.1	1.6	15.0	0.0

* 출처: 여성가족부(2012), 2011 청소년 유해환경접촉 종합실태조사.

4) 폭력 가해자 특성

폭력 가해자는 2011년, '학교 동료 또는 선후배(42.2%)' '다른 학교 동료 또는 선후배(6.1%)' 등으로 나타났다. 주 폭력 가해자는 '학교 동료 또는 선후배(42.2%)'였으나 2010년에 비해 약 31% 감소하였으며, 대신 '모르겠다(42.6%)'가 2010년에 비해 36% 증가했다. 이는 가해자를 모르고 당한 경우보다 가해자를 밝히지 않으려는 피해자의 심리가 작용한 것으로 봐야 하겠다.

〈표 8-5〉 주 폭력 가해자 (단위: %)

구분		사례 수(명)	학교 동료 또는 선후배	다른 학교 동료/선후배	전혀 모르는 같은 또래	모르겠다	기타	무응답
2009년		1,502	55.9	9.5	3.9	22.7	8.0	0.0
2010년		1,175	73.5	9.6	7.6	6.0	3.1	0.2
2011년		2,013	42.2	6.1	2.9	42.6	6.2	0.0
성별	남	1,445	39.4	5.7	3.6	45.5	5.8	0.0
	여	568	49.1	7.3	0.9	35.2	7.5	0.0

* 출처: 여성가족부(2012), 2011 청소년 유해환경접촉 종합실태조사.

5) 폭력 발생 장소

최근 1년간 학교폭력이 많이 발생한 장소는 교실(25.0%), 화장실 또는 복도 (9.6%), 온라인과 휴대전화(7.7%) 순으로 나타났다. 이것은 교사나 학부모의 시선이 미치지 못하는 장소에서 폭력이 이루어지고 있다는 반증이다.

〈표 8-6〉 학교폭력 발생 장소 응답 현황 (복수응답 가능, 발생 빈도 순)

구분		교실	화장실, 복도	온라인, 휴대 전화	그 외 학교 내 장소	운동장	등하교 길	학원 및 그 주변	공터, 빈 건물, 주차장	오락실, PC방, 노래방	기타 장소	무응답
응답자 전체 대비	건수	89,483	34,485	27,678	26,603	21,139	21,783	12,464	10,927	10,455	102,444	1,147,764
	비율 (%)	5.94	2.30	1.83	1.80	1.40	1.44	0.82	0.72	0.70	6.8	76.25
학교폭력 피해응답 건수 대비	비율 (%)	25.0	9.6	7.7	7.5	5.9	6.1	3.5	3.1	2.9	28.7	-

※ 산출방식: 1) 장소별 응답 건수 / 총 응답 학생 수 × 100
　　　　　　 2) 장소별 응답 건수 / 총 응답 건수 × 100
* 출처: 교육부(2012) 학교폭력 전수조사 결과.

6) 일진·폭력서클 현황

일진 · 폭력서클 유무 현황에 대해서는 '학교 내 일진 또는 폭력서클이 있거나, 있다고 생각한다'고 응답한 비율은 23.6%로 나타났다. 학교급별로 보면, 초등학교(23.7%), 중학교(33.3%), 고등학교(11.6%)의 응답률을 보이고 있어 중학교에서 일진 등 폭력서클에 대한 우려가 큰 것으로 나타났다.

〈표 8-7〉 일진 · 폭력서클 학교급별 응답 현황 (단위: %)

구분	있음	없음	모름/무응답
총계	23.6	72.6	3.8
초등학교	23.7	73.0	3.3
중학교	33.3	62.9	3.8
고등학교	11.6	83.9	4.5
모름/무응답	22.5	68.8	8.7

* 출처: 교육부(2012). 학교폭력 전수조사 결과.

7) 피해에 대한 대응

2011년 자료에서 학생들의 학교폭력 피해 후 행동은 '아무에게도 알리지 않음(32.5%)'이 가장 많았으며, '친구에게 알림(26.1%)' '가족에게 알림(21.1%)' '선생님께 알림(19.3%)' 등의 순이었다. '아무에게도 알리지 않음'이 많은 것은 폭력 후의 가해자로부터의 보복의 두려움 때문이 아닌가 생각된다. 또 이러한 경향은 여자보다 남자가 월등히 높게 나왔다.

〈표 8-8〉 폭력 피해 후 행동(중복) (단위: %)

구분		아무에게도 알리지 않음	가족에게 알림	선생님께 알림	친구에게 알림	상담실 전문 기관에 알림	경찰에 신고	기타	무응답
2009년		33.2	23.1	15.7	27.0	3.9	4.7	11.6	0.0
2010년		30.5	32.2	24.4	34.2	3.6	2.2	3.3	1.1
2011년		32.5	21.1	19.3	26.1	3.7	2.6	13.5	0.0
성별	남	38.4	18.5	17.9	18.1	2.6	2.8	14.0	0.0
	여	18.2	27.2	22.7	45.5	6.5	1.9	12.1	0.0

* 출처: 여성가족부(2012). 2011 청소년 유해환경접촉 종합실태조사.

8) 폭력 피해사실 미공개 이유

학교폭력을 당한 후 알리지 않은 이유로 '알려 봐야 소용이 없으니까(52.1%)' 가 가장 높게 나타났다. 그 다음으로 '알린 후 보복을 당할까 두려워서(20.0%)' '별로 심각한 일이 아니라고 생각해서(14.2%)' '어떻게 해야 될지 몰라서'(7.1%)' 등으로 나타났다.

〈표 8-9〉 폭력 피해사실 미공개 이유 (단위: %)

구분	알려 봐야 소용이 없으니까	알린 후에 보복을 당할까 두려워서	별로 심각한 일이 아니라고 생각해서	어떻게 해야 될지 몰라서	기타
전체	52.1	20.0	14.2	7.1	6.6
남성	51.1	22.1	13.0	7.1	6.7
여성	55.8	9.6	20.1	6.9	7.6

* 출처: 여성가족부(2012). 2011 청소년 유해환경접촉 종합실태조사.

앞의 표에서 살펴본 바와 같이 초 · 중 · 고등학교에서 학교폭력에 노출되는 학생의 비율이 지속적으로 증가하고 있으며, 발생 연령도 점점 낮아지고 있고, 학교폭력의 피해를 입은 학생이 보복을 가하거나 다른 학생을 괴롭히는 등 가해자가 되면서 피해자와 가해자의 구분이 모호해지고 있다. 또한 정서적 폭력과 사이버폭력이 증가하고 있고, 일진 · 폭력서클이 광범하게 영향을 미치면서 폭력의 집단화 경향과 잔인성이 증대하고 있다. 아울러 학교폭력의 현장을 목격하고도 그냥 지나치거나 외면하는 무관심화 현상도 두드러지고 있다.

이처럼 학교폭력으로 인한 청소년 자살이 급증하는 등 커다란 사회적 문제로 대두되고 있으며, 학교 교육의 위기를 초래할 정도로 그 심각성이 고조되고 있다. 이제 학교폭력 문제에 대하여 우리 사회 구성원 모두가 나서야 한다. 단순히 학교의 문제로만 돌려서도 안 될 것이며, 피해학생 개인의 나약함이나 가해학생의 불우한 환경 탓으로만 돌려서도 안 된다. 이로 인하여 우리 사회의 안전망이 훼손되어서는 안 되기 때문이다.

2. 학교폭력의 사례

1) 일진회 폭력

일진회는 싸움을 잘하는 학생들로 구성된 초 · 중 · 고등학교 내 폭력집단이다. 1980년대까지는 학교폭력 조직을 흔히 '서클'이라고 불렀지만 1990년대 들어 학생들 사이에서 '일진(一陣)'이란 용어가 유행하기 시작했다. 이것은 일본 고교생들 사이에서 유행한 폭력 용어가 만화책 등을 통해 국내에 전파된 것으로 추정된다. 일진 다음으로 싸움을 잘하는 학생들은 이진 · 삼진이라 부른다.

(1) 사례 1: 무서운 여초등학생 '일진'

경찰은 서울 S초등학교 인근에서 친구 A양(11)을 8시간에 걸쳐 폭행한 협의로 이 학교 '일진' 조모 양(11) 등에 대해 수사에 착수했다. 경찰에 따르면 조 양은 지난 6일 오후 2시쯤 같은 학교 남학생 1명과 함께 학교 주변 놀이터에 나타나 B양 등 친구 2명과 놀고 있던 A양을 폭행했다. 조 양은 "네가 내 욕을 하고 다닌다는 이야기를 들었다."며 A양에게 주먹을 휘둘렀고, 바닥에 눕힌 뒤 발로 머리를 밟기도 했다. 조 양과 A양 모두와 친분이 있던 B양(11살)도 폭행에 가담했다. 남학생과 또 다른 친구는 옆에서 폭행을 지켜보며 휴대전화로 폭행 장면을 촬영했던 것으로 전해졌다. 조 양은 이후에도 "분이 다 풀리지 않았다"며 A양을 인근 공중화장실로 데려 갔고, 다른 학생들이 지켜보는 가운데 A양에게 세면대에 머리를 대라고 지시했다. 조 양은 허리를 구부리고 선 A양에게 "머리에 흙탕물이 묻었으니 감겨 주겠다."며 락스를 뿌렸다. 조 양은 지켜보고 있던 학생들과

A양에게 "싸움을 하라."고 지시하는 등 오후 10시까지 폭행 및 가혹행위를 지속한 것으로 알려졌다. (J일보, 2013. 4. 24.)

(2) 사례 2: 학기 초, 중학교 1학년 교실은 싸움판

경남의 소도시 한 남자 중학교, 신학기가 시작된 이후 지금까지 하루에도 2~3차례씩 학생끼리 싸우는 폭력 사건이 벌어지고 있다. 싸움은 대부분 1학년 교실에서 일어난다. 이렇게 중학교 신입생들의 3월 신학기에 학교폭력이 많이 발생하는 이유는 이때가 학생들 간 '서열'을 정하는 시기이기 때문이라고 전문가들은 말한다. 각기 다른 초등학교에서 온 만큼 폭력을 일삼는 학생들 사이에 아직 서열이 정해지지 않았고, 서열에서 밀리지 않기 위해 사소한 일에도 욕을 하고 주먹을 날리며 싸우는 일이 잦다는 것이다. 한 번 밀리면 짧게는 1년, 길게는 3년 내내 무시당하고 심부름까지 해야 한다. 중학교 2~3학년 때는 이미 서열이 정해졌고, 고등학교는 입시 공부를 시작하기 때문에 이런 현상이 심각하지 않다고 교사들은 말한다.

전교 단위의 서열은 '일진회' 멤버끼리 정한다. 보통 일진회는 초등학교 때부터 학교 단위를 벗어나 활동하기 때문에 중학교에 올라와도 누가 일진인지, 누가 서열에서 위인지 아는 경우가 대부분이다. 그러나 일진 간 서열이 애매한 경우, 선배들이 "서열 정하라"고 싸움을 시키는 경우도 있다고 한다. 선배 일진이 후배 일진들을 길들이는 '물갈이' '신고식'도 신학기에 벌어진다. 일진 다음으로 싸움을 잘하는 학생들은 이진 · 삼진 그룹을 형성한다. 이진 · 삼진 그룹은 그룹끼리, 또는 그룹 내 학생끼리 신학기에 서열 싸움을 한다고 학교 관계자들은 말한다. (J일보, 2013. 3. 25.)

2) 언어적 폭력

여러 사람 앞에서 상대방의 명예를 훼손하는 구체적인 말(성격, 능력 등)을 하거나 그런 내용의 글을 인터넷, SNS 등으로 퍼뜨리는 행위(명예훼손죄). 여러 사람 앞에서 모욕적인 용어(외모 놀림, 병신, 바보 등 비하하는 내용)를 지속적으로 말하거나 그런 내용의 글을 인터넷, SNS 등으로 퍼뜨리는 행위(모욕죄) 등이 언어폭력에 속한다.

(1) 사례 1: 근거 없는 소문으로 친구 괴롭혀

초등학교 5학년인 N양(11)은 담임 선생님과 친하게 지낸다며 급우들로부터 '고자질쟁이'라고 놀림을 받았다. N양이 교실에 들어가면 급우들은 하던 이야기를 멈추고 N양의 뒤에서 비아냥거리는 웃음을 짓곤 했다. 또, N양과 그의 가족에 대해 '닿기만 해도 피부병이 옮는다'는 근거 없는 이야기가 돌아 아무도 N양과 가까이 지내려 하지 않았다. 이로 인해 N양은 등교 거부와 대인기피를 하고 있고, 불안과 우울 증세로 정신과 치료를 받고 있다(D일보, 2012. 10. 8.).

3) 금품갈취, 강요

속칭 삥(금전) 뜯기(공갈죄), 옷, 문구류 등 빼앗기(공갈죄), 폭행 또는 협박으로 상대방의 권리 행사를 방해하거나 의무 없는 일을 하게 하는 행위(강요죄), 속칭 빵 셔틀, 와이파이 셔틀 등이 여기에 해당된다.

(1) 사례 1: 공포의 '언니 학폭(學暴)', 앵벌이까지 시켜

중학교 2학년 L양(14)은 지난 4월 22일부터 약 열흘 동안 후배 J양(13)을 서울 노원구, 인천시, 경기 의정부 등으로 데리고 다니면서 수시로 폭행한 혐의를 받고 있다. 경찰에 따르면 L양은 서울 노원구 롯데백화점과 동대문구 서울시립대 근처 길거리에서 J양을 비롯한 학교 후배들에게 낮에는 1,000원, 밤에는 2,000원씩 구걸하게 시켰다. 말을 듣지 않을 때는 주먹을 휘둘렀다. 그는 경찰 조사에서 "애들이 내가 하라는 대로 다 해서 별생각 없이 (앵벌이를) 시켰다."고 진술한 것으로 전해졌다. L양은 만 14세 미만 형사 미성년자여서 형사처벌을 받지 않았다(J일보, 2013. 6. 26.).

(2) 사례 2: 화장품 강매하기

지난 4월 고교 1학년 K양(16)은 양쪽 팔과 어깨 등에 장미 문신을 가득 새긴 뒤 자신이 졸업한 서울 송파구 모 중학교에 찾아가 후배 10여 명에게 한 번에 1~2만 원씩 금품을 빼앗고 화장품을 강매한 혐의를 받고 있다. K양은 이 학교의 신고로 경찰 조사를 받게 되자 문신을 새긴 남자 친구를 데리고 피해학생 집에 찾아가 "네가 경찰에 신고했냐? 밤길 조심해라."며 협박을 한 것으로 조사됐다. 송파경찰서 관계자는 "피해학생들에게 보복할 우려가 있어 K양을 구속했다."고 말했다(J일보, 2013. 6. 26.).

4) 집단 따돌림

집단적으로 상대방을 의도적 · 반복적으로 피하는 행위, 다른 학생들과 어울리지 못하도록 막기(강요죄), 싫어하는 말로 바보 취급 등 놀리기(모욕죄), 빈정거림, 면박 주기, 골탕 먹이기(모욕죄) 등이 여기에 해당된다.

(1) 사례 1: 둘만 있을 때 귓속말로 욕하기

서울 강북 지역에 사는 초등학교 6학년 C군(12)은 조용한 성격이다. 같은 학교 D군(12)은 C군과 단둘이 있을 때만 귓속말로 "씨×놈" "개××"라고 욕한다. 어느 날 D군이 또 C군한테 온갖 욕을 40차례나 쏟아 냈다. C군은 참다못해 D군에게 "이제 그만 좀 해. 개××야"라는 문자를 보냈다. D군은 C군이 자기한테 보낸 메시지를 카카오톡으로 친구 수십 명에게 보냈다. 순식간에 C군은 학교에서 왕따가 됐다. C군 어머니는 "증거도 안 남기고 교묘하게 아이를 괴롭히면서 우리 아이가 한 번 욕한 것을 퍼뜨려 왕따를 만들었다"고 말했다(J일보, 2013. 5. 24.).

(2) 사례 2: 친구들의 따돌림에 할퀴고 멍든 상처

중학교 2학년생인 피해학생 L양(14)은 학교 미술시간에 책상을 앞으로 당기라며 시비를 거는 여자 동급생 B로부터 "××년" "재수 없다"는 욕설을 들었고 그 다음날부터 같은 반 친구들의 수군거림과 욕설을 받기 시작했다. B가 주도하는 집단 따돌림이 시작되면서 체육시간에는 항상 혼자였고, 피구라도 하는 날이면 제일 먼저 공격당하고, 점심시간에는 항상 혼자서 밥을 먹었다. 교실에서 자리를 뜨면 아이들은 뒤에서 욕을 하였다. "××년, 어디 가냐?" "밥맛없어! 쟤 보면 올라올 것 같아" "찌질이 같지 않냐?" 등 화장실조차 맘대로 갈 수 없는 상태로 학교에서는 선생님의 수업이 귀에 들어오지 않았고 성적도 뚝뚝 떨어졌다. 5월, 6월…… 달이 지나갈수록 심해지는 친구들의 따돌림에 할퀴고 멍든 상처 속에서 고통스럽게 지내야만 했다(D일보, 2012. 9. 10.).

5) 성폭력

폭행 · 협박을 하여 강제적 성행위, 유사 성교행위, 성기에 이물질 삽입행위(성폭력범죄 등), 폭행 · 협박과 함께 성적 모멸감을 주는 신체적 접촉행위(성폭력 범죄 등), 성적인 말과 행동으로 상대방에게 성적 굴욕감, 수치심을 주는 행위(모욕죄 등) 등 강제적인 성행위, 신체적 접촉행위, 수치심을 주는 행위 등을 말한다.

(1) 사례 1: 왕따 폭행과 성추행 – 폭행과 괴롭힘을 당한 일람표

서울 강서구에 사는 L모 군(13)은 지난해 3월 K중학교에 입학했다. 초등학교를 졸업하고 새로운 친구들과 선생님을 만날 기대에 부풀었던 L군은 입학한 날부터 끔찍한 일을 경험하기 시작했다. 지난해 1년간 같은 반 친구들로부터 왕따, 폭행을 당한 서울 강서구 K중학교 1학년 L모군이 작성한 '폭행과 괴롭힘을 당한 일람표'에는 무려 148차례의 각종 폭행과 성추행, 갖가지 가혹행위가 A4용지 38장에 빼곡하게 정리되어 있었다. L군은 폭행을 당한 날짜와 장소, 가해자 이름

등을 모두 기록했다. 서울남부지검은 지난달 10일쯤 이 서류를 제출받아 조사 중이다.

L군은 폭행에 맞서지는 못했지만 아무도 도와주지 않는 상황에서도 혼자만의 싸움을 했다. L군은 3일 기자와 만나 "'왕따'를 당하는 상황에서도 새벽 3시까지 공부를 했다. 공부로라도 나를 괴롭힌 애들을 이기고 싶었다."고 말했다. L군은 지난해 3월 시험에서 수학 점수가 40점이었지만 지난해 12월 기말고사에서 92점을 맞았다. L군의 아버지는 지체장애 2급이고, 가족은 기초생활수급자를 위한 서울 강서구 가양동 공공임대아파트에 살고 있다. L군은 지난해 말부터 정신과 치료를 받고 있다.

L군은 지난해 3월 초 같은 반 K군으로부터 머리가 짧다는 이유로 쉬는 시간마다 '대머리 독수리'라고 놀림을 받으며 맞았다. 얼마 뒤 가해학생들은 7명으로 늘었다. L군은 "내가 동네북이 된 것 같다."고 썼다. L군은 쉬는 시간, 점심시간, 방과 후까지 폭행을 당했다. 하지만 당시 반 학생 누구도 말려 주지 않았다고 L군은 기록했다. 그들은 점심시간에는 L군에게 바닥에서 밥을 먹으라고 강요했다.

성추행도 자주 벌어졌다. 지난해 6월 가해학생들은 교실에서 L군의 바지를 내리고 성기를 잡아당겼다. L군은 성추행 당한 날 "니들이 인간이야. 미쳐버리겠다."고 썼다. L군은 그들이 성추행을 거부하면 주먹질을 해 댔다고 적었다. 학교 측은 L군이 당한 고통을 외면했다. L군은 일람표에 "10월 하순 선생님이 소원수리를 하라고 해서 괴롭힌 사람을 적었다. 그런데도 아무런 조치가 없었다."라고 적었다. 이 학교 교장은 4일 L군이 당한 성추행에 대해 "성기 만지기와 바지 내리기는 어린 학생들이 자연스럽게 하는 장난이다. 일명 '고추 만지기와 바지 내리기'는 일상적인 장난이다. 여름에는 운동장에서 벌어지기도 한다. 모두 웃는 분위기다."라고 말했다.

J군(13) 등 가해학생들은 L군의 바지를 벗기고 성기에 전기 충격을 주고 교실에서 다른 학생들이 지켜보는 가운데 성행위를 하는 흉내를 내기도 했다. 또 L군을 학교 인근 골목길로 데려가 머리를 때리고 발로 배를 차기도 했다. 지난해 12월

8일에는 학교 인근 놀이터에서 L군이 J군에게 폭행당하는 것을 본 K중학교 졸업생이 두 학생을 데리고 학교 생활지도부를 방문해 "적절한 조치를 취해 달라."고 했지만 학교 측은 별다른 조치를 하지 않았다. 당시 생활지도교사는 두 학생에게 서로 잘못이 있으니 화해하라는 말을 하고 돌려보냈다고 학교 관계자는 밝혔다(M투데이뉴스, 2012. 1. 13.).

(2) 사례 2: 중학생이 집단 성폭력 행사

2010년 2월경 서울 구로구에 사는 J군(14) 등은 H중학교에 재학 중인 Y양(14)을 구로구에 있는 ○○모텔 203호실로 유인, 미리 준비한 소주와 맥주를 마시게 하여 술에 취한 피해자의 반항을 억압한 후 성폭행한 다음 모텔 내 앞 방인 208호실에 미리 들어와 있던 같은 학교 동급생들에게 전달하여 순서대로 윤간한 것을 경찰에 신고하여 검거되었다(H신문, 2010. 2. 15.).

6) 사이버 폭력

특정인에 대한 모욕적인 말이나 욕설 등을 인터넷 게시판, 채팅, 문자, 카페 등에 올리는 행위(명예훼손죄 등), 특정인에 대한 허위 글이나 사생활에 관한 사실을 인터넷, SNS, 카카오톡 등으로 불특정 다수에 공개하는 행위(명예훼손죄 등), 위협·조롱·성적 수치심을 주는 글, 그림, 동영상 등을 정보 통신망을 통하여 유포(명예훼손죄 등) 등이 사이버 폭력에 해당된다.

(1) 사례 1: 카카오톡 소리만 나면 우는 아이

서울 강남에 사는 중학교 1학년생 A양(14)은 초등학교 6학년 때부터 '왕따'를 당했다. 중학교에 올라가면 괜찮아질 줄 알았는데 상황은 더 심각해졌다. 예전에는 아이들이 아는 체를 해 줬는데 이제는 아예 '그림자' 같은 아이가 됐다.

그중에서도 A양이 가장 견디기 어려운 건 '카카오톡' 폭력이다. A양 반 학생들은 학원 갔다 집에 오는 오후 8~9시가 되면 어김없이 단체 채팅을 한다. A양도 '아이들이 무슨 이야기를 하는지' 알고 싶어 채팅에 참여한다. 여기서 학생들은 'A'라고 이름을 부르진 않지만 누구나 A양이라는 걸 알 수 있는 말로 놀린다. "야~, 그 찌질이 오늘도 혼자 방과 후 들으러 가던데" "그×이 생긴 건 진짜 ×같은 게 헤드셋은 비싼 거 들고 다니고" 하는 식이다. 그러면 수십 명이 "ㅋㅋㅋ" 하고 웃거나 "맞아 맞아." 하고 맞장구치는 문자를 올린다. A양은 가장 심한 말을 하는 B양에게 "한 번만 더 그러면 청소년 학교폭력 센터(117)에 신고하겠다." 고 했다. 그랬더니 B양은 어이없다는 표정을 지으며 "내가 언제 네 욕 했느냐. 증거도 없으면서."라고 대꾸했다. A양 어머니는 "남들 보기에 '학교폭력을 당했다'고 할 만한 일도 없는 것 같아 어찌해야 할지 모르겠다."며 "애는 밤마다 카카오톡 소리가 나면 몸을 부르르 떨면서 운다."고 말했다(J일보, 2013. 5. 24.).

(2) 사례 2: SNS에 올린 글 공개하여 왕따하기

서울 강북 지역에 사는 초등학교 6학년 C군(12)은 조용한 성격이다. 같은 학교 D군(12)은 C군과 단둘이 있을 때만 귓속말로 "씨×놈" "개××"라고 욕한다. 어느 날 D군이 또 C군한테 온갖 욕을 40차례나 쏟아 냈다. C군은 참다못해 D군에게 "이제 그만 좀 해. 개××야."라는 문자를 보냈다. D군은 C군이 자기한테 보낸 메시지를 카카오톡으로 친구 수십 명에게 보냈다. 순식간에 C군은 학교에서 왕따가 됐다. C군 어머니는 "증거도 안 남기고 교묘하게 아이를 괴롭히면서 우리 아이가 한 번 욕한 것을 퍼뜨려 왕따를 만들었다"고 말했다(J일보, 2013. 5. 24.).

7) 집단구타 및 동영상 촬영

일정한 장소에서 쉽게 나오지 못하게 하는 행위(감금죄), 신체를 손발로 때리는 등 고통을 주는 행위(상해죄, 폭행죄), 강제(폭행·협박)로 일정한 장소로 데리고 가는 행위(약취죄), 상대방을 속이거나 유혹해서 일정한 장소로 데리고 가는 행위

(유인죄), 상대방의 의사에 반하여 신체를 촬영하는 행위 등 집단적으로 상대방을 의도적 · 반복적으로 구타하는 행위 등이 이에 해당된다.

(1) 사례 1: 신종 학교폭력 〈글래디에이터〉

서울 강서구 S고등학교에 다니는 H군(16)은 지난 1년 동안 밤마다 개화동 인근의 야산에 끌려 다녔다. 지적 장애 2급인 H군을 끌고 올라간 이들은 근처 중학교 학생들이었다. 이들은 야산 깊숙한 곳까지 H군을 데리고 간 뒤 H군 주위의 나무에 노끈을 묶어 사각 링을 만들었다. 링 안으로 H군과 함께 또 다른 아이 한 명이 들어갔고, 나머지 아이들은 사각 링을 둘러쌌다. "이제부터 둘 중 하나가 죽을 때까지 때리는 거야." H군이 머뭇거리며 링 밖으로 빠져나가려고 하면 링 밖에 있던 아이들이 H군을 쓰러뜨린 후 발로 짓밟아 다시 링 안으로 넣었다. "이렇게 니킥(knee kick, 무릎차기)을 해 보라고!" 이들은 H군에게 격투기 시합에 등장하는 각종 기술을 가르쳐준다며 H군을 폭행하기도 했다. H군과 상대 학생이 지쳐 쓰러지고 나서야 그날의 경기는 끝났다.

서울 강서경찰서는 H군 등 지적 장애 학생 2명을 1년여 동안 수시로 끌고 다니며 강제로 싸우게 한 K군(14) 등 12명을 검거했다고 밝혔다. K군 등은 덩치는 크지만 지적 수준이 떨어지는 학생들을 노려 영화 〈글래디에이터〉에 등장하는 로마의 노예 검투사처럼 싸우게 했다. 또 자신들이 훔쳐온 오토바이를 H군이 훔친 것처럼 거짓 자백을 시키기도 했고, 직접 도둑질을 시키기도 했다. H군은 폭행 후유증으로 이후 1개월 넘게 병원에 입원했다(J일보, 2013. 10. 2.).

(2) 사례 2: 책상 위에서 춤추게 하고 동영상 촬영

2011년 서울 중랑구의 한 중학교에 입학한 K군(15)은 교내 폭력과 흡연으로 징계를 받은 전력이 있는 J(15)군, G(15)군 등 5명으로부터 수업 준비는 물론, 점심 가져오기, 빵 사 오기(일명 빵셔틀) 등을 강요당하며 집단 괴롭힘을 당했다. J군 일행은 그해 11월부터 K군에게 폭력도 휘둘렀다. K군에게 "돈 가져와라" "선배들에게 담배 얻어 와."라고 요구하며 100대씩 때리기도 했고, 휴대전화로 K군을 때리다 "너를 때리다가 내 휴대전화가 고장났으니 수리비 10만 원을 가져오라"고 요구하기도 했다. J군 일행은 "또 맞기 싫으면 책상을 복도에 놓고 그 위에서 춤을 추라"고 강요한 뒤 이 모습을 휴대전화 동영상으로 촬영하기도 했다.

이런 사실을 담임교사가 밝혀내어 학교 측은 가해학생들에게 각각 권고 전학 및 접근 금지, 등교정지 5일 등 징계를 내리고 K군은 다발성 타박상, 요통, 인대 파열 등 상해를 입고, 정신과 치료까지 받았다. K군은 결국 지난해 2월 다른 학교로 전학했다(J일보, 2013. 4. 30.).

8) 학교폭력으로 인한 자살

자살은 학교폭력으로 인한 가장 극단적인 선택이다. 이것은 피해자의 인내심이 한계에 도달했다는 증거이며, 가해자의 행동이 그만큼 집요하게 피해자를 괴롭혔다는 증거다. 다음의 자살 사례를 통해 학교폭력의 심각성을 실감할 수 있다.

(1) 사례 1: "제가 하는 일은 엄청 큰 불효인지도 몰라요. 엄마, 아빠 사랑해요!"

2011년 12월 20일 대구에 사는 중학생인 K군(15)이 자신의 아파트에서 몸을 던져 스스로 목숨을 끊었다. K군은 숨지기 하루 전에 친구와 다음과 같이 통화했다. "○○야, 오늘 엄청 맞았다. 하루 이틀도 아니고 정말 괴로워 죽겠다. 하지만 선생님께는 말씀드리지 마. 그러면 나 맞아 죽는다. 혹시 나한테 무슨 일 생기면 우리 부모님께 얘기해 줘." 그날은 가해학생들로부터 가장 심하게 구타와 가혹행위를 당한 날이었다.

경찰에 따르면, 그날 오후 4시쯤 K군의 집에 온 S군(15)과 W군(15)이 "윽, 짜증 나! 너 게임 안 할래?"라고 하며 K군이 보고 있던 교과서를 빼앗았다. 그러고는 라디오 전원을 뽑아 K군의 목에 묶어 끌고 다니더니 무릎을 꿇고 바닥의 과자 부스러기를 주워 먹도록 했다. 오후 5시 20분쯤에는 K군을 피아노 의자에 엎드리게 하더니 K군이 격투기를 배우며 구입한 목검과 권투 글러브 등으로 마구 때렸다. 문구용 칼로 팔에 상처를 내려다 실패하자 일회용 라이터에 불을 붙여 몸에 대기도 했다. 그뿐 아니라 세숫대야에 물을 받아 물고문도 했다.

오후 6시쯤 그들이 돌아가고 난 뒤 K군은 친구들에게 괴로움을 호소하는 전화를 걸었다. 이후 방에 들어가 유서를 쓰고, 어머니 몰래 어머니 휴대전화에 저장된 자기 번호를 지웠다. 이튿날 아침 어머니가 출근하고 난 뒤 거실을 깨끗이 치워 놓은 다음 어머니가 핸드백을 놓아두는 곳에 유서를 두고 베란다로 가 투신자살했다. 폭행당하기 하루 전인 18일 밤 11시엔 S군으로부터 "내일 너 죽인다……. 내일 맞으면서 소리 내기만 해 봐."라는 문자를 받았다. 숨진 K군의 A4용지 4장 분량의 유서에서 9개월 동안 같은 반 친구 2명으로부터 40여 차례에 걸쳐 노예처럼 괴롭힘을 당했고, "내일 죽이겠다." "요즘 안 맞아서 영 맛이 갔네." 등의 협박과 강요를 일삼는 300여 차례의 휴대전화 문자메시지를 받은 것으로 드러났다 (YTN, 2011. 12. 23.).

(2) 사례 2: 중학교 2학년 때부터 폭행 당해, '5명이 자주 괴롭히고 갈취'

"친구들 다 있는 교실에서 바지와 팬티를 벗겨 놓고 놀렸고, 수시로 교과서나 체육복을 가져가고, 으슥한 곳에 데려가 주먹과 발로 때리기도 했습니다." 11일 오후 7시 40분쯤 경북 경산시 정평동 한 아파트 23층에서 뛰어내려 스스로 목숨을 끊은 C군(15, 청도 모 고교 1학년)이 유서에서 가해학생으로 지목한 K군(15, 대구 모 고교 1학년)은 "중학교 3학년 내내 C군이 노는 아이들한테 괴롭힘을 당하는 것을 봤다"고 털어놨다.

K군은 숨진 C군의 중학교 동창생으로, 중학교 3학년 때는 수시로 서로의 집에 놀러 다닐 만큼 단짝이었다. K군은 "학교에서 일진으로 불리는 4~5명의 아이가 C군이 눈에만 띄면 데리고 가서 괴롭혔다."고 전했다. 작년 중3 1학기 때는 C군과 같은 고교에 진학한 A군(15)이 친구들이 다 있는 교실에 C군을 끌고 들어가 바지와 팬티를 내리라고 위협해 벗게 한 뒤 깔깔 웃으며 놀렸다고 한다. 또 다른

동창생 Y군(15)도 수시로 C군을 교실이나 화장실로 불러 때렸고, 다른 학생들의 눈을 피해야 할 때는 "모두 교실 밖으로 나가 있어라." 하고 말한 뒤 C군을 폭행했다는 것이다. K군은 2011년 부모가 이혼한 뒤 혼자 집에 있으면서 숨진 C군과 가깝게 지냈다고 했다. C군 집에도 자주 가 잠도 자고 밥도 먹었다. 보름동안 같이 지낸 적도 있었다. 그러나 K군 역시 숨진 C군의 유서에 가해학생으로 지목되어 있다. K군이 밝힌 대로라면, C군은 늘 CCTV가 비추지 않는 교실, 화장실, 부모가 없는 친구 집 등에서 괴롭힘을 당한 것으로 보인다. 숨진 C군은 유서에 "교실과 화장실 등 CCTV가 없거나, 있어도 화질이 안 좋은 CCTV가 있는 사각지대에서 주로 맞는다. 이렇게 해서는 100% 학교폭력을 없앨 수 없다."고 썼다.

숨진 C군은 자살 당일 오전 6시 21분 학교에 간다며 집을 나간 뒤 학교를 가지 않고 배회하다가 오후 6시 40분쯤 집으로 돌아왔다. 그러나 13층인 집을 지나쳐 계단으로 23층까지 걸어서 올라갔고, 1시간쯤 뒤 꼭대기 창문에 화분 2개를 포개놓고 올라서서 몸을 던졌다. C군의 아버지(50)는 "고교 입학 후 바지가 찢겨 오는 등 이상한 점이 있었지만 늘 말없이 착한 아이였다. 미리 알지 못해 너무 가슴 아프다."며 울먹였다(J일보, 2013. 3. 13.).

9) 미국의 사례

학교폭력은 미국도 예외가 아니다. 많은 학생이 신체적 폭력을 비롯하여 집단 따돌림, 사이버 폭력, 왕따 및 언어적 폭력 등으로 고통을 받고 있으며, 그 결과 정신과 치료, 병원 입원, 자살로 생을 포기하는 경우가 많아 사회문제화되고 있다. 더구나 미국은 총기 규제가 없기 때문에 어린 학생이 총기로 보복 살해하는 경우도 있어 미국 사회에 충격을 주고 있다.

(1) 사례 1: SNS 욕설에 시달리던 12세 소녀 자살-'미 사이버 왕따' 사회문제 대두
미국에서 집단 따돌림을 당하던 여중생이 투신해 스스로 목숨을 끊었다. 경찰

조사 결과, 이 학생은 1년여 동안 10여 명의 친구로부터 욕설과 비난이 담긴 온라인·휴대전화 메시지에 시달렸던 '사이버 왕따(Cyber bullying)' 피해자였다고 CNN방송이 보도했다.

미국 플로리다주 포크카운티 경찰은 지난달 스스로 목숨을 끊은 레베카 세드윅(12) 양을 주도적으로 괴롭힌 크리스탈레이크 중학교 선배 A양(14)과 동급생 B양(12)을 체포해 스토킹 등 중범죄 혐의로 기소했다고 발표했다. 경찰은 범행에 가담한 학생 13명을 추가로 소환해 조사하기로 했다. 경찰에 따르면 A양은 같은 학교 후배인 세드윅이 자신의 남자 친구와 이전에 데이트했다는 사실을 알고 나서 그를 괴롭히기 시작했다. A는 친구들을 규합해서 세드윅을 왕따로 지목했으며, 그가 눈에 띌 때마다 폭언과 욕설을 해 댔다. 세드윅과 친했던 친구 B양도 태도가 돌변해 "세드윅과 친구가 된 사람은 똑같이 당할 것"이라며 급우들을 협박했다. 괴롭히는 학생들이 늘면서 수법은 더욱 심해졌다. 이들은 페이스북과 휴대전화 등 온갖 수단을 동원해 '좋아하는 사람은 아무도 없어' '자살해라' '표백제나 먹고 죽어라'는 등의 메시지를 보냈다. 이를 견디지 못한 세드윅은 학교를 그만 두고 집에서 공부하며 정신과 치료를 받았다. 하지만 보이지 않는 괴롭힘은 계속됐고, 지난달 9일 세드윅은 친구에게 '더는 견딜 수 없어. 난 뛰어 내릴 거야.'란 문자 메시지를 보낸 뒤 건물 옥상에서 몸을 던졌다.

이번 사건을 계기로 미국에서는 사이버 왕따 문제에 관한 처벌과 대책 논의가 활발해질 것으로 보인다. 10대 청소년들이 활발히 소셜네트워크서비스(SNS)를 이용하면서 이로 인한 부작용도 커지고 있지만 뚜렷한 단속 규정이 없기 때문이다. 이번 사건에서도 경찰은 "주동자를 처벌할 뚜렷한 법적 근거가 없어 스토킹 혐의를 적용했다."고 밝혔다(J일보, 2013. 10. 17.).

(2) 사례 2: 권총 숨긴 채 등교한 중학생, 막아선 교사에 '탕'

미국 네바다주 스팍스에 있는 스팍스 중학교는 1주일 간의 가을 방학을 끝내고 21일 개학했다. 오랜만에 학생들이 등교한 학교는 평소보다 더 활기찬 분위기였다. 하지만 이런 분위기는 얼마 가지 않았다. 오전 7시 16분 교실 밖에서 5~6발의 총성이 연달아 울렸다. 이름이 공개되지 않은 이 학교 학생(12)이 권총으로 교사를 살해하고 학생 2명에게 중상을 입힌 뒤 자살했다고 『뉴욕타임즈(NYT)』가 보도했다.

범인은 부모 소유의 반자동 권총을 들고 와 동급생 2명에게 총을 쐈다. 1교시 시작을 앞두고 있던 학교는 순식간에 아수라장이 됐다. 700여 명에 달하는 학생들이 한꺼번에 건물 밖으로 빠져나가느라 부상자가 속출했다. 현장으로 달려간 수학교사 마이클 랜즈베리(45)는 권총을 들고 있는 제자를 발견했다. 랜즈베리는 해병대 출신으로 아프가니스탄 전쟁에 두 번 참전한 경험이 있었다. 랜즈베리는 위험을 무릅쓰고 제자에게 다가가 그를 달래려고 했다. 하지만 흥분한 학생은 "물러서라"고 소리친 뒤 곧바로 방아쇠를 당겼다. 랜즈베리가 쓰러지자 주변에 있던 학생 20~30명이 비명을 질렀다. 그 직후 이 학생은 자신에게 권총을 발사해 목숨을 끊었다. 경찰은 "랜즈베리가 자신을 희생해 추가 피해를 막은 것으로 추정된다."고 말했다.

경찰은 범인이 친구들로부터 집단 따돌림(왕따)을 당한 끝에 범행을 저질렀을 가능성이 큰 것으로 보고 있다. 사건을 목격한 한 학생은 범인이 총을 쏘기 전 "왜 너희는 날 우습게 보냐. 왜 날 비웃냐"고 소리쳤다고 한다. 경찰 측은 "원한을 갖고 특정인을 노린 범행인지, 불특정 다수를 상대로 한 것인지 아직 확실하지 않다."고 밝혔다. 미국에선 청소년들의 집단 따돌림이 심각한 사회문제로 떠오르고 있다. 총에 맞은 학생 2명은 인근 병원으로 옮겨져 응급수술을 받았다. 각각 어깨와 복부에 총을 맞았으나 생명에는 지장이 없는 것으로 전해졌다. 학교 측은 일주일 간 휴교에 들어간다고 밝혔다(J일보, 2013. 10. 23.).

제9장

가해학생과 피해학생의 특성

개 요

이 장에서는 학교폭력의 가해학생, 피해학생, 가해 · 피해학생의 특성을 심리적 · 행동적 · 학업적 특성으로 구분하여 살펴보고자 한다. 가해학생, 피해학생, 가해 · 피해학생의 특성이 어떻게 같고 어떻게 다른지 구분하여 이해함으로써 학교폭력 발생의 개인 내적 원인에 대한 이해의 폭을 넓히는 데 도움을 주고자 한다. 또한 학교폭력의 실증적 연구와 자료를 통해 보고된 가해학생, 피해학생, 가해 · 피해학생의 징표들을 살펴봄으로써 가정과 학교에서 학교폭력을 효과적으로 예방하고 적절한 대응방안을 마련하는 데 도움을 주고자 한다.

1. 가해학생과 피해학생의 심리적 특성

폭력 행위를 하는 학생들의 공통점은 한결같이 정서 불안 요소를 가지고 있다는 점이다. 정서 불안은 모든 생활에 대한 불만과 좌절이 거듭됨으로써 욕구가 충족되지 않기 때문에 발생한다. 이러한 정서 불안은 가정 · 학교 생활에 대한 의욕 상실로 이어지게 된다. 따라서 많은 국내외 학자는 정서 불안을 학교폭력의 원인으로 보고 있다. 정서 불안은 정서 장애로 이어져 반항적 · 충동적 · 파괴적 행동을 하며 다른 사람을 괴롭히고, 감수성을 예민하게 하고 열등감, 적개심을 유발시킨다. 이러한 심리적 특성은 폭력 행위를 가중시키게 된다.

1) 공격성

폭력 행위를 하는 학생에게 가장 많이 나타나는 개인 · 심리적 특성은 공격성이다. 정상적인 사람은 양심과 도덕 기준이 자기통제력에 강하게 작용하여 폭력적 행위를 하지 않지만, 폭력적인 성향과 반사회적인 행동 특성을 가진 학생들은 반사회적인 행동을 하고도 반성하거나 고민하지도 않는다. 이들은 자기조절능력이 부족하고 윤리의식이나 도덕의식이 제대로 형성되어 있지 않기 때문에 죄책감이나 수치심을 느끼지 못하고 공격적으로 행동한다. 이처럼 공격적인 학생들은 자기 욕망이나 감정이 작동하게 되면 사회질서나 규범을 고려하지 않고 감정대로 행동하는 경향이 있으며, 순간적인 충동을 억제하지 못하고 분노를 표출함으로써 힘을 행사하기 위해 폭력 행위를 가중시키게 된다.

공격적 행동을 하는 청소년들의 심리적 특성은 다음과 같다(김현경, 1996).

- 자아 기능의 약화로 문제행동을 하는 학생들은 지나치게 쾌락주의라든지 아니면 지나치게 억압적이어서 현실에 효과적으로 대응하지 못한다.
- 욕구불만의 누적으로 자포자기하여 모든 행동에 의욕을 잃게 되거나 모든 것을 부정적으로 보고, 어떤 문제에 부딪히면 미리 포기해 버리는 무능력한 성격을 형성한다.
- 문제해결능력 부족으로 정상적인 정보처리가 어려우며 인내심이 부족하기 때문에 지적인 면에서 기능을 제대로 발휘하지 못하고, 문제해결에 필요한 기술을 습득하지 못하여 부적응 행동을 하게 된다.
- 사태를 객관적으로 지각하지 못한다. 문제학생들은 자신을 실제보다 훨씬 부정적으로 지각하거나 또는 현실보다 포부를 높여 지각함으로써 욕구 좌절감을 느낀다.
- 비현실적 지각으로 인해 욕구 좌절을 경험하고 문제해결을 하는 기술을 습득하지 못해 성공을 경험할 수 없는 등 동기유발이 결여되어 있다.
- 분명한 목표가 없어 불필요한 자극에 반응하고, 필요한 자극에는 반응을 보이지 않는 등 목적의식이 결핍되어 있다.
- 신체적인 면과 지적인 면의 격차, 감정표현의 불균형, 생리적 · 생물학적 구조상의 발달 부조화로 환경의 자극에 적절한 반응을 못한다.

2) 충동성

Barratt의 충동성 검사 II(Barratt Impulsiveness Scale II, Barratt & Patton, 1985)에 의하면, 충동성의 개념에는 다음과 같은 세 가지 유형을 포함하고 있다. 첫째, 주의 집중 결핍으로서의 인지 충동성, 둘째, 선택과 조절 · 통제의 어려움으로서의 운동 충동성, 셋째, 계획 능력의 결핍으로서의 무계획 충동성이 그것이다.

첫째, 인지 충동성은 어떤 일이든 쉽게 몰두할 수 없으며, 신중하게 생각한 후 행동하는 일이 없다. 복잡한 문제를 놓고 생각하기를 싫어하며, 복잡한 일을 하려고 하면 싫증이 난다. 한 가지 일이 끝날 때까지 한결같이 계속 추구하지 못하며, 깊이 생각하던 일도 다른 생각이 떠오르면 그것 때문에 크게 방해를 받는 특징을 갖는다.

둘째, 운동 충동성의 특징은 깊이 생각하지 않고 일을 시작하는 경향이 있으며, 자기 자신을 스스로 억제할 수 없다. 한군데 오랫동안 앉아 있기가 힘이 들며, 깊이 생각하지 않고 말을 한다. 충분한 사전 계획이나 앞뒤 생각 없이 행동하고, 특별한 계획 없이 기분 나는 대로 물건을 사며, 또한 강의를 듣거나 대화를 할 때 안절부절 못하는 경향이 있다.

셋째, 무계획 충동성은 일을 착수하기 전이나 여행을 떠나기 전에 시간을 두고 세밀한 계획을 세우는 일이 없다. 정기적으로 저축하는 일도 없으며, 한 가지 일이 채 끝나기도 전에 또 다른 일을 착수하며, 그 일에 착수하기 전에 안정성을 고려하지도 않는 특징을 갖는다.

종합해 보면, 충동성은 자신의 활동과 관련된 정보에 대한 주의 집중력이 낮고, 만족을 연기할 만한 능력, 침착성, 자제력이 결여되며, 계획에 의한 활동보다는 즉각적인 선택을 하는 판단이나 기분에 좌우되는 행동과 관계있는 성격 특질이다. 따라서 충동적 행동은 대개 깊이 생각하지 않은 채 즉각적으로 행동하는 것으로써 판단력 결함과 관련 있다.

성격연구자들에 따르면, 충동성은 반사회적인 행동에 영향을 주는 중요한 특질이고 일생동안 지속적으로 비행을 반복하게 만드는 성격요소라고 보았다. 충동적인, 즉 자기통제력이 부족한 사람은 자기조절능력이 부족하여 어떤 상황에서 곧잘 폭력적 행동을 취하게 된다.

국내 연구결과에 따르면, 공격적인 성격을 가진 청소년들은 자기중심적, 감정적으로 행동하는 경우가 많고 충동에 대한 자제력이 부족하기 때문에 순간적인 충동을 억제하지 못하여 분노의 표출방법으로 폭력 행위를 한다(원명희, 2003). 그리고 학교폭력 가해자들은 충동에 대한 자제나 자기조절이 이루어지지 못한다는 박영신과 김의철(2001)의 연구결과, 충동적인 성격으로 타인을 지배하려는 강한 욕구를 가진다는 강호준(2003)의 보고는 청소년의 충동성이 학교폭력이라는 문제행동을 설명해 주는 심리적 특성임을 보여 주는 것이다.

3) 자아존중감

자아존중감이란 개인이 자기 자신에 대해 형성하고 유지하는 평가로서, 긍정적이거나 부정적인 태도로 표현되며, 자신이 중요하고 유능하며 성공적이고 가치 있다고 보는 정도를 나타낸다. 즉, 자아존중감은 개인이 자신에 대해 갖는 태도 속에 나타나는 것이며, 자신에 대한 가치의 판단이다.

Reasoner(1994)는 폭력과 범죄에 관한 1,000여 개의 연구논문과 언론기사를 개관, 검토하면서 낮은 자존감이 여러 종류의 범죄나 폭력과 밀접한 관계가 있음을 보고하였다. 그리고 이와 비슷한 맥락에서 청소년 범죄는 청소년의 자존감과 밀접한 관련이 있다. 자아존중감 수준이 낮은 사람은 높은 사람보다 불안이 강하며, 대인관계가 좋지 않고, 자신감과 지도력이 결여되어 있다. 또 자기평가에 대하여 회의적이며, 자기를 무가치한 인물로 보며, 자주 불안을 느끼고 우울해지며, 불행하다고 느끼고, 자기 자신에 대해서는 확신을 느끼지 못하여 행동도 불안정하고 소극적이다.

우리나라 청소년들을 대상으로 한 연구(최효진, 2006)에서도 학교폭력 가해, 피해 성향과 자존감 간 부적 상관관계를 보고하면서, 학교폭력 성향을 보인 청소년들은 자존감이 낮은 것으로 나타났다. 일반적으로 학교폭력 가해학생들은 자신에 대한 만족 및 수용 정도가 낮아서, 자신을 못났고, 열등하며, 쓸모없고, 사랑받을 만한 존재가 아니라고 느끼고 있다. 이처럼 낮은 자존감은 학생들로 하여금 폭력 등 다양한 문제행동에 참여하게 만들고, 반복되는 폭력으로 인하여 자기통제력이 더욱 약화되고, 또한 주변의 멸시로 인하여 자학적인 자아상이 형성되어 결국 아주 작은 문제에도 적극적으로 해결하고자 하는 노력을 기울이기보다 쉽게 폭력을 되풀이하는 악순환이 발생하는 것이다. 이러한 결과는 청소년의 비행이나 폭력이 낮은 자아상과 관련된다(곽금주, 문은영, 1993)는 것을 시사한다.

한편, 집단 따돌림과 자아존중감의 관계를 분석 · 보고한 국내 · 외 연구(이상균, 1999; 이춘재, 곽금주, 1999; Horne & Scocherman, 1996; Rigby & Slee, 1991)결과에 따르면, 가해자들은 오히려 자아존중감 정도가 높은 것으로 보고되고 있다. 즉, 자아존중감이 높을수록 따돌리는 행위가 증가하고 있었다. 이러한 결과에 대하여 Horne과 Scocherman(1996)는 따돌리는 학생들은 자신이 원하는 바를 얻는 데 있어 힘을 통해, 즉 공격적이 됨으로써 성공적일 수 있다는 왜곡된 자신감을 가지고 있기 때문에 자아존중감이 높을수록 따돌리는 행위가 증가한다고 분석하고 있다. 이와 유사하게 집단 괴롭힘을 당한 피해자 집단은 낮은 자존감을 나타내지만(Slee, 1994; Austin & Joseph, 1996), 집단 괴롭힘의 가해자 집단은 피해자 집단에 비해 자존감이 높은 것으로 보고되었다(이춘재, 곽금주, 1999; 한종철, 이민아, 이기학, 1999).

4) 우울 및 불안

학교폭력 관련 연구들의 메타분석 결과에 따르면, 피해학생들의 경우 우울, 불안 등과 같은 내적 문제와 상관을 보이고 있다(Hawker & Boulton, 2000; Card, 2003). 그리고 피해학생들은 가해학생들에 비해 불안, 우울 등에서 더 높게 나타났다(Graham, Bellmore, & Mize, 2006). 피해학생들은 종종 고립되고, 부끄러워하며, 타인들과 관계를 맺지 않거나 관심을 보이지 않는 경향이 있으며(Hazler, 1996), 학교폭력의 피해로 인하여 불안과 우울 같은 심리적인 문제들이 발견되었다. 괴롭힘을 당한 학생들은 자신이 바보같다고 느끼며, 실패했다고 느끼며, 수치스러워하며, 매력적이지 않다고 느낀다. 게다가 외롭다고 느끼며, 학교에서 버림받았다고 느끼며, 교실에 자신의 친구는 한 명도 없다고 느낀다(Olweus & Limber, 2000). 그리고 가해학생들은 학교폭력에 참여하지 않는 학생들에 비해 우울 증상 수준이 더 높은 경향이 있다(Haynie et al., 2001; Nansel et al., 2001).

결국, 가해학생과 피해학생 모두 다른 학생들에 비해 더 높은 수준의 우울증과 외로움을 나타냈다는 보고(Nansel et al., 2001)다. 가해학생과 피해학생들은 심리사회적 부적응, 또래관계, 그리고 건강문제에서 최악의 심리사회적 프로파일을 가지고 있음을 알 수 있다(Graham et al., 2006; Nansel et al., 2001). 한편, 일부 연구자(Kaltiala-Heino, Rimpela, Rantanen, & Rimpela, 2000)들은 가해학생들의 우울 수준은 피해학생들의 그것과 대등한 수준임을 보고하기도 하였다.

5) 자기조절능력

학교폭력 가해자의 개인 내적 특성들 가운데 충동통제능력이 부족하며, 외부자극에 대해 통제력이 약하고 과잉반응하는 경향이 높다(이춘재, 1999)는 주장은 폭력 가해자들이 충동에 대한 절제나 자기조절이 이루어지지 못함을 지적하는 것이다. 반면에 학교폭력 피해자들은 다른 사람에 비해 자주 자신의 상황통제력에 대한 확신이 부족하고 또한 더 낮은 자존감을 가지고 있다(곽영길, 2007). 그런데 또래 괴롭힘을 많이 받은 청소년이라 할지라도 정서적 자기조절능력이 높은 청소년들은 우울 증상이 낮고, 정서적 자기조절능력이 낮은 청소년들은 우울 증상이 높다고 보고하는데, 이것은 또래 괴롭힘 피해 경험과 우울과의 관계에서 정서적 자기조절능력이 하나의 보호요인으로 작용하여 조절 역할을 한 결과다

(최지윤, 2009). 자기조절능력은 학교폭력과 같은 심각한 스트레스 상황에서 청소
년의 공격적인 행동, 우울이나 자살 충동과 같은 문제행동을 완화, 조절시켜 주고
이들이 보다 긍정적인 대처행동을 선택할 수 있도록 하는 중요한 개인적 보호요
인임을 알 수 있다(나희정, 2013). 이와 유사하게 정서적 자기조절능력이 높은 학
생일수록 적극적 · 지지추구적 대처행동을 하지만, 낮은 학생일수록 회피적 · 공
격적 대처행동을 더 많이 하고 있는 것으로 보고되고 있다(김경숙, 2003).

종합해 보면, 낮은 자기통제력을 지닌 사람들은 충동적이고, 무신경하고, 육체
적이며, 위험한 행동을 선호하고, 근시안적이며 말보다는 행동으로 스스로를 표
현하는 경향이 있다. 그리고 사회생활은 물론 대인관계에서도 친밀감을 찾을 수
가 없다. 따라서 자기통제력이 부족한 청소년은 자기조절능력이 부족하므로 어
떤 문제에 직면했을 때 즉각적으로 폭력적 행동을 취하게 된다. 또한 자기조절능
력이 부족한 청소년은 일반적으로 행동하는 데 있어서 생각하기보다는 충동적인
성향이 강하게 나타난다. 이러한 충동적 성향은 공격성과 범죄성에 직접, 간접적
으로 관련된다(구희주, 2011).

6) 신체화

신체화란 신체적 증상을 겪는 경험을 일컫는다. 그런데 그러한 증상을 설명할
수 있는 신체적 원인이 없다. 두통, 위장 관련 문제, 두근거림, 근육통, 호흡곤란,
현기증 등이 신체화 증상으로 종종 보고된다(Ford, 1997). 학교에서 괴롭힘을 당
하는 피해학생들은 아침에 위통이나 두통과 같은 신체적 증상을 일으킬 수 있다
(Hansen, Steenberg, Palic, & Elklit, 2012). Lien, Green, Welander-Vatu, 그리
고 Bjertness(2009)는 괴롭힘의 피해학생들은 그러한 경험이 없는 학생들에 비
해 두통, 목, 어깨, 팔, 다리, 무릎, 등, 복부 고통 등의 근육통과 피골이 상접할 정
도로 고통스러워한다고 보고하였다. 일부 학생들은 학교폭력을 당하지 않으려
고 학교를 기피하게 되며, 안전한 자신의 집을 떠나는 것을 두려워하기도 한다

(Smith & Sharp, 1994).

괴롭힘으로 인한 신체화 및 심리적 불만이 생긴 9~11세의 아동들을 대상으로 종단연구를 한 결과, 학년 초에 괴롭힘을 경험한 어린이들은 괴롭힘을 경험하지 않은 학생들에 비해 신체화된 불안의 위험이 더 높은 것으로 분석되었으며, 이미 우울과 불안을 경험하였으며, 괴롭힘의 대상이 될 위험이 더 높았다. 종단연구에서는 신체화 증상은 괴롭힘에 노출됨으로써 야기된 것으로 분석하고 있다(Hansen, Steenberg, Palic, & Elklit, 2012).

2. 가해학생과 피해학생의 행동적 특성

많은 연구에서 괴롭히는 행동이 상당히 파괴적인 행동과 관련되는 것으로 일관성 있게 보고하고 있다(Prinstein, Boergers, & Vernberg, 2001). 과잉행동 등 다양한 행동적인 문제는 또래관계 형성에 어려움을 겪게 만들고, 친사회적 행동에 거의 참여할 수 없게 만듦으로써 행동적인 문제를 가진 학생들은 대개 학생들을 괴롭히는 가해자가 되고 만다(Juvonen, Graham, & Schuster, 2003; Wolke, Wood, Bloomfield, & Karstadt, 2000).

가정과 학교에서 관찰 가능한 학교폭력의 가해자와 피해자의 행동 유형을 비교·분석해 보면 다음과 같다.

1) 가해학생의 행동적 특성

가해자와 그의 친구들은 많은 일탈과 규칙 위반 행동을 하고, 일반 학생들에 비해 더 비행행동을 용인한다(Haynie et al., 2001; Nansel et al., 2001). 일반적으로 공격적인 학생들이 종종 사회적 단서를 읽는 데 취약하고, 타인의 행동을 정확하게 평가하는 능력이 미흡하다고 한다(Crick & Dodge, 1994). 학교폭력 가해학생은 성미가 급하고 화를 잘 내고 충동적이고 좌절을 쉽게 받아들이지 못하며, 동급생, 특히 학교폭력 피해자보다 육체적으로 힘이 세고 다른 학생들을 지배하며 굴복시키고, 힘과 위협으로 자기주장을 세우고 자기 뜻대로 관철시키려는 욕구가 강하며 어른들에게 공격적이고 불평이 많다. 또한 피해자가 되는 학생에게 동정심을 전혀 기울이지 않는 것으로 분석되었다(Olweus, 1991).

국내에서 보고된 바에 의하면, 학교폭력 가해학생들은 자신이 생각하고 느끼는 대로만 행동하고 상대방을 생각하는 등 배려는 거의 하지 않는 학생으로, 이러한 학생들은 일반적으로 활달하지만 침착하지 못하고 장난을 좋아하며, 생활 태도도 그다지 바람직하지 않고 행동이 거칠고 다른 사람을 배려할 줄 모른다. 또 가정과 학교, 교사에 대한 불평과 불만이 많고, 자신이 부당한 대우를 받고 있다고 생각하며, 교사에 대한 반항과 폭력, 흡연, 절도 등과 같은 반사회적인 문제행동을 일으키기 쉽다(임선애, 1999).

2) 피해학생의 행동적 특성

피해자들 또한 가해자들만큼은 아니지만 괴롭힘에 연루되지 않은 학생들에 비해 행동적 비행과 공격성, 약물 사용, 그리고 비행의 수용이 더 많다(Card, 2003; Haynie et al., 2001; Sullivan, Farrell, & Kliewer, 2006). 피해학생들 역시 일반 학생들에 비해 상호작용에 어려움을 겪고 있으며, 사회적 기술이 부족하다. 학교폭력의 피해자는 크게 두 가지 유형으로 분류할 수 있다. 우선 전형적 피해자로서 보다 더 불안하고 불안정하며 겁을 많이 내고 예민하며, 남학생의 경우에는 육체적으로 허약한 편이다. 이에 비해 도발적 피해자는 불안과 공격성이 복합된 상태이며, 집중력이 없고 과잉행동을 하거나 남의 신경을 거스르고, 긴장을 유발하는 행동을 자주 하는 것으로 조사되었다(Olweus, 1991). 피해학생들은 폭력 발생 장소에 대해 두려워하고 불안해 하며, 학교결석, 학교 내 특정 장소의 회피, 가출, 자살 등 회피 · 철회 등의 반응을 보이고 자기방어나 보복을 위하여 무기를 소지하는 등 보다 공격적인 행동을 보인다(이상균, 1999). 학교폭력이 학교 주변에서 대면관계가 있는 사람으로부터 발생하는 경우, 피해학생들은 대인관계를 회피하거나 학교 가기를 싫어하는 등 학교를 위협적인 장소로 느끼게 된다. 그러므로 학생들이 갑자기 등교를 거부하거나 성적이 떨어지거나 대인관계를 회피하는 등 학교 적응 상 행동변화가 관찰될 때는 한 번쯤 학교폭력을 의심해 보고 지속적인 관심을 가져야 한다.

3) 가해학생과 피해학생의 행동적 특성

가해 · 피해학생은 강자로부터 피해를 입고 약자에게는 가해하는 집단으로 분류된다. 이들은 피해를 유발하는 특성을 가지고 있으나, 이러한 특성이 가해의 경험으로 연결된다는 것이 피해만을 유발하는 도발적 피해자와 다른 점이다(이상균, 1999; Tattum, 1988).

학교폭력 가해 · 피해학생의 특성은 운동적 능력에서 가해자와 비슷하고, 학업적 능력, 전반적 자아가치는 피해자와 비슷하게 나타났다(Austin & Joseph, 1996). 또한 가해 · 피해학생의 성격적 측면을 Eysenck 성격검사를 사용하여 연구한 결과(Mynard & Joseph, 1997), 가해 · 피해학생은 외향성 영역에서 가해자보다 낮았고 피해자보다 높았으며, 신경증 영역과 정신병적 영역에서는 가장 높은 점수를 받았다. 또한 이 학생들은 가해자, 피해자 그리고 학교폭력에 연루되지 않은 학생들과 비교했을 때 흡연, 음주, 무단결석을 포함하는 행동적 비행을 많이 하고 있으며, 언어적 · 신체적 공격성 수준도 높은 것으로 보고되었다(Haynie et al., 2001; Nansel et al., 2001; Solberg & Olweus, 2003).

국내 연구(김종미, 1997)에 따르면, 가해 · 피해학생은 전형적인 피해자보다 신체적으로 강하고 자기주장도 강하며 또래에서 가장 인기도 낮고 매우 쉽게 화를 내며, 또 자주 다른 사람들을 화나게 한다고 보고한 바 있다.

3. 가해학생과 피해학생의 학업적 특성

선후배나 친구들에 의한 학교 내 폭력을 경험한 경우, 지속적으로 학교폭력에 시달릴 것이라는 심한 불안감을 가지게 되고, 친한 친구들 사이에서 괴롭힘을 당한 수치심으로 인해 학교 가기를 꺼려하며, 자신이 폭력을 당했던 장면들에 대한 생각으로 학업에 열중하지 못하거나 흥미를 잃어 성적이 갑자기 떨어지는 등 학교생활에 적응하지 못하게 된다. 학업성취의 부진은 교사에 대한 애착을 감소시키는데, 교사와 학생 간의 바람직한 유대관계를 형성하지 못하면 학생은 학교에 대한 인식이 흐려지고 이에 따른 학교에 대한 싫증 및 거부현상으로 비행을 유발할 수 있다(김교헌, 왕소정, 2000).

국내에서 보고된 연구결과에 따르면, 학교폭력 피해집단의 학생들이 가해집단과 가해 · 피해집단의 학생들에 비해 학교성적이 낮고 고립된 교우관계를 가지고 있는 것으로 나타났다(신희경, 2006). 그리고 학교급별로 구분하여 학교폭력 행동과 학업성취의 차이를 분석한 박영신과 김의철(2001)의 연구결과에 따르면, 초등학생과 고등학생은 폭력 행동에 따른 학업성취에 차이가 별로 없었으나, 중학생에서는 가해집단과 피해집단의 학업성취도가 폭력 무경험 집단에 비해 현저하게 낮아져서 매우 큰 차이를 나타내고 있다. 그리고 학업성취에서도 초등학교와 고등학교 모두 학교폭력 가해, 피해, 가해 · 피해집단의 학업성취에 큰 차이가 없는 반면, 중학생은 가해집단의 학업성취도가 현저히 낮게 나타났다. 그리고 학교급에 따른 구분없이 학교폭력 가해행동을 하는 청소년들이 사귀고 있는 친구들의 학업성적은 낮은 편인 것으로 나타났다.

이러한 연구결과는 외국의 경우에도 유사하게 나타나고 있다. 예를 들어, 또래들로부터 괴롭힘을 당하거나 거부되는 어린이들은 괴롭힘이 원인이 되어 학업에 실패하게 될 위험이 있다는 설명이다. 왜냐하면 그들은 자신을 괴롭히는 가해자를 피하기 위하여 학교이탈과 회피, 무단결석, 저조한 수업참여를 하게 되기 때문이다(Buhs, Ladd, & Herald, 2006). 이때 학교회피는 일반적으로 학생들의 동기 및 학교에서의 흥미와 부적 연합을 보임으로써(Wentzel, 1998) 저조한 학업성취를 나타내는 것이다. 그런데 이러한 저조한 학업성취는 피해학생들에서만 나타나는 것이 아니라 가해학생들 역시 전형적으로 학업과 유리되어 있으며, 평균적인 지적 능력에도 불구하고 낮은 학업성취를 보인다(Graham et al., 2006; Nansel, Haynie, & Simon-Morton, 2003). 이러한 정보들에 비추어 볼 때, 학교폭력을 경험한 가해자와 피해자 모두 가장 낮은 학업성취를 나타낸다는 것은 놀랄 일이 아니다(McCall, Beach, & Lau, 2000; Schwartz & Gorman, 2003).

한편, 학업곤란은 교사들이 가해자와 피해자를 동일시하는 데 중요한 역할을 할 수도 있다(Wienke Totura, Green, Karver, & Gesten, 2009). 교사는 어떤 학생의 행동을 평가, 보고할 때 그 학생이 다룰 수 있는 지식 수준에 의해 영향받기 쉽다(Renk, 2005). 예를 들어, 교사는 가해·피해학생들의 이전 학업 수준이 어떤지 혹은 이전에 말썽피운 다른 사건들에 영향을 받아서 그들에 대한 부정적인 기대와 인식으로 낙인이 찍혀 해당 학생은 다른 분야의 문제로 교사와 이야기를 해야 함에도 불구하고 같은 류의 문제처럼 취급당하는 경험을 할 수도 있다(Harris, 1991). 이처럼 교사의 기대가 자아충족적 예언처럼 학생에 대한 교사의 행동을 이끌어 낼 수 있다(Jussim & Harber, 2005).

4. 가해학생과 피해학생의 징표

학교폭력에 대한 실증적 연구와 자료들을 통해 가해·피해학생들의 몇 가지 일반성을 찾아볼 수 있다. 가해·피해학생들의 신체적·심리적·행동적 징표 및 유형은 다음과 같이 구분할 수 있다(윤인수, 2002).

1) 가해학생의 징표

Olweus(1992)는 학교에서 관찰할 수 있는 잠재적 가해자란 부정적 행동에 능동적으로 참여하는 행위의 특성상 피해자들에 비해 보다 더 은밀할 수밖에 없고, 부정적 행동 자체가 외부로의 노출을 극단적으로 피하려는 속성을 가지고 있기 때문에 관찰할 수 있는 잠재적 가능성의 징표를 일반화하는 데 그만큼 어려움이 있다고 보았다. 그는 가해행동에 능동적으로 참여하는 가해학생들은 다음에서 제시하고 있는 일반적인 신체적, 심리적 특성을 한 가지 이상 가지고 있기 쉽다고 하였다.

잠재적 징표 유형은 어디까지나 가능성을 염두에 둔 것이므로 섣부른 판단은 경계되어야 한다. 특히 가해자의 잠재적 가능성을 관찰하고 가해의 정도를 가늠하고자 할 때는 아이들이 가진 다른 유형의 부정적인 행동들에 의한 편견이 작용하기 쉽다. 이러한 편견은 교사에 의한 또 다른 상처로 왜곡될 수도 있으므로 세심하고도 신중한 주의가 요구된다(윤인수, 2002).

〈표 9-1〉 가해학생일 가능성이 있는 징표

| 학교 | • 폭력학생은 동급생, 특히 피해자보다 육체적으로 힘이 세다. 따라서 일반활동, 운동, 싸움에서 육체적으로 더 뛰어나다.
• 다른 학생들을 지배하고 굴복시키고, 힘과 위협으로 자기주장을 세우고, 자기 뜻대로 관철시키려는 욕구가 강하다. 다른 학생들에 대한 자기의 실제적 또는 가공적인 우월성을 자랑한다.
• 성미가 급하고, 화를 잘 내고, 충동적이고, 좌절에 대한 관용이 모자란다. 규칙을 지키기 어렵고, 장애물과 지연을 참기 어렵다.
• 난폭하고 강인한 것처럼 보이고, 피해자가 되는 학생에게 동정심을 전혀 기울이지 않는다.
• 불안하지도 불안정하지도 않고, 전형적으로 자기 자신에 대하여 비교적 적극적인 견해를 가진다.
• 비교적 어린 나이에 도둑질, 강탈, 음주 등 반사회적 활동에 참가한다.
• 동급생 사이에서 인기가 평균 수준이거나 그 이상 또는 이하이지만 중학교에 들어가면 일반적으로 종전보다 성적이 더 나빠지고, 학교에 대해서 부정적 태도가 심해진다. |

〈표 9-2〉 학교와 가정에서 볼 수 있는 가해자의 징표

학교	• 말투가 거칠고 불평불만을 많이 한다. • 자주 화를 낸다. • 수업 중에 물건을 던진다. • 교실이나 벽에 낙서를 한다. • 몇몇 친구와 패거리를 만든다. • 자신이 타인보다 불행하다고 생각한다.
가정	• 금방 화를 내거나 이유를 댄다. • 말투가 거칠고 반항한다. • 참을성이 없다. • 방이 지저분하다. • 아침에 일어나기 싫어하고 지각이 잦다. • 복장이 화려해진다. • 매식을 잘한다. • 친구에게 얻었다며 고급품을 지닌다. • 비밀이 많고 부모와는 대화가 없다. • 외출이 잦다. • 친구로부터의 전화에 신경을 쓴다.

* 출처: 서울특별시 교육청 장학자료집(1999).

2) 피해학생의 징표

Olweus(1992)는 폭력학생과 피해자 문제에 관련되어 있을 가능성이 있는 어린이와 대상자를 확인하는 지침을 제시하고, 다시 그 속에서 1차적 징표와 2차적 징표로 세분하여 정리하고 있다. 1차적 징표는 폭력학생과 피해자 문제에 좀 더 직접적으로 또 분명하게 관련된 것이다. 2차적 징표도 사태를 알려 주는 경우가 자주 있지만 그 관련성이 그다지 직접적이고 또 강한 것은 아니다. 따라서 2차적인 징표만 보여 주는 경우에는 확실한 결론을 내리기 전에 좀 더 주의 깊은 관찰과 조사를 필요로 한다.

〈표 9-3〉 학교에서 관찰 가능한 피해자일 가능성이 있는 징표

1차적 징표	• 반복적으로 악질적인 방법으로 희롱당하고, 마구 이름을 불리고(모욕적인 별명으로 불리기도 하고), 조소 , 무시, 조롱, 위협, 멸시, 협박을 당하고, 지시, 지배를 받고 굴복한다. • 조소적이고 비우호적인 방식으로 웃음거리가 되고 비웃음을 받는다. • 꼬집고, 툭툭 치고, 밀치고, 주먹으로 치고, 때리고, 발로 차는 것을 당한다(그러면서도 적절하게 자신을 방어하지 못한다). • '언쟁'과 '싸움'에 휘말리는데 자기 자신을 전혀 방어하지 못하고 거기서 빠져나오려고 한다(울면서 그럴 것이다). • 책, 돈 또는 다른 물건들을 빼앗기고, 손상되고, 흩어지게 만드는 짓을 당한다. • 멍이 들고, 상처가 나고, 베이고, 긁히고, 또는 옷이 찢어지는데 적절하게 설명할 수 없다.
2차적 징표	• 휴식 시간과 점심시간에 자주 동급생 그룹에서 제외되고 외톨이로 있다. 학급에서 친한 친구가 한 명도 없다. • 팀으로 게임을 할 때 맨 마지막으로 끼워진다. • 휴식 시간에 선생님이나 다른 어른 곁에 붙어 있으려고 한다. • 학급 내에서 발언하기가 어렵고, 불안하고, 불안정하다는 인상을 준다. • 심란하고, 불안해 하고, 우울해 보이고, 눈물을 글썽거린다. • 학교성적이 갑자기 또는 서서히 떨어진다.

〈표 9-4〉 가정에서 관찰 가능한 피해자일 가능성이 있는 징표

1차적 징표	• 옷이 찢어지거나 엉망이 되어, 그리고 책들이 망가진 채 학교에서 집으로 돌아온다. • 멍이 들고, 상처가 나고, 베이고, 긁히는 데 적절하게 설명할 수 없다.
2차적 징표	• 아침에 학교에 가기를 겁내거나, 식욕이 없고, 머리나 배가(특히 아침에) 반복적으로 아프다. • 학교에 가거나 학교에서 돌아올 때 '엉뚱한' 노선을 택한다. • 악몽을 꾸면서 잠을 설치고 꿈을 꾸면서 운다. • 학업에 대한 흥미를 잃고 성적이 떨어진다. • 불행하고, 슬프고, 우울하게 보이거나 짜증을 부리고 갑자기 화를 내는 등 기분이 느닷없이 변한다. • 가족에게 공연히 돈을 요구하거나 훔친다. • 동급생이나 다른 학생들을 학교에서 집으로 데려오는 일이 없고, 동급생들의 집에 가서 노는 일이 거의 없다. • 자유 시간을 같이 보낼 친구가 한 명도 없다.

〈표 9-5〉 학교와 가정에서 볼 수 있는 피해자의 징표

학교	• 수업시간에 교사와 눈을 잘 마주치지 않고 피하며 항상 고개를 숙이고 있다. • 수업시간에 학생들이 특정인의 흉내를 내고 웃을 때 침울해 하는 학생이 있다. • 주위를 잘 두리번거리고 눈치를 본다. • 체육 시간이나 야외활동 시간에 혼자인 경우가 많다. • 값비싼 소지품을 가지고 다니면서 자랑한다. • 수학여행이나 소풍 때 차 안에서 혼자 앉아 있다. • 수련회 및 체육대회를 참석하기 싫어한다. • 청소 시간에 혼자서 청소만 묵묵히 한다. • 쉬는 시간이나 점심시간에 자기 반에 있지 않고 다른 반에 가거나 운동장에 혼자 있는 경우가 많다. • 수업시간에 한 학생이 발표를 할 때 일부 학생들이 웃거나 흉내를 내며 비웃는다.
가정	• 무조건 전학을 보내 달라고 하거나 갑자기 자퇴를 하고 검정고시를 보겠다고 한다. • 말수가 적어지고 혼자 있는 시간이 많아진다. • 아침에 학교에 가는 것을 매우 힘들어하며 지각을 자주 한다. • 학용품 및 소지품이 자주 없어지거나 파손되는 경우가 많다. • 도시락을 가져오지 않거나 남겨 오는 경우가 많다. • 외부 전화에 민감하며 친구의 전화나 호출을 받고 난 후 우울해 하거나 안절부절한다. • 노트나 연습장에 '죽고 싶다' '학교 가기 싫다' 등의 낙서가 보이는 경우가 있다. • 머리나 배가 자주 아프다고 이야기한다. • 예전보다 용돈을 자주 요구하거나 갑자기 도벽이 생겼다. • 화를 내지 않아도 될 상황에서 화를 내거나 엄마와 동생에게 공격적인 행동을 자주 보인다.

3) 가해학생과 피해학생의 징표

가해·피해학생은 공격적 피해자이면서 동시에 도발적 피해자다. 가해·피해학생은 Olweus(1978)의 도발적 피해자에 가까운 개념이다. 즉, 가해보다는 주로 피해만을 경험하지만 그러한 피해를 유발하는 특성을 가진 집단이라 볼 수 있다.

〈표 9-6〉 가해 · 피해자일 가능성이 있는 징표

- 공격이나 모욕을 받을 경우 공격적인 반응을 보인다.
- 충동적이고 감정적으로 유발된 공격행동을 나타낸다.
- 상대방의 행동이나 상황에 대하여 적대적인 귀인을 한다.
- 주의 집중이 힘들고 짜증스러워한다.
- 교사를 포함한 어른들에 대해 반감을 가지고 있다.
- 자신보다 약한 학생들을 괴롭힌다.
- 감정통제수준과 대인관계에서의 선호도, 친사회적 행동수준이 낮다.
- 분노, 불안, 우울, 외로움 등 정서수준이 높다.
- 우울과 분노와 같은 내면적 문제행동과 반사회적 품행장애와 같은 외면적 문제행동 등 두 영역의 문제행동 수준이 모두 높다.

제10장

가해학생 피해학생 상담

개 요

이 장에서는 학교폭력에 대한 상담이 필요한 이유와 목적을 개관하고, 학교폭력의 발생 전·후·종결 등 시간의 흐름에 따른 상담유형을 구분하여 살펴봄으로써 학교폭력상담에 대한 기초적인 이해를 도모하고자 한다. 또한 학교폭력상담을 할 경우 반드시 다루어야 할 기본적인 상담요소들에 대한 상담메뉴얼과 학교폭력 유형에 따른 상담기법을 제시함으로써 예비교사로서의 학교폭력상담에 대한 소양을 함양하는 데 도움을 주고자 한다. 특히 학교폭력 유형별로 가해학생과 피해학생에게 필요한 상담프로그램이 다르기 때문에 이를 구분하여 제시함으로써 보다 효과적으로 개입할 수 있는 전략에 대해 알아보고자 한다.

1. 학교폭력 상담의 이해

학교폭력의 예방과 해결을 위한 다양한 활동 가운데 학교상담이 가장 구체적인 도움을 제공하는 역할을 할 수 있으며, 단순히 문제의 예방이나 해결에만 만족하는 활동이 아니라 새로운 출발을 돕는 긍정적인 도움활동으로 기능할 수 있다. 보다 구체적으로 학교폭력에 대한 상담이 필요한 이유와 목적에 따른 학교폭력 상담을 구분해 보고자 한다.

1) 학교폭력 상담의 필요성

학교폭력은 피해학생의 자아존중감을 낮추고, 내면의 분노와 우울증으로 인한 자살을 야기할 수 있다. 또한 학생들은 학교폭력으로 인해 학교생활에 부적응을 보이며, 정신적인 스트레스로 인한 심한 우울증 및 자신감 상실, 신체장애, 자

[그림 10-1] 심리적 상처와 폭력 및 자살의 관계

살까지 이르게 될 뿐만 아니라 미래의 가정폭력과 각종 범죄를 양산할 가능성이 있다. 대개 폭력 피해학생은 우울, 불안, 분노 등 내재화된 문제가 심각하며, 가해학생 못지않은 높은 공격 욕구를 가지고 있다. [그림 10-1]에서 볼 수 있는 바와 같이, 마음의 상처가 크면 이것이 분노(anger)로 표출되어 공격성으로 행동화되어 나타난다. 공격성이 외부를 향하게 되면 신체적 폭력이나 금품갈취 등 범죄가 되고, 자기 내부로 향하게 되면 자살이 되고 만다.

그런데 가해학생 역시 겉으로는 강하고 공격적이지만 실제로는 좌절이 크고, 자존감이 낮은 경우가 많다. 그러므로 학교폭력 학생들의 심리·사회적 특성인 분노조절능력 부족, 자기표현의 미숙, 자존감 결여 등 공통적인 면이 있어 가해 및 피해학생들을 위한 공통된 프로그램의 개발도 필요하다고 본다. 이런 점에서 학교폭력 문제는 학생들의 내면을 살피고 치유하지 않고는 해결되기 어렵고, 학교폭력에 대한 상담이 필요한 이유의 일면이다.

2) 학교폭력 상담의 구분

〈표 10-1〉 학교폭력 상담의 구분

구분	상담활동
학교폭력 예방상담	문제 발견, 평가, 예방상담, 문제 환경 개선, 교육, 캠페인, 자문활동
학교폭력 위기상담	개인 및 가족상담, 의료적 개입, 신변보호, 법률자문, 중재
학교폭력 추수상담	후유증 감소 및 문제 재발 방지를 위한 개인 및 가족 상담

(1) 예방상담

예방상담은 학교폭력 문제로 인한 위기 상황 이전, 혹은 폭력 사건이 표면화되기 전의 상태에서 상담자가 폭력 문제 예방이나 감지된 문제 소인이 표면화되거나 확대되는 것을 막기 위해 기울이는 노력을 말한다. 그러나 예방은 문제가 발생하기 이전에만 필요한 것이 아니다. 문제가 발생한 후 상담이 이루어지는 과정에서 더 심각한 문제가 발생하거나 또 다른 문제가 발행할 수도 있다. 이러한 이유로 학교폭력 상담은 중재와 예방을 동시에 하는 프로그램이 더 효과적이라는 연구결과도 있다(오인수, 2010; 송재홍 외, 2013 재인용).

학교폭력에 대한 예방활동에는 우선 학교폭력과 관련된 예방교육 및 캠페인 활동이 포함된다. 학교폭력의 심각성과 폐해를 알리고 이에 대해 각성하도록 촉구하는 활동, 잘못된 인식을 변화시키고 예방활동의 참여 수준을 높이기 위한 교육활동, 문제 발견과 개입에 필요한 지식전달활동, 문제 환경을 발견하고 개선하는 활동 등이 중심을 이루게 된다.

한편, 이러한 예방활동에 덧붙여 폭력 문제와 연루되어 있으나 아직 크게 표면화되지 않은 침묵하는 피해자나 잠재되어 있는 문제를 발견하여 더 큰 문제로 확대되는 것을 방지하기 위해 개입하는 것 또한 예방상담에서 큰 비중을 차지한다. 이러한 청소년들은 많은 경우 학교폭력의 피해를 경험하고 심리적인 곤란을 겪고 있지만 쉽게 상담자에게 접근하지 못하는 특징이 있다. 대부분 폭력 피해 사실을 숨기고 상담자와는 이메일 상담이나 전화 상담으로 탐색적인 접촉을 하는 게 전부다. 상담자는 이러한 청소년들의 존재에 민감해야 하며 이들을 조속히 발견해서 적절한 도움을 주어야 한다.

이 단계에서는 문제를 발견하는 것뿐 아니라 문제 전반에 대해 평가하는 일이 중요한 과제가 된다. 따라서 상담자는 학교폭력 문제의 다양한 증후를 읽을 줄 알아야 하고, 문제를 적절하게 평가하기 위하여 문제의 발생 시기, 관련된 가해자와 피해자의 범위, 문제 발생 및 문제 발전 배경, 문제의 심각성 등에 대해 파악해야 한다. 이러한 정보들은 피해자나 가해자 등을 지도하는 데 활용하지만 한편으로는 문제 예방을 위한 폭력 예방교육을 기획하고 실천하는 데 활용하거나 학교 내 폭력과 관련된 변인이나 환경을 발견하여 개선할 기회가 되기도 한다. 이러한 정보들이 순환적으로 여러 가지 예방활동의 기초자료가 된다(문용린 외, 2006).

(2) 위기상담

위기상담(crisis counseling)은 대개 전문교육과 훈련을 받은 상담가가 상담이론을 바탕으로 상담실에서 사전 약속을 한 뒤 장기적(몇 주, 몇 달, 또는 몇 년)으로 정서적·신체적 위험성이 비교적 낮은 상황에서 수행하게 된다. 학교폭력이 표면화되어 이루어지는 위기상담은 피해-가해 관계가 성립된 상태에서 폭력 행동을 중단시키고, 이들 간에 문제가 되고 있는 갈등상황을 조속히 해결하기 위한 노력의 일환으로 이루어진다. 그런데 학교폭력 문제는 일반적으로 이루어지는 상담 문제들과 달리 심각성과 파급 효과가 매우 파괴적이고 부정적이므로 상담교사는 이에 대하여 적절하게 대처를 해야 한다.

학교폭력 위기상담에서 다루어야 할 상담과제와 상담자의 역할에 대하여 문용린 등(2006)은 다음과 같이 제시하고 있다.

- 피해 청소년의 경우 폭력에서 벗어나기, 폭력 행동 청소년의 경우 폭력 행동 중단하기
- 폭력의 원인을 이해하고 이에 대처하도록 돕기
- 피해자의 자존감 및 회복력 높이기, 학교에 적응하기, 신체적·정신적 문제가 발생한 경우 의료기관에 의뢰하기
- 피해-가해 사실과 관련된 법적 문제에 대처하기

위기상담은 피해자의 고통을 수반하는 피해 사실이 있을 경우 곧바로 개입해야 하고, 피해 청소년, 폭력 행동 청소년, 그들의 가족, 피해 장면에 포함된 또래,

교사 등 많은 사람이 포함되기 때문에 매우 복잡한 양상을 띤다. 우선은 피해자의 호소에 귀 기울여야 하며, 피해 사실을 확인해야 한다. 문제의 심각성을 파악하기 위해 예방상담에서와 같이 다양한 평가기술을 활용하여 문제가 심각할수록 시급한 활동을 전개해야 한다. 이러한 활동을 위해 상담자는 폭력 문제의 특징에 대해 폭넓은 지식을 갖추고 있어야 하며, 폭력 문제 해결의 다양한 측면에 부합되는 서비스를 위한 위기관리 지원체계를 갖추고 있어야 한다. 즉, 당장 신변에 위협을 느껴 학교 가기를 꺼려하는 학생을 위해서는 신변보호를 위한 지원을 해야 하고, 의료적인 문제가 발생한 피해자들을 위해서는 의료지원팀을 가동할 수 있어야 한다. 또한 많은 상담 사례의 경우 피해자, 가해자 간에 법률문제가 발생하게 되므로 법률자문을 구할 수 있는 법률자문체계를 갖추고 있어야 한다.

만일 이러한 지원체계를 갖추는 것이 힘든 환경이라면 상담자는 이러한 지원체계를 모두 갖추고 있는 전문상담기관과 연계를 갖고 필요시 도움을 청할 수 있는 준비를 해 두어야 한다. 뿐만 아니라 사회단체, 학교 등의 기관차원에서 이러한 지원체계를 구축하고 가동할 수 있도록 해야 한다.

학교폭력 상담자는 피해자-가해자-기타 관련자들이 처한 입장에 따라 각기 다른 바람을 갖고 있기 때문에 이들을 중재할 수 있는 상담기술이 무엇보다 중요하다. 예를 들어, 문제 발생 초기에 가해자의 진심어린 사과 한마디이면 해결될 수 있던 문제가 감정적으로 점점 더 격화되면서 법적인 문제로 비화되는 경우가 있으므로 이러한 문제 확대를 예방하기 위한 중재기술이 필요하다.

(3) 추수상담

추수상담은 폭력 문제의 위기 상황과 실제적인 폭력 위험이 사라지고 폭력피해 청소년과 폭력 행동 청소년 간의 조정이 이루어진 후, 후유증을 줄이고 문제의 재발을 방지하기 위해 실시하는 상담이다. 추수상담을 통하여 문제의 해결에만 상담의 목적을 국한시키지 않고 보다 적극적으로 이 문제를 활용하여 피해-

가해학생 간에 더욱 친밀한 관계로 발전·형성시키는 데 목적을 두고 수행할 수도 있다. 또한 폭력 피해자가 폭력 피해 과정에서 겪은 부정적인 감정 중 미해결 감정을 해소하고 자기 보호력을 키우며, 폭력 행동 청소년이 폭력 행동에서 적절한 사회적 행동으로 변화할 수 있도록 돕는 것이 추수상담의 과제다.

폭력 문제는 사건이 외부로 노출된 이후에 개입을 하는 경우가 많아서 예방적 차원에서 이루어져야 할 일들이나 문제노출단계 이후에 드러난 문제를 중심으로 진행되는 경우도 많기 때문에 추수상담은 단순히 문제해결 이후의 점검을 위한 것이거나 생략해도 좋은 차원이 아닌 상담과정 중 매우 중요한 역할을 하게 된다.

학교폭력의 피해자나 그의 가족 중에서는 폭력 피해-가해 문제가 어느 정도 해결된 이후에도 타인에 대한 불신이나 피해의식으로 괴로움을 겪는 일이 많으며, 이러한 경우 부정적인 감정 해소에 도움이 되는 장기적 심리치료가 필요하다. 추수상담의 목적은 이러한 부정적인 감정에서 벗어나 더욱 건강한 인간관계를 이뤄 나갈 수 있도록 하는 것이므로 무엇보다 이후 건강한 또래관계 형성에 도움이 되는 여러 가지 개입을 하게 된다. 폭력 행동 청소년이 보이는 폭력 행동의 시작과 원인에 대한 정확한 평가로 이를 좀 더 친사회적 행동으로 대치하거나 피해자가 더욱 적극적이고 자기주장적인 대인관계 기술을 익히게 하는 것 등이다.

피해 청소년뿐만 아니라 폭력 행동 청소년의 행동 변화를 위해 개입하는 것은 매우 중요하며, 이처럼 추수상담이 더 심각한 후유증과 문제 재발을 예방하는 상담활동이 되기 때문에 상담자는 이들 폭력 피해·가해 행동의 심리적 기제에 대해 잘 알고 있어야 한다(문용린 외, 2006).

2. 학교폭력 상담 매뉴얼

학교폭력에 관해 상담하는 과정에서 학교폭력의 유형과 상관없이 공통적으로 다루어야 할 상담과정이 있다. 예를 들면, 인적사항 등 필수 기재 사항에 대한 기록이나 일반 개인상담에서와 마찬가지로 반드시 다루어야 할 기본적인 상담요소들이 있다. 여기서는 학교폭력 공통 상담 매뉴얼로 정리 · 제시한 임재연(문용린 외, 2006)의 제안을 소개하고자 한다.

1) 필수 기재 사항

피해 · 가해자에 대한 인적 사항, 학교폭력 발생의 원인, 유사 사건의 유무, 내담자의 원함 등 되도록 자세한 내용을 파악해서 기록해 두어야 한다. 상세한 상담일지 작성이 상담자의 의무이기도 하지만 필요시에는 법적인 증거자료로 활용되기도 한다. 학교폭력 상담은 전화로 일차적으로 신고 또는 상담해 오는 경우가 대부분이기 때문에 전화 상담의 역할은 매우 중요하다. 그러나 이 경우 전화 매체를 통한 상담의 한계가 있기 때문에 초기상담의 역할이 중요한 반면 적극적이고 구체적인 지원을 하기는 어렵다. 초기 전화 상담 중에는 긴급한 내용에 대해서 적당한 시간(30~60분) 내에 상담을 하고 이를 기록하며, 연속상담 또는 면접상담으로 연결이 될 수 있도록 하는 것이 좋다.

2) 상담의 전체 진행 과정 요소

(1) 1단계: 상담의 시작

① 라포 형성하기: 정서적 지지를 통해 내담자에게 신뢰감과 안정감을 주도록 한다.
② 위기 상황에 있는 학생의 경우 안정을 우선 확보하기: 신체적 고통 치료 및 정신적 충격에 대한 안정 조치 여부를 확인하고, 차후 적절한 기관을 소개 또는 연계한다.

(2) 2단계: 문제에 관한 정보 수집

① 피해학생에 대해 파악하기: 학년, 성별, 교우관계, 특이사항 등
② 피해 상황 파악하기: 피해 유형(신체폭행, 금품갈취 등), 피해 정도(외상 및 충격 등), 사건이 일어난 원인, 정황 등
③ 가해학생에 대해 파악하기: 학교, 학년, 성별 등 인적사항, 가해학생 수, 가해의 동기, 다른 피해자 및 유사 사건의 유무, 가정적 특이사항 등
④ 학교폭력 발생의 정확한 사실 파악하기: 발생의 더욱 구체적인 원인, 일회적인 사건 또는 지속적인 사건, 지속적인 사건이라면 그동안의 구체적인 피해 내용, 피해 기간, 피해 진행상황 등

(3) 3단계: 해결방안을 위한 실마리 찾기(내담자의 원함과 대처에 초점)

① 학교폭력 발생에 관한 증거자료를 확보하기(사진, 일기장, 진술서, 목격자 등): 필요시 증거자료 만들기(육하원칙에 입각한 일기형식의 자료 만들기)
② 내담자의 상담 및 해결에 대한 원함 파악하기(사과, 처벌, 치료비 합의, 공감, 재발방지 등)
③ 피해학생의 현 상태에 대한 이해(대처능력, 적응능력 파악): 피해학생 측(학부모 포함)의 현재까지의 대처상황 확인
④ 가해학생 측의 대응방법에 대한 파악
⑤ 학교의 인지 여부 및 해결을 위한 시도와 과정 확인

(4) 4단계: 해결을 위한 상담자의 방안 공유 및 제시

내담자 상황에 맞는 상담자의 적절한 해결방안을 공유하면서 결정적인 부분을 제시한다.

① 피해자 본인에게는 당당한 마음과 자기주장 훈련으로 대처하도록 한다.

② 가해자 측과 학교에 문제 제기: 피해자가 노출을 강하게 꺼리는 경우를 제외하고는 일단 학교에 알려 공식적으로 해결할 수 있도록 한다(구체적인 사실과 증거자료를 가지고 객관적·공식적인 제기 형태가 중요).

③ 경찰에 신고 및 법적 소송

(5) 5단계: 상담종결(정리 및 사후관리를 위한 연속상담의 가능성 열어 놓기)

① 피해자의 실제 대처 및 문제해결 실현에 관해 검증하기

② 연락처 등 신상 파악을 위한 질문하기

③ 지속상담, 면접상담, 집단프로그램 등으로 연결하기

④ 지원할 수 있는 전문기관 연계 및 지원 요청하기(예: 재발 가능성 등 신변의 위험에 대한 경호지원 요청하기)

상담자는 상담 진행 과정 중 문제의 정확한 정보 확인과 함께 연속상담을 위해 반드시 상담내용을 꼼꼼히 기록해야 한다.

3. 학교폭력 유형별 상담기법

1) 집단 따돌림과 괴롭힘

집단 따돌림과 괴롭힘 문제를 해결하기 위한 상담프로그램은 자신을 전체적인 시각에서 조망하게 하고, 자신의 잠재적인 능력을 발견·수용할 수 있도록 하여 자기가치감을 갖는 데 도움을 줄 수 있어야 한다. 아울러 자신과 타인에 대한 행동양식의 검토를 통해 사회관계에서 객관적인 자기인식을 하도록 도와줄 수 있

어야 하며, 또래관계에서 요구되는 적절한 사회적 기술을 습득하게 하여 대인관계에서 효과적으로 대응할 수 있도록 도와줄 수 있어야 한다. 대표적인 상담개입 전략을 소개하면 다음과 같다.

(1) 피해학생에 대한 전략

① **자기주장 훈련하기**: 자기주장 훈련은 소극적이거나 내성적이어서 사회적인 관계 속에서 자기를 제대로 드러내지 못하는 사람들을 위한 훈련이다. 자기주장 훈련 프로그램은 대개 다음과 같은 세 가지 수준의 훈련으로 구성된다(송재홍 외, 2013).

- 첫 번째 단계는 자신의 권리가 침해당하는 것을 보고 과감하게 '싫다'고 말할 수 있는 능력을 키우는 훈련이다. 집단 따돌림의 피해학생들은 대부분 따돌림을 당하면서도 "그만!" "멈춰!" "싫어"라는 말을 잘 하지 못해서 일을 키우는 경우가 많다.
- 두 번째 단계는 다른 사람의 눈치를 보지 않고 자신의 생각과 감정을 있는 그대로 표현하는 훈련이다. 흔히 피해학생들은 자신의 생각이나 감정을 말하지 않으면서 다른 사람이 자기를 이해해 주기를 바라는데, 이는 매우 어리석은 일이다. 따라서 당당하게 다른 사람들이 알아듣도록 자기 생각과 감정을 표현하는 훈련을 할 필요가 있다.
- 세 번째 단계는 자기 생각이나 감정 또는 권리를 주장하되 남을 배려하면서 표현함으로써 오해를 불러일으키지 않는 훈련이다. 이 단계에 이르면 다른 사람들과 갈등을 겪지 않으면서도 자기 권리를 찾는 일이 가능해진다.

② **사회기술 훈련**: 사회기술 훈련은 따돌림의 피해를 받아 왔던 학생들에게 확실한 상담개입일 수 있으며, 구체적인 행동과 태도에 중점을 둔 훈련은 보다 더

유용할 수 있다. 따돌림의 피해자는 그들이 따돌림이라는 어려운 상황에 처했을 때 어떻게 행동할지를 가르칠 필요가 있다. 예를 들면, 주위에 있는 동정적인 친구를 빨리 구하는 능력과 가해학생들에게 감정적이지 않은 방식으로 반응하는 태도를 가르칠 필요가 있다. 이러한 행동과 태도를 길러 주기 위해 이 훈련에 포함시켜야 할 필수적인 사회적 기술의 하위요소는 대처기술과 사회적 문제해결의 두 가지로 설명할 수 있다(Gresham & Elliott, 1990).

- 대처기술의 하위요소로는 의사소통하기, 자기표현하기, 자기 지각하기, 타인에 대해 판단하기, 사회적 지지를 조작하기, 칭찬 주고받기, 대화 시작하기, 주장하기, 감정 표현하기, 공감하기, 권위자를 대하기, 책임 있는 의사결정하기, 협상하기, 도움 청하기, 또래 · 친구관계 기술, 대처 · 생존 기술이 있다.
- 사회적 문제해결의 하위요소로는 인사하기, 듣기, 질문하기와 질문에 대답하기, 대화에 끼어들기, 상호작용 시작하기와 유지하기, 규칙 따르기, 도움 주고받기, 또래 압력과 괴롭힘에 저항하기, 부정적 피드백, 화 표현하기, 주장하기, 타협하기, 자기통제하기, 공감하기가 있다.
- 사회적 기술훈련의 내용은 기본적으로 의사소통방법, 친구 사귀기, 타인의 피드백 수용하기, 갈등 해결하기, 적절한 주장적 행동, 문제해결하기 등으로 요약할 수 있다.

(2) 가해학생에 대한 전략

① 가해자의 지배 욕구 충족 돕기: 따돌림 행동은 힘을 추구하는 사람이며, 지배 욕구가 강한 성격적 특성일 경우에 관찰될 수 있다. 그들은 지배적 공격성을 나타내며 남들보다 우위를 점함으로써 사회적으로 강력해지고자 하는 목적을 갖고 있다. 따라서 남을 지배하고자 하는 것에서 동기의 원천을 찾는 가해자들에게 개

인적 목표를 재구성시킬 필요가 있다. 즉, 사회적으로 지배적이 되기 위해 행동하는 대신에 사회적 명성을 얻기 위해 행동하도록 가르칠 필요가 있다(황혜자, 김종운 공역, 2008). 이때 사회적 명성은 학생들에게 집단 프로젝트를 이끌고, 저학년 학생들을 가르치고, 문제해결 과정에서 어른들을 돕고, 그리고 학생회에 임원이 될 기회 등 긍정적인 리더가 됨으로써 획득될 수 있다. 그들은 지배 욕구가 강한 특성이 있으므로 자신이 속한 집단에 긍정적인 공헌을 하는 경우에는 칭찬해 주고, 사려 깊은 사람이 되도록 가르치는 등 그들의 지배욕구를 충족시킬 수 있는 대안적인 방법을 가르칠 필요가 있다. 또한 가해학생은 자기주장이 강하고 자신의 권리가 다른 사람의 권리나 욕구보다 더 높은 것처럼 행동하는데, 주장 훈련을 통해 자기 자신과 다른 사람을 똑같이 존중하는 것을 가르칠 필요가 있다. 이러한 자기주장에 대한 사고의 전환을 통해 가해학생은 다른 사람의 권리를 침해하지 않고도 자신감을 느낄 수 있음을 배우게 될 것이다.

② **공감 훈련하기**: 일반적으로 괴롭힘의 가해자는 피해자에 대해 동정적이지 않으며, 피해자의 고통에 공감하는 마음이 부족하다. 공감에 대한 정서적 측면과 인지적 측면 중 공격적인 학생들에게는 정서적 측면의 공감이 부족하다. 이들은 적절한 사회적 인지와 사회적 지능을 가지고 있기 때문에 인지적 공감에 관해서는 자질을 가지고 있지만 정서적 요소는 부족하다(황혜자, 김종운 공역, 2008). 공감과 공격성은 양립하지 않으므로 가해자들의 행동을 변화시키기 위해 고려할 수 있는 한 가지 전략은 공감 훈련이다. 공감 훈련은 감정을 파악하고 표현하는 훈련이다. 평소 자신의 감정에 대해 잘 느끼고 표현할 기회가 없는 학생들에게 감정 표현 연습을 주기적으로 실행하게 한다. 감정을 나타내는 다양한 어휘를 찾아 표현하는 연습을 하게 한다(송재홍 외, 2013). 공감 훈련은 분명한 책임감을 갖도록 조금씩 스며들 듯 학생을 훈련시켜야 하는데, 역할연기, 이야기, 문학을 통해 사람들이 다른 관점을 가졌다는 것에 대한 각성을 증가시켜 자기 자신과 다른 사람의 감정을 알아차리도록 가르치는 것을 포함시킬 수 있다(Stetson, Hurley, &

Miller, 2003).

2) 신체폭력

신체폭력은 가해자가 한 명, 혹은 가해자가 여러 명, 혹은 서클에 소속된 가해자가 한 학생 또는 소수의 학생에게 폭력을 행사하는 경우와 집단 대 집단이 싸움을 벌이는 우발적 패싸움을 통해 발생한다. 폭력에 노출된 피해학생들은 기본적으로 두려움과 분노 감정에 사로잡혀 있다. 다만, 이런 감정을 노출할 때 더 큰 피해가 닥칠 수 있다는 우려 때문에 속에 가두고 혼자 앓는 경우가 많다. 따라서 이들을 상담할 때 숨어 있는 감정을 접촉하고 이를 드러내 표현하도록 도울 필요가 있다. 그리고 가해학생들은 자신의 폭력적인 행동으로 인해 다른 사람이 힘들어하거나 마음의 상처를 받을 수 있다는 사실을 경험해 볼 필요가 있다.

피해학생과 가해학생에 대한 상담개입 전략에 대하여 은혁기(송재홍 외, 2013)는 다음과 같은 방법을 소개하고 있다.

(1) 피해학생에 대한 전략
감정 과장하기

감정 과장하기는 언어와 비언어적 행동을 통해 이루어지는데, 언어적 과장하기를 소개하면 다음과 같다.

- 먼저 두려움이나 분노를 느끼게 하는 가해학생들을 떠올리게 한다.
- 머리에 떠올린 가해학생을 향해 그동안 숨겼던 감정을 조그만 소리로 표현하게 한다. "나는 네가 싫어. 정말 네가 없어졌으면 좋겠어."
- 이제 더 큰 목소리로 과장해서 가해학생을 향해 감정을 터뜨리게 한다. "나는 네가 정말 싫어. 미워, 미워, 정말 미워. 그래, 꺼져, 꺼져 버리라고. 죽이고 싶어, 정말 너를 죽이고 싶다고!"

- 가해학생에 대한 감정이 격하게 올라오면 막힘없이 있는 감정을 충분히 쏟아 내도록 한다.
- 피해학생의 감정이 가라앉을 때까지 차분히 기다려 주고, 학생 스스로 자기 감정을 추스르게 기다려 준다.
- 피해학생 스스로 가해학생에 대한 자신의 감정을 표현하고, 스스로 조절할 수 있을 때까지 이 과정을 반복한다.

(2) 가해학생에 대한 전략

① **역할극하기**: 역할극을 통해 자신의 폭력적 행동이 다른 누군가에게 상처를 주고 오랫동안 후유증을 낳을 수도 있음을 간접적으로 경험할 수 있다.

- 교사는 가해학생이 되고, 가해학생 자신은 피해학생이 되는 상황을 설정한다.
- 가해학생은 집단폭력을 당하면서 어떤 생각과 느낌이 드는지 경험해 본다.
- 가해학생은 집단폭력을 당할 때 피해학생이 보인 것과 동일한 반응을 따라 해 본다.
- 가해학생이 피해학생이 겪는 고통과 아픔을 깊이 공감할 때까지 역할극을 계속한다.

만약 가해학생이 역할극 참여를 거부하면 다른 사람들이 같은 장면을 연기하게 하여 그것을 지켜보게 하는 것도 도움이 될 수 있다. 역할극을 쭉 지켜보다가 실제로 참여해 보도록 이끌어 줄 수도 있다. 스스로 원하지 않을 경우 역할극 참여를 지나치게 강요하지 않는다.

② **분노 조절하기**: 폭력에 가담하는 학생들의 상당수는 분노가 일어날 때 이를 조절하지 못하고 쉽게 터뜨리는 경우가 많다. 다음과 같은 분노 조절 프로

그램은 분노 조절과 표현에 도움을 줄 수 있다. 이 프로그램은 집단으로 운영하는 것이 좋다.

- 분노를 표현하는 행동이 가져오는 결과에 대해 토의한다. 학급 친구들이나 교사에게 분노를 심하게 표출하면 앞으로도 오래 생활해야 할 이들과의 관계가 어떻게 될지 이야기해 본다.
- 분노 표현에 관한 실제 사례를 찾아보고 토의한다. 친구, 유명인, 연예인 중에서 화를 잘못 다스려 상황을 나쁘게 만든 사례와 반대로 화를 잘 다스려 존경받는 사례를 찾아보고 그 차이를 이야기해 본다.
- 흥분이 시작되는 경고 신호를 인식하고 느낌을 알아차린다. 화가 나려고 할 때 어떤 신체 증상이 나타나는지 자신의 몸을 세밀하게 관찰한다. 화가 날 때 가슴이 두근거리고, 머리가 흔들리고, 얼굴이 붉어지고, 심장이 뛰는 등의 증상이 나타나면 다음의 행동을 취한다.
  - 자리를 뜬다.
  - 숫자를 센다.
  - 마음속으로 차분해질 수 있는 말을 반복한다.
  - 눈을 감고 긍정적 심상을 활용한다.
  - 심호흡에 집중하여 흥분했던 마음을 가라앉힌다.
  - 가능하면 근육이완을 실시한다.
  - 친구들이나 교사가 하는 말의 의미에 대해 생각한다.

3) 금품갈취

금품갈취는 자기보다 나은 사람을 신체적인 힘이나 권력으로 짓누름으로써 가진 것을 빼앗고 여기에서 일종의 쾌감과 만족감을 누리려는 부적응적 행위이며, 또한 상대방을 결핍시키고 자신을 보충시켜 심리적으로 대등한 관계를 만들어

보려고 하는 욕구에서 비롯된 행동이기도 하다. 이에 대한 학교폭력 상담(박성희 외, 2012b)으로는 다음과 같은 전략을 들 수 있다.

(1) 피해학생에 대한 전략

'나-전달법'을 이용한 의사전달 훈련

나-전달법(I-message)은 상대방에게 나의 입장과 감정을 전달함으로써 상호 이해를 도우려는 대화법이다. 상대방의 행동에 대하여 '나'를 주어로 해서 자신의 생각이나 감정을 표현하는 방식이다. '너'를 주어로 하여 상대방의 행동에 대해 표현하는 대화 방식인 '너-전달법(You-message)'과 대조되는 것으로 다음과 같은 절차를 따른다.

- 문제가 되는 상대방의 행동과 상황을 구체적으로 말하되, 상대방의 행동에 대해서 어떤 판단이나 비판, 평가의 의미를 담지 않고 객관적인 사실만을 말한다.
- 상대방의 행동이 자신에게 미치는 영향을 구체적으로 말한다.
- 더불어 상대방의 행동 때문에 생겨난 감정을 솔직하게 말한다.

금품갈취를 경험한 경우, 이 대화법을 적용해 보면 다음과 같다.

- "지금 내가 너에게 돈을 주면 내가 쓸 돈이 없어져서 우리 부모님을 상대로 도둑질을 해야 하는데, 미안하지만 그렇게는 못하겠어. 부모님을 속이면서까지 누군가에게 돈을 가져다 주고 싶지는 않아."
- "네 사정이 딱하지만 나도 돈을 써야 하니까 너에게 줄 수가 없어."
- "지금 돈을 주면 나는 앞으로 너에게 돈을 빼앗길 것 같고, 같은 일이 반복되면 언젠가는 너를 선생님께 이를 것 같아서 불안하고 무서워. 이런 요구는 하지 말아 줘."

- "이런 일로 내가 학교에 오기 싫어질까 봐 겁이 나. 나는 학교생활을 즐겁게 하고 싶어."

(2) 가해학생에 대한 전략

하향 화살표(↓) 기법 사용하기

하향 화살표 기법은 특정 사건의 자동적 사고에 대해 '과연 이 자동적 사고가 나에게 무엇을 의미하는가?'라는 물음을 계속 던짐으로써 좀 더 심층적인 부적응적 신념을 탐색해 나가는 기법이다.

하향 화살표 기법 예

교사 친구들 옷을 빼앗으면서 어떤 생각이 들었는지 말해 볼래?

학생 그냥 갖고 싶기도 하고, 내가 세다는 걸 보여 주고 싶었어요.

교사 왜 힘이 세다는 것을 보여 주고 싶지?

학생 힘이 세면 아무도 무시하지 않으니까요.

교사 무시당하지 않는다는 건 어떤 의미니?

학생 그냥 내가 하고 싶은 대로 할 수 있어요.

교사 하고 싶은 대로 하고 사는 건 어떤 의미니?

학생 하고 싶은 대로 하고 살면 좋은 거잖아요.

학생을 설득하거나 충고하려 하지 말고 이처럼 대화를 하면서 학생이 가지고 있는 부적응적인 신념에 대해 스스로 접근하여 잘못됨을 깨닫도록 하는 것이 좋다. 인지치료적 접근에서 교사의 역할은 학생 자신이 가진 잘못된 생각을 스스로 찾아내어 확인하고 수정할 수 있도록 지속적으로 격려해 주는 것임을 명심해야 한다.

4) 언어폭력

언어폭력이란, 말하는 사람의 의도적 · 비의도적 언어행위를 통해 듣는 사람이 압도되거나 강요되는 상황에 처함으로써 심리적 고통이 야기되는 것을 말한다. 또한 일상 학교생활에서 겪게 되는 언어폭력 뿐 아니라 사이버 상에서 경험하게 되는 언어폭력도 해당된다.

(1) 피해학생에 대한 전략

① 공감해 주기: 언어폭력에 노출된 학생들은 생각보다 심리적 상처가 큰 경우가 많다. 특히 대처방법이 유연하지 못한 학생들의 경우, 스스로에 대한 자책감이 크고 언어폭력을 통해 들은 부정적인 말들을 내재화하여 자존감이 낮아져 심리적으로 더 취약해진 상황일 수 있다. 따라서 피해학생이 충분히 힘들었을 것이라는 점을 이해해 주고 위로해 주는 것이 필요하다. 동시에 피해학생이 하는 이야기를 객관화(폭력의 빈도, 강도 등)하여 문제를 파악하는 것이 필요하다. 문제 상황에 대한 원인이 피해학생에게 있는 것은 아닌지에 대해서도 냉정하게 살펴볼 필요가 있다(오혜영 외, 2009).

② 학급 내 자리 배치하기: 담임교사는 각 학생이 차지하는 학급 내의 사회적 위치를 점검해 두고 괴롭힘 예방을 염두에 두며 자리를 배치한다. 학급에는 리더, 인기학생, 비인기학생, 배척학생 등이 있다. 바람직한 학급 분위기를 조성하기 위해 짝꿍을 자주 바꾸어 주되, 자기가 좋아하는 친구와 앉게 하는 대신 사과하고 싶은 것이 있는 친구 또는 도움을 주고받을 수 있는 친구와 앉게 하는 등 사회적 위치를 고려하여 자리를 배치한다(박성희 외, 2012b).

(2) 가해학생에 대한 전략

① 빈 의자 기법을 활용한 역할극하기
- 빈 의자 A, B 두 개를 마주 놓는다.
- 가해학생은 A의자에 앉아서 빈 의자 B에 피해학생이 앉아 있다고 상상하면서, 피해학생을 향해 자신이 행한 언어폭력의 내용을 그대로 재현한다.
- 이제 가해학생은 빈 의자 B로 자리를 옮겨 앉아 언어폭력을 당한 피해학생의 입장에서 생각과 느낌을 표현한다.
- 가해학생은 다시 A의자로 자리를 옮겨 앉아 피해학생의 말에 대답한다.
- 가해학생은 다시 B의자로 자리를 옮겨 앉아 피해학생의 입장에서 자신에게 말한다.

이러한 작업을 번갈아 실시하며 직접 대화를 주고받음으로써 언어폭력을 하는 자신의 감정과 행동에 대한 이해를 높이고 동시에 피해학생의 심정을 헤아리는 기회를 가질 수 있다(송재홍 외, 2013).

② 롤링페이퍼 작성하기
- 가해학생과 피해학생들이 함께 서로 칭찬하는 문구나 장점을 써 주는 활동인 롤링페이퍼 만들기를 한다.
- 롤링페이퍼 작성을 할 때 친구들에 대한 욕설이나 비방은 절대 하면 안 된다는 규칙을 정한다.
- 학생들에게 종이를 한 장씩 나눠 주며, 그 종이에 자신의 이름이나 친구들이 다 알 수 있는 별칭을 쓰고 테두리를 자유롭게 꾸미게 한다.
- 한 방향으로 순서를 정하고, 메시지를 다 적은 종이는 다시 정해진 방향으로 다른 급우에게 전달하여 모든 급우가 참여할 수 있도록 한다.
- 각자의 자리에 종이가 오면 그 종이에 적힌 이름의 친구에 대한 긍정적인

피드백이나 장점을 적어 준다.

• 롤링페이퍼가 일정한 방향으로 한 바퀴를 다 돌아 자기 이름이 적힌 종이가
  자신에게 오면 롤링페이퍼 쓰기활동이 끝난다.
• 학생들이 자신의 롤링페이퍼를 읽고 난 후 긍정적인 피드백을 받은 느낌을
  경험하도록 하며, 친구들에 대한 감사의 마음을 느끼고 자존감을 향상시키
  도록 한다(송재홍 외, 2013).

5) 학교 성폭력

성폭력은 심리적, 물리적, 법적으로 성과 관련되어 이성에게 위해를 가한 폭력
적 사태를 통틀어 이르는 말이다. 성욕의 흥분, 자극 또는 만족을 목적으로 상대
방에게 폭행과 협박을 하면서 신체적인 접촉을 하거나 성행위를 강제하는 행위
로서 성희롱이나 성추행을 포함한 행동을 의미한다.

(1) 피해학생에 대한 전략

① 건강한 자아만들기
• 우선, 지금은 자신을 괴롭힐 상황이 아니라 누구에게서든 도움을 받아야 할
  상황이므로 자책하는 상황에 대해 공감해 주되, 정작 비난받아야 할 사람은
  가해자임을 인식하고 지나친 수치심으로 자신을 괴롭히지 않도록 한다.
• 누구나 힘든 일을 겪었음에도 불구하고 훌륭하게 성장할 수 있으며, 실제
  그러한 사례의 사람들을 통해 피해학생에게도 이러한 어려움을 충분히 이
  겨낼 수 있는 긍정적인 에너지가 있다는 점을 들어 격려해 주고 지지해 주
  도록 한다.
• 뿐만 아니라 가해자에 대한 끊임없는 미움과 분노는 피해학생의 정서를 오
  히려 피폐해지게 만들기 마련이므로 자신을 위하여 가해자를 용서함으로써

내면의 평화를 찾을 수 있도록 안내하고, 그러한 노력을 기울이는 피해학생을 칭찬하고 격려한다.

• 결국 모든 인간은 늘 긍정적이고, 훌륭할 수만은 없는 존재이며, 긍정적인 면도 부정적인 면도 모두 자신의 모습이며 있는 그대로의 자신을 수용할 수 있는 건강한 자아를 갖는 것이야말로 건강한 삶을 살아갈 수 있는 지혜임을 깨닫도록 끊임없이 용기를 불어넣어 준다.

② 억압된 분노 감정을 체험하고 표현하기

• 억압된 분노는 일상생활에서 무능력, 무기력한 일상, 의심, 냉소적이고 신경질적인 면 등 부정적인 모습으로 표출된다. 따라서 억압된 분노를 바르게 표출하는 연습을 하도록 한다.

• 억압된 분노를 자신에게 표현한다. 떠오르는 모든 기억과 그때의 느낌을 세세하게 적어 나가되, 쓰고 싶은 대로 내면의 목소리를 그대로 따라간다. 내면의 목소리가 어마어마하게 불길하든, 도덕과 양심에 아주 어긋나든 상관없이 무조건 기록한다. 이런 과정을 거치는 동안 예전의 감정이 되살아나 여러 가지 증상이 나타날 수 있다. 이때 이것은 예전에 느꼈어야 했던 감정인데 모두 회피했던 것이라고 받아들이고, 충분히 느끼고, 체험하도록 한다.

• 고통스러운 마음을 함께 나눌 수 있는 친구나 가족을 선택하여 성폭력으로 인한 수치심과 죄책감, 아픔과 고통, 성폭력의 부당함, 그리고 분노와 억울함을 토해 내면서 카타르시스를 경험한다.

• 과거의 경험을 보편화하고 객관화한다. 과거의 분노를 체험하고 표현하다 보면 새로이 깨닫게 되는 것들이 있다.

  - 그 일들은 현재의 상황이 아니고, 내가 일부러 한 일이 아니니 부끄러운 것도, 나의 책임도 아닌 그저 지나간 과거일 뿐이다.
  - 지나고 보니 그런 일은 나에게만 있는 일도 아니고, 내가 지금 죽을 만큼 고통스러운 것도 아니다. 마음 한 번 달리 먹으면 털어 낼 수 있는 일이다.

– 현재를 살면서 좋지 않은 일을 되새김하면 내게 어떤 도움이 될까? 지나간 일일 뿐이며 현재에 충실하자.

• 현실에서 표현하는 연습을 해 본다. 그동안 부당한 일을 당하고도 항의하지 못한 채 뒤돌아서 속상해 했다면, 이제는 가해자들 앞에서 당당하게 자신이 하고 싶은 말을 표현하는 연습을 함으로써 실제 상황에서도 활용할 수 있게 한다.

• 가해자들에게 항의하고 당당하게 사과를 요구해서 얻고자 한 바를 얻었다면, 과감하게 아픔을 털어 버리고 자기 삶의 주인공이 되어 자기 주도적으로 살아가는 일에 에너지를 사용한다.

• 그래도 나아지지 않으면 전문적인 상담을 권한다(박성희 외, 2012c).

(2) 가해학생에 대한 전략

성교육

단순한 가해자 처벌은 바람직하지 않으며, 처벌과 함께 사고와 행동 개선을 위한 교육적 선도가 필요하다. 성적 욕구를 이겨 낼 수 있도록 정신력을 강화할 수 있는 건전한 취미생활과 친구 사귀는 방법, 꿈을 찾는 인생설계 등에 대한 교육과 함께 본격적인 성교육을 실시하며 다음 사항들을 특히 강조한다.

• 성충동과 성행동
• 성적 관심과 성심리
• 바람직한 이성교제
• 양성평등권
• 성적 자기결정권
• 올바른 성의 사용 등

참고할 만한 학교폭력 관련 자료 및 사이트

- 영화: 〈우아한 거짓말〉 〈호루라기〉
- 사이트: http://www.stopbullying.or.kr/(학교폭력 예방 종합 포털)
- 프로그램: 어울림 학교폭력 예방프로그램
- 가해자 치유 프로그램 운영 기관: 대전시 구암동 새솔센터(대전광역시 교육청 설립기관)
- 117학교폭력신고센터
- 시 · 도 교육청 Wee센터
- 한국청소년교육연구소: http://blog.naver.com/z9to912/
- 동영상: http://www.youtube.com/watch?v=aBYSIoCh_4Q(학교의 눈물 판사님)

제11장

학교폭력에 관한 법률

개 요

「학교폭력 예방 및 대책에 관한 법률」은 2003년 6월 의원 발의로 제출되어 2004년 1월 29일 법률 제7119호로 제정되어 여러 차례 개정 과정을 거쳐 오늘에 이르고 있다. 이 장에서는 학교폭력의 관계 법령을 이해하기 위하여 「학교폭력 예방 및 대책에 관한 법률」(이하 「학교폭력예방법」 또는 '법률' 또는 '법')과 「학교폭력 예방 및 대책에 관한 법률 시행령」(이하 '시행령'), 「초·중등교육법」에 나타난 학교폭력 관련 법률에 근거하여 법률의 구성과 적용을 중심으로 소개한다.

1. 「학교폭력 예방 및 대책에 관한 법률」의 구성

1) 목 적

이 법은 학교폭력의 예방과 대책에 필요한 사항을 규정함으로써 피해학생의 보호, 가해학생의 선도·교육 및 피해학생과 가해학생 간의 분쟁조정을 통하여 학생의 인권을 보호하고 학생을 건전한 사회 구성원으로 육성함을 목적으로 한다(법 제1조). 이 법률안의 주된 목적은 '심각한 사회문제로 대두하고 있는 학교폭력 문제에 효과적으로 대처하기 위하여 정기적인 학교폭력 예방교육의 실시, 학교폭력의 신고 의무화, 학교폭력의 예방 및 대책을 위한 전담기구의 설치와 이를 위한 국가의 재정적 지원을 위한 제도적 틀을 마련하려는 것'에 있다.

2) 용어의 정의

이 법에서 사용하는 용어의 정의는 다음과 같다(법 제2조).

(1) 학교폭력의 유형

학교폭력이란 학교 내외에서 학생을 대상으로 발생한 상해, 폭행, 감금, 약취 · 유인, 명예훼손 · 모욕, 공갈, 강요 · 강제적인 심부름 및 성폭력, 따돌림, 사이버 따돌림, 정보통신망을 이용한 음란 · 폭력 정보 등에 의하여 신체 · 정신 또는 재산상의 피해를 수반하는 행동을 말한다(법 제2조). 여기서 '따돌림'이란 학교내외에서 2명 이상의 학생들이 특정이나 특정집단의 학생들을 대상으로 지속적이거나 반복적으로 신체적 또는 심리적 공격을 가하여 상대방이 고통을 느끼도록 하는 일체의 행위를 말하며, '사이버 따돌림'이란 인터넷, 휴대전화 등 정보통신기기를 이용하여 학생들이 특정 학생들을 대상으로 지속적, 반복적으로 심리적 공격을 가하거나, 특정 학생과 관련된 개인정보 또는 허위사실을 유포하여 상대방이 고통을 느끼도록 하는 일체의 행위를 말한다.

유의사항

- '사소한 괴롭힘' 같은 학생들이 '장난'이라고 여기는 행위도 학교폭력이 될 수 있음을 인식할 수 있도록 분명하게 지도해야 함
- 「학교폭력예방법」의 학교폭력은 '학교 내외에서 학생들을 대상으로 하는 폭력'이므로, 가해자가 학생이 아닌 경우에도 필요시 피해학생에 대해 보호조치를 실시할 필요가 있음

(2) 학교의 정의

'학교'란 「초 · 중등교육법」 제2조에 따른 초등학교, 중학교, 고등학교, 특수학교 및 각종 학교와 같은 법 제61조에 따라 운영하는 학교를 말한다.

학교의 종류(「초 · 중등교육법」 제2조)

• 초 · 중등교육을 실시하기 위하여 다음 각 호의 학교를 둔다(「초 · 중등교육법」 제2조).

1. 초등학교, 공민학교

2. 중학교, 고등공민학교

3. 고등학교, 고등기술학교

4. 특수학교

5. 각종 학교

(3) 학생의 정의

'가해학생'이란 가해자 중에서 학교폭력을 행사하거나 그 행위에 가담한 학생을 말하며, '피해학생'이란 학교폭력으로 인하여 피해를 입은 학생을 말한다. '장애학생'이란 신체적 · 정신적 · 지적 장애 등으로 「장애인 등에 대한 특수교육법」 제15조에서 규정하는 특수교육을 필요로 하는 학생을 말한다.

3) 적용 대상 및 주의의무

이 법의 적용 대상은 학교 내외에서 발생하는 학생 간의 폭력에 국한된다. 즉, 학생이라 함은 초등학교나 중학교 또는 고등학교에서 학생의 신분을 갖고 있는 자를 말하며, 대학생, 퇴학생, 취학의무 유예자, 취학의무 면제자, 정원 외 학적관리 대상자 등은 학생에서 제외된다(오경식, 2009). 또한 이 법을 해석 · 적용함에 있어서 국민의 권리가 부당하게 침해되지 아니하도록 주의하여야 한다(법 제3조).

4) 다른 법률과의 관계

학교폭력의 규제, 피해학생의 보호 및 가해학생에 대한 조치에 있어서 다른 법률에 특별한 규정이 있는 경우를 제외하고는 이 법을 적용한다(법 제5조제1항). 법 제2조의 1호 중 성폭력은 다른 법률에 규정이 있는 경우에는 이 법을 적용하지 아니한다(법 제5조제2항). 학교폭력은 형벌의 대상으로 학교폭력 가해학생에게는 형법 및 「폭력행위 등 처벌에 관한 법률」을 비롯한 형사법을 적용할 수 있으며, 가해학생의 연령·행위의 동기와 죄질 등을 고려해서 「소년법」을 적용할 수도 있다. 그 외에도 손해배상과 관련해서 민법을 적용할 수 있다(법제처, 2015).

2. 「학교폭력 예방 및 대책에 관한 법률」의 적용

1) 학교폭력 초기대응

(1) 학교폭력 감지·인지 노력

누구라도 학교폭력의 예비·음모 등을 알게 된 자는 이를 학교의 장 또는 자치위원회에 고발할 수 있다. 다만 교원이 이를 알게 되었을 경우에는 학교의 장에게 보고하고 해당 학부모에게 알려야 한다(법 제20조제4항). 교사는 학교에서 많은 시간을 학생들과 같이 보내므로 주의를 기울이면 학교폭력 발생 전에 그 징후를 발견할 수 있는 가능성이 높다. 교사는 학교폭력의 상황을 '감지' '인지'했을 때, 신속하고 적극적으로 개입해야 한다. 따라서 학교폭력이 감지된 경우, 학교장에 보고하여야 하며(법 제20조제4항), 학교장은 지체 없이 전담기구 또는 소속 교원으로 하여금 사실 여부를 확인하도록 해야 한다(법 제14조제3항).

'감지'와 '인지'

- 감지: 학생들의 행동이나 교실 분위기 등을 보고 '학교폭력'이라고 느끼는 것
- 인지: 학생 또는 학부모의 신고, 혹은 직접 목격함으로써 '학교폭력 사안'을 알게 되는 것

(2) 신고 및 접수

「학교폭력 예방 및 대책에 관한 법률」 제20조제1항 학교폭력 신고의무에 따라 학교폭력 현장을 보거나 그 사실을 알게 된 자는 학교 등 관계기관에 이를 즉시 신고하여야 한다(법 제20조제1항). 즉, 학교폭력을 알게 된 사람은 누구라도 지체 없이 신고해야 한다.

(3) 신고 및 접수 절차

제1항에 따라 신고를 받은 기관은 이를 가해학생 및 피해학생의 보호자와 소속 학교의 장에게 통보하여야 하며(법 제20조제2항), 제2항에 따라 통보받은 소속 학교의 장은 이를 자치위원회에 지체 없이 통보하여야 한다(법 제20조제3항). 누구라도 학교폭력의 예비·음모 등을 알게 된 자는 이를 학교의 장 또는 자치위원회에 고발할 수 있다. 다만 교원이 이를 알게 되었을 경우에는 학교의 장에게 보고하고 해당 학부모에게 알려야 한다(법 제20조제4항). 특히 유의할 사항은 누구든지 제1항부터 제4항까지에 따라 학교폭력을 신고한 사람에게 그 신고행위를 이유로 불이익을 주어서는 아니 된다(법 제20조제5항)는 점이다.

폭력현장을 보거나 그 사실을 알았을 때 신고 및 접수 절차는 다음과 같다.

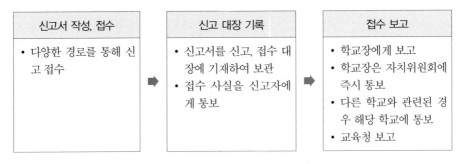

[그림 11-1] 신고 및 접수 절차

(4) 신고방법

신고방법으로 교내 신고방법과 교외 신고방법이 있다. 교내 신고방법에는 피해학생, 목격학생, 보호자 등이 직접 교사에게 말하는 경우, 또는 교사가 개별적인 학생상담을 통해 파악한 경우와 같이 구두로 하는 방법, 일정한 장소에 학교폭력 신고함을 설치하고 이를 안내하여 신고학생이 직접 신고서를 넣는 방법, 심도 있는 정보를 얻기 위하여 모든 학생에게 신고 기회를 부여하는 설문조사 방법, 담임교사의 이메일이나 책임교사의 이메일, 학교명의 이메일 등을 이용하는 방법, 학교 홈페이지나 비밀 게시판 등을 이용하는 방법, 전담기구 소속교사(교감, 책임교사, 보건교사, 상담교사)의 휴대전화, 담임교사의 휴대전화, 학교 공동 휴대전화(학교 명의의 휴대전화)의 문자, 음성녹음, 통화 등을 이용하는 방법이 있다. 교외 신고방법으로는 학교폭력신고센터 117, 휴대전화 문자 신고 '#0117', 해당 학교의 담당 학교 전담 경찰관에게 문자 또는 전화로 신고하는 방법, 인터넷 사이트 '안전 Dream(www.safe182.go.kr)'에 접속하는 방법 등이 있다.

(5) 신고자에 대한 대처 방법

① 신고자가 보호자인 경우: 학교폭력 사안을 피해학생의 보호자가 알려 왔을 때, 보호자는 심리적으로 상당히 혼란스러울 수 있으므로 교사가 "더욱 관심을 가지고 조사하여 문제를 해결하겠다."라고 보호자를 안심시켜야 한다. 아울러 신고 및 접수 시부터 보호자와 협력관계를 잘 유지하는 게 중요하다.

② 신고자가 학생인 경우: 피해 상황을 알게 된 교사는 가장 먼저 피해학생의 상태와 신변보호를 생각해야 한다. 학교폭력 사안으로 인해 신체적으로 다친 곳이 없는지 확인하고, 심리적·정신적 상태도 확인한다. 그리고 교사는 사실을 객관적으로 파악하여 방향을 설정하는 해결자로서의 역할을 수행해야 한다. 아울러 불안한 피해학생의 마음을 정서적으로 지지하는 따뜻한 상

담자로서의 역할도 수행하여야 한다. 끝으로 학교폭력 사안을 인지하거나 목격한 학생이 신고한 경우에는 그 행동을 칭찬하고, 불안감을 갖지 않도록 지지하고 격려해 주는 것도 교사의 중요한 역할이다.

(6) 유형별 초기 대응

① **신체적 폭력**: 피해자의 신변안전을 최우선으로 한다. 가벼운 상처는 보건실에서 1차로 치료하고 정도가 심할 경우 병원으로 신속히 이송한다. 이때 담임교사, 보건교사 등이 동행한다. 특히 탈골, 기도 막힘, 기타 위급상황 시 119 또는 1339에 도움을 청한다. 이때 보호자에게 사실을 빠르게 알리고 현장에 있던 증거 자료를 잘 보존, 기록한다.

② **사이버 폭력**: 휴대전화 문자로 욕설이나 협박성 문자가 오면 어떠한 응답도 하지 않도록 한다. 인터넷의 게시판이나 안티카페 등에서 공개적인 비방 및 욕설의 내용은 그 자체로 저장하는 등 모든 자료는 증거 확보를 위해 저장한다.

불특정 다수에게 공개되는 사이버 폭력으로 인해 피해학생은 명예훼손, 모함, 비방 등을 당하여 심각한 정신적 피해를 입을 수 있다. 그러므로 피해학생을 상담교사나 상담센터와 연계하여 상담을 받도록 한다. 가해학생은 교사가 증거를 철저하게 확보한 후, 사이버 폭력을 지속하지 않도록 지도한다.

③ **강요·강제적 심부름**: 폭력서클과 연계되어 있거나, 금품갈취와 함께 일어날 수 있으므로 즉시 신고하도록 평소에 지도한다.

④ **따돌림**: 따돌림은 괴롭힘과 함께 이루어지는 경우가 많지만 대부분의 교사가 학교폭력으로 인식하지 못하는 경우가 많으므로 특별히 주의를 요한다. 교사가 피해 사실을 바로 공개하거나 가해학생을 야단칠 경우, 따돌림이 심화될 수 있음을 주의한다.

가해학생은 자신의 잘못을 인식하지 못하는 경우가 많으므로 피해학생의 고통을 이해, 공감할 수 있도록 지도한다. 따라서 공감, 소통, 자존감 향상 등의 '관계개선 프로그램'을 활용하여 지도한다.

관계개선 프로그램 활용

- 피해학생 및 가해학생뿐만 아니라, 모든 학생의 공감과 소통능력 향상
- 학생의 자기 이해, 자존감 향상 등 내적 성장을 지원
- 학교폭력 당사자에 대한 교육 및 재활치료와 함께 학교 구성원 모두가 방관자에 머물지 않고 학교폭력 문제를 적극적으로 해결하려는 문화 조성

---

⑤ **성폭력**: 학교의 장과 그 종사자는 직무상(학생과의 상담 과정, 학교폭력신고 접수 등) 아동·청소년 대상 성범죄의 발생 사실을 알게 된 때는 즉시 수사기관에 신고하여야 한다. 이때 피해학생 측의 의사와는 관계없이 반드시 신고하여야 하나, 피해학생 측에 신고의무의 당위성을 설명하고, 신고 과정에서도 수사기관에 피해학생 측의 의사를 충분히 전달한다. 특히 피해학생의 사생활이 보호되어 2차 피해가 발생하지 않도록 특별히 주의한다.

2) 피해학생에 대한 조치

(1) 피해학생의 보호

자치위원회는 피해학생의 보호를 위하여 필요하다고 인정하는 때는 피해학생에 대하여 ① 심리상담 및 조언, ② 일시보호, ③ 치료 및 치료를 위한 요양, ④ 학급 교체, ⑥ 그 밖에 피해학생의 보호를 위하여 필요한 조치 중 어느 하나에 해당하는 조치(수 개의 조치를 병과하는 경우를 포함한다)를 할 것을 학교의 장에게 요청할 수 있다. 다만 학교의 장은 피해학생의 보호를 위하여 긴급하다고 인정하거나 피해학생이 긴급보호의 요청을 하는 경우에는 자치위원회의 요청 전에 ① 심리상

담 및 조언, ② 일시보호, ⑥ 그 밖에 피해학생의 보호를 위하여 필요한 조치를 할수 있다. 이 경우 자치위원회에 즉시 보고하여야 한다(법 제16조제1항).

〈표 11-1〉 피해학생에 대한 보호조치(법 제16조제1항)

피해학생에 대한 보호조치	1. 심리상담 및 조언
	2. 일시보호
	3. 치료 및 치료를 위한 요양
	4. 학급 교체
	6. 그 밖에 피해학생의 보호를 위하여 필요한 조치

(2) 장애학생의 보호

누구든지 장애 등을 이유로 장애학생에게 학교폭력을 행사하여서는 아니 된다(법 제16조의2제1항). 따라서 장애 관련 비하 발언, 장애로 인한 개인의 정신적·신체적 불편함을 의도적으로 자극하거나 공격하는 행위 등을 하여서는 안 된다. 하지만 장애학생의 경우에도 기본적으로 사안처리에 있어서는 일반 학생과 동일하다. 그러나「학교폭력예방법」에서는 장애학생에 대하여 '신체적·정신적·지적 장애 등으로「장애인 등에 대한 특수교육법」제15조에서 규정하는 특수교육을 필요로 하는 학생'으로 정하고 있다. 그러나 특수교육을 받지 않는 학생이라하더라도 이러한 장애가 다소 있는 학생의 경우에는 입법취지를 고려하여 보다세심한 주의를 기울여야 할 대상이라는 점을 유의해야 한다.

자치위원회는 학교폭력으로 피해를 입은 장애학생의 보호를 위하여 장애인 전문 상담가의 상담 또는 장애인 전문 치료기관의 요양 조치를 학교의 장에게 요청할 수 있다(법 제16조의2제2항). 장애인 전문 상담가의 상담 또는 장애인 전문 치료기관의 요양 요청이 있을 때는 학교의 장은 해당 조치를 하여야 한다(법 제16조의2제3항).

가해학생 또는 피해학생이 장애학생인 경우에 추가 고려 사항

- 가해학생 또는 피해학생이 장애학생일 경우 법 제14조제3항에 따른 전담기구 및 자치위원회에 특수교육 교원, 특수교육 전문직, 특수교육지원센터 전담인력, 특수교육 관련 교수 등 특수교육 전문가(위원 또는 참고인)를 참여시켜 의견을 청취할 수 있다(교육부 고시 제2016-99호).
- 피해학생이 장애학생이고 가해학생이 일반 학생인 경우에는 해당 가해학생에 대하여 보다 엄격하게 심의하여 조치하여야 하며, 해당 가해학생에게 「학교폭력예방법」 제17조제1항제5호 또는 제17조제3항에 의한 특별교육 이수 조치를 할 때는 장애에 대한 이해 및 인식 개선이 가능한 특별교육 프로그램을 이수하도록 하여야 한다.
- 앞에서의 특수교육 전문가란 특수교육 교원, 특수교육 전문직, 특수교육지원센터 전담인력, 특수교육 관련 교수 등을 말한다.
- 법 제17조제1항제5호 또는 제17조제3항에 의한 특별교육을 실시할 때 피해학생이 장애학생일 경우 장애 인식 개선 교육 내용을 포함하여야 한다(교육부 고시 제2016-99호).

(3) 피해학생의 지원범위

피해학생이 전문단체나 전문가로부터 심리상담 및 조언, 일시보호, 치료 및 치료를 위한 상담 등을 받는 데 사용되는 비용은 가해학생의 보호자가 부담하여야 한다. 다만, 피해학생의 신속한 치료를 위하여 학교의 장 또는 피해학생의 보호자가 원하는 경우에는 「학교안전사고 예방 및 보상에 관한 법률」 제15조에 따른 학교안전공제회 또는 시·도 교육청이 부담하고 이에 대한 '구상권'을 행사할 수 있다(법 제16조제6항). 학교안전공제회 또는 시·도 교육청이 부담하는 피해학생의 지원범위는 다음과 같다(시행령 제18조).

- 교육감이 정한 전문심리상담기관에서 심리상담 및 조언을 받는 데 드는 비용
- 교육감이 정한 기관에서 일시보호를 받는 데 드는 비용
- 「의료법」에 따라 개설된 의료기관, 지역보건법에 따라 설치된 보건소, 보건의료원 및 보건지소, 「농어촌 등 보건의료를 위한 특별조치법」에 따라 설치된 보건진료소, 약사법에 따라 등록된 약국 및 같은 법 제91조에 따라 설립된 한국희귀약품센터에서 치료 및 치료를 위한 요양을 받거나 의약품을 공급받는 데 드는 비용

> **구상권**
>
> 보증인이 채무를 변제하는 것은 자신의 채무를 변제하는 것이기는 하지만 주 채무자와의 관계에서 보면 타인의 채무를 변제해 주는 것이 된다. 따라서 보증채무를 변제한 보증인은 주 채무자에게 그 상환을 요구할 수 있는 권리를 갖는데, 이를 구상권이라 한다(법제처, 2015).

3) 가해학생에 대한 조치

자치위원회는 피해학생의 보호와 가해학생의 선도·교육을 위하여 가해학생에 대하여 다음 각 호의 어느 하나에 해당하는 조치(수 개의 조치를 병과하는 경우를 포함한다)를 할 것을 학교의 장에게 요청하여야 하며, 각 조치별 적용 기준은 대통령령으로 정한다. 다만, 퇴학처분은 의무교육과정에 있는 가해학생에 대하여는 적용하지 아니한다(법 제17조제1항).

조치의 결정

학교폭력대책자치위원회(이하 "자치위원회"라 한다)는 가해학생이 행사한 학교폭력의 심각성, 고의성의 정도와 가해학생의 반성 정도, 해당 조치로 인한 가해학생의 선도 가능성, 가해학생 및 보호자와 피해학생 및 보호자 간의 화해의 정도, 피해학생이 장애학생인지의 여부 등을 고려하여 [별표]에 따라 법 제17조제1항 각 호의 조치 중 가해학생별로 선도 가능성이 높은 조치(수 개의 조치를 병과하는 경우를 포함한다)를 할 것을 학교의 장에게 요청하여야 한다(교육부 고시 제2016-99호).

① 제1호-피해학생에 대한 서면 사과: 가해학생이 피해학생에게 서면으로 그동안의 폭력 행위에 대하여 사과를 함으로써 서로 화해하도록 하는 조치다.
② 제2호-피해학생 및 신고 · 고발 학생에 대한 접촉, 협박 및 보복 행위의 금지: 피해학생이나 신고 · 고발 학생에 대한 가해학생의 접근을 막아 더 이상의 폭력이나 보복을 막기 위한 조치다.

피해학생 및 신고 · 고발 학생의 보호

자치위원회는 피해학생 및 신고 · 고발 학생의 보호가 필요하다고 판단되는 경우 일정 기간 가해학생이 피해학생과 접촉하는 것을 금지하고, 가해학생 스스로 자신의 잘못을 되돌아 볼 수 있는 기회를 주기 위해 법 제17조제1항제2호 조치를 기간을 정하여 부과할 수 있다(교육부 고시 제2016-99호).

접촉 등 금지의 범위

• 시간적 범위: 자치위원회에서 제2호 '접촉 등 금지' 조치를 결정할 경우, 그 기한을 정하지 않을 경우 해당 학교급의 졸업 시점까지 '접촉 등 금지'가 유효하다.

- **'접촉'의 범위:** '접촉 금지'는 조치를 받은 학생이 의도적으로 피해학생에게 접촉하는 것을 금지하는 것으로, 교육활동 및 일상생활 가운데 이루어지는 의도하지 않은 접촉에 대해서 모두 금지하는 것은 아니다. 다만, 무의도성을 이유로 빈번하게 접촉이 이루어지거나, 무의도성을 가장해 피해학생에게 접촉할 경우 「학교폭력예방법」 제17조제11항에 따라 다른 조치를 추가할 수 있다.

③ 제3호-학교에서의 봉사: 봉사를 통해 자신의 행동을 반성하는 기회를 주기 위한 조치다.

④ 제4호-사회봉사: 사회 구성원으로서의 책임감을 느끼고, 봉사를 통해 반성하는 시간을 마련하기 위한 조치다.

⑤ 제5호-학교 내외 전문가에 의한 특별교육 이수 또는 심리치료: 교육감이 정한 기관에서 특별교육을 이수하거나 심리치료를 받아야 하며, 그 기간은 자치위원회에서 정한다.

학교 내외 전문가에 의한 특별교육이수 또는 심리치료

자치위원회는 가해학생이 학내외 전문가의 도움을 받아 폭력에 대한 인식을 개선하고 행동을 반성하기 위해 법 제17조 제1항제5호 조치를 기간을 정하여 부과할 수 있다(교육부 고시 제2016-99호).

⑥ 제6호-출석정지: 가해학생을 학교에 출석하지 못하게 함으로써 일시적으로 피해학생과 격리시켜 피해학생을 보호하고, 가해학생에게는 반성의 기회를 주기 위한 조치다. 가해학생에 대한 출석 정지 기간은 출석일수에 산입하지 않는다.

⑦ 제7호-학급 교체: 가해학생을 피해학생으로부터 격리하기 위하여 같은 학교

내의 다른 학급으로 옮기는 조치다.

⑧ 제8호-전학: 가해학생을 피해학생으로부터 격리시키고 피해학생에 대해 더 이상의 폭력 행위를 하지 못하도록 하기 위하여 다른 학교로 소속을 옮기도록 하는 조치다. 가해학생이 다른 학교로 전학을 간 이후에는 전학 전의 피해학생 소속 학교로 다시 전학올 수 없도록 하여야 한다.

전학 처분 시 교육감 또는 교육장의 조치사항

• 교육감 또는 교육장은 전학 조치된 가해학생과 피해학생이 상급학교에 진학할 때는 각각 다른 학교를 배정하여야 한다. 이 경우 피해학생이 입학할 학교를 우선적으로 배정한다(시행령 제20조제4항).

---

⑨ 제9호-퇴학처분: 피해학생을 보호하고 가해학생을 선도·교육할 수 없다고 인정될 때 취하는 조치다. 다만 의무교육과정에 있는 가해학생에 대하여는 적용하지 아니한다.

퇴학처분 시 학교의 장의 조치사항

• 퇴학처분을 할 때는 당해 학생 및 보호자와 진로상담을 하여야 하며, 지역사회와 협력하여 다른 학교 또는 직업교육훈련기관 등을 알선하는 데 노력하여야 한다(「초·중등 교육법 시행령」, 제31조제7항).

• 교육감은 퇴학처분을 받은 학생에 대하여 해당 학생의 선도의 정도, 교육 가능성 등을 종합적으로 고려하여 「초·중등교육법」 제60조의3에 따른 대안학교로의 입학 등 해당 학생의 건전한 성장에 적합한 대책을 마련하여야 한다(「초·중등 교육법 시행령」, 제23조제1항).

4) 가해학생 특별교육

피해학생 및 신고 · 고발 학생에 대한 접촉, 협박 및 보복 행위의 금지, 학교에서의 봉사, 사회봉사, 출석정지, 학급 교체, 전학 등의 처분을 받은 가해학생은 교육감이 정한 기관에서 특별교육을 이수하거나 심리치료를 받아야 하며, 그 기간은 자치위원회에서 정한다(법 제17조제3항). 가해학생 특별교육은 '조치로서의 특별교육'(법 제17조제1항제5호)과 '부과된 특별교육'(법 제17조제3항) 두 가지로 구분된다. 이는 학교생활기록부 기재, 불복수단 등에서 차이가 있으므로 가해학생에 대한 특별교육이 어디에 해당되는지 명확히 통지해야 한다.

5) 가해학생 보호자 특별교육

학교장은 가해학생 특별교육 이수조치를 결정한 경우, 교육감이 정한 기관에서 그 학생의 보호자도 특별교육을 이수하도록 하여야 한다. 보호자가 특별교육에 불응할 경우, 학교장은 법률에 의하여 300만 원 이하의 과태료가 부과됨을 안내하고 특별교육을 이수할 것을 재통보하여 이수하도록 하여야 한다(법 제17조제9항, 제22조제2항).

> **가해학생 보호자의 특별교육**
> 자치위원회는 법17조제9항에 가해학생이 특별교육을 이수할 경우 해당 학생의 보호자도 별도의특별교육 기간을 정하여 함께 교육을 받게 하여야 한다(교육부 고시제2016-99호).

학교장은 자치위원회의 조치 후 14일 이내에 해당 보호자에게 특별교육 실시를 서면으로 통보하고, 3개월 이내에 특별교육을 이수할 수 있도록 시간과 장소를 안내하며, 보호자가 통보를 받은 날로부터 3개월이 되는 날까지 특별교육에 불응할 경우, 학교장은 3개월의 다음날 동 보호자 명단을 시·도 교육감에게 통보하고, 시·도 교육감은 학교장의 통보를 받은 15일 이내에 동 보호자에게 시·도 교육감이 실시하는 특별교육에 1개월 이내에 참여토록 서면으로 안내한다. 이때 미이수시 과태료가 부과됨을 함께 안내한다.

가해학생 보호자 특별교육 미이수 시 과태료 부과에 관한 사항

- 시·도 교육감으로부터 특별교육 통보를 받은 보호자가 1개월이 되는 날까지 특별교육에 불응할 경우
  - 시·도 교육감은 1개월이 되는 다음날 보호자에게 「학교폭력예방법」 제22조제2항에 따른 과태료 부과 예고 통보
- 보호자는 과태료 부과 예고 통보를 받은 날로부터 15일 이내에 특별교육을 이수하고 이수증을 제출하거나 특별교육에 불응한 타당한 이유를 시·도 교육감에게 제출
  - 시·도 교육감은 특별교육 이수증을 제출한 보호자에게는 과태료를 부과하지 않음
  - 의견을 제출한 보호자에 대해서 그 타당성 여부를 검토하여 과태료 부과 여부를 재결정함
  - 보호자 과태료 부과 여부와 무관하게 특별교육 이수 의무는 유지됨
- 보호자가 15일 이내에 이수증 또는 의견을 제출하지 않을 경우 시·도 교육감은 과태료 부과 및 징수절차 개시
  - 과태료가 부과된 이후에 이의가 있는 보호자는 30일 이내에 교육청에 이의제기 가능
  - 보호자가 이의를 제기한 때 교육청은 그 사실을 관할 법원에 통보(관할 법원은 「비송사건 절차법」에 따라 과태료 재판 진행)
  - 보호자가 이의를 제기하지 않고 과태료를 납부하지 아니한 경우에는 「질서위반

행위규제법」에 따라 징수
- 단, 가해학생 조치에 대해 시 · 도 학생징계조정위원회에 재심을 청구한 경우, 모
든 절차를 진행함에 있어 재심이 완료될 때까지의 기간은 산입하지 아니함

3. 학교폭력대책자치위원회

1) 학교폭력대책자치위원회의 설치 및 기능

학교폭력의 예방 및 대책에 관련된 사항을 심의하기 위하여 학교에 학교폭력
대책자치위원회(이하 '자치위원회')를 둔다. 다만, 자치위원회 구성에 있어 대통령
령으로 정하는 사유가 있는 경우에는 교육감의 보고를 거쳐 둘 이상의 학교가 공
동으로 자치위원회를 구성할 수 있다(법 제12조제1항). 자치위원회는 학교폭력의
예방 및 대책에 관련된 사항을 심의하는 기구다.

자치위원회는 학교폭력의 예방 및 대책 등을 위하여 다음 각 호의 사항을 심의
한다(법 제12조제2항).

- 학교폭력의 예방 및 대책 수립을 위한 학교체제 구축
- 피해학생의 보호
- 가해학생에 대한 선도 및 징계
- 피해학생과 가해학생 간의 분쟁조정
- 그 밖에 대통령령으로 정하는 사항
  - 그 밖의 사항이란 학교폭력 예방 및 대책과 관련하여 법 제14조제3항에
    따른 책임교사 또는 학생회의 대표가 건의하는 사항(시행령 제13조제2항)

2) 학교폭력대책자치위원회의 구성

(1) 위원 수

자치위원회는 위원장 1인을 포함하여 5인 이상 10인 이하의 위원으로 구성하되, 대통령령으로 정하는 바에 따라 전체 위원의 과반수를 학부모 전체회의에서 직접 선출된 학부모 대표로 위촉하여야 한다. 다만, 학부모 전체회의에서 학부모 대표를 선출하기 곤란한 사유가 있는 경우에는 학급별 대표로 구성된 학부모 대표회의에서 선출된 학부모 대표로 위촉할 수 있다(법 제13조제1항). 이 경우 위원이 10인이면 학부모 위원은 6인 이상, 9인이면 학부모 위원은 5인 이상이 되어야 한다.

(2) 위원의 임명·위촉

자치위원회의 위원은 다음 각 호의 어느 하나에 해당하는 사람 중에서 학교장이 임명하거나 위촉한다(시행령 제14조).

- 해당 학교의 교감
- 해당 학교의 교사 중 학생생활지도 경력이 있는 교사
- 법 제13조제1항에 따라 선출된 학부모 대표
- 판사·검사·변호사
- 해당 학교를 관할하는 경찰서 소속 경찰공무원
- 의사 자격이 있는 사람
- 그 밖에 학교폭력 예방 및 청소년보호에 대한 지식과 경험이 풍부한 사람

(3) 위원장

자치위원회의 위원장은 위원 중에서 호선하며, 위원장이 부득이한 사유로 직무를 수행할 수 없을 때는 위원장이 미리 지정하는 위원이 그 직무를 대행한다

(시행령 제14조제2항).

(4) 위원의 임기

자치위원회 위원의 임기는 2년으로 한다. 다만, 자치위원회 위원의 사임 등으로 새로 위촉되는 위원의 임기는 전임 위원 임기의 남은 기간으로 한다(시행령 제14조제3항).

(5) 간사의 임명

자치위원회의 위원장은 해당 학교의 교직원에서 자치위원회의 사무를 처리할 간사 1명을 지명한다(시행령 제14조제5항).

3) 학교폭력대책자치위원회의 운영

(1) 회의 소집

자치위원회는 분기별 1회 이상 회의를 개최하고, 자치위원회의 위원장은 다음 각 호의 어느 하나에 해당하는 경우에 회의를 소집하여야 한다(법 제13조제2항).

- 자치위원회 재적위원 4분의 1 이상이 요청하는 경우
- 학교의 장이 요청하는 경우
- 피해학생 또는 그 보호자가 요청하는 경우
- 학교폭력이 발생한 사실을 신고받거나 보고받은 경우
- 가해학생이 협박 또는 보복한 사실을 신고받거나 보고받은 경우
- 그 밖에 위원장이 필요하다고 인정하는 경우

신고 접수 등 사건 인지 후 14일 이내에 자치위원회를 개최하여야 한다. 다만, 필요한 경우 학교장은 7일 이내에서 자치위원회 개최를 연기할 수 있다. 이 경우

시험 등 학사일정, 사안 조사 과정에서 새로운 증거 발견, 보호자 의견진술 기회 부여 등 뚜렷한 이유가 있는 경우에 한하여 연기가 가능하다.

(2) 자치위원회의 개의와 의결

자치위원회의 회의는 재적위원 과반수의 출석으로 개의하고, 출석위원 과반수의 찬성으로 의결한다(시행령 제14조제4항).

(3) 회의록 작성·보존

자치위원회는 회의 일시, 장소, 출석위원, 토의 내용 및 의결사항 등이 기록된 회의록을 작성 · 보존하여야 한다(법 제13조제3항).

자치위원회의 회의는 공개하지 않는다. 다만, 피해학생과 가해학생 또는 보호자가 회의록의 열람 · 복사 등 회의록 공개를 신청한 때는 학생과 그 가족의 성명, 주민등록번호 및 주소, 위원의 성명 등 개인정보에 관한 사항을 제외하고 공개하여야 한다(법 제21조제3항). 그러나 일반적으로 진술서는 공개대상에서 제외되나, 당사자의 학부모가 요청한 경우 당사자 본인이 직접 쓴 진술서는 공개할 수 있다.

(4) 출석위원 수당·여비 지급

자치위원회의 회의에 출석한 위원에게는 예산의 범위에서 수당과 여비를 지급할 수 있다. 다만, 공무원인 위원이 그 소관 업무와 직접적으로 관련하여 회의에 출석한 경우에는 그러하지 아니하다(시행령 제14조제6항).

(5) 회의 시기

자치위원회의 위원장은 회의 일시를 정할 때에는 일과 후, 주말 등 위원들이 참석하기 편리한 시간으로 정하여야 한다(시행령 제14조제7항).

(6) 비밀누설금지 등

이 법에 따라 학교폭력의 예방 및 대책과 관련된 업무를 수행하거나 수행하였던 자는 그 직무로 인하여 알게 된 비밀 또는 가해학생과 피해학생 및 제20조(학교폭력의 신고의무)에 따른 신고자 · 고발자와 관련된 자료를 누설하여서는 아니된다(법 제21조제1항).

비밀의 범위(시행령 제33조)

법 제21조제1항에 따른 비밀의 범위는 다음 각 호와 같다.
- 학교폭력 피해학생과 가해학생 개인 및 가족의 성명, 주민등록번호 및 주소 등 개인정보에 관한 사항
- 학교폭력 피해학생과 가해학생에 대한 심의 · 의결과 관련된 개인별 발언 내용
- 그 밖에 외부로 누설될 경우 분쟁당사자 간에 논란을 일으킬 우려가 있음이 명백한 사항

---

(7) 자치위원회 위원의 제척

자치위원회 위원은 피해학생 보호조치, 가해학생 선도 · 교육조치 및 분쟁조정에 따라 피해학생과 가해학생에 대한 조치를 요청하는 경우와 분쟁을 조정하는 경우 다음 어느 하나에 해당하면 해당 사건에서 제척된다(시행령 제26조).

- 위원이나 그 배우자 또는 그 배우자였던 사람이 해당 사건의 피해학생 또는 가해학생의 보호자인 경우 또는 보호자였던 경우
- 위원이 해당 사건의 피해학생 또는 가해학생과 친족이었던 경우
- 그 밖에 위원이 해당 사건의 피해학생 또는 가해학생과 친분이 있거나 관련이 있다고 인정하는 경우

특히 하급심 판결에 따르면 관련 학생 중 한 명의 담임교사가 자치위원회의 위원인 경우 제척 사유가 될 수 있다.

(8) 자치위원회 위원의 기피·회피

학교폭력과 관련하여 자치위원회를 개최하는 경우 또는 분쟁이 발생한 경우 자치위원회의 위원에게 공정한 심의를 기대하기 어려운 사정이 있다고 인정할 만한 상당한 사유가 있을 때는 분쟁당사자는 자치위원회에 그 사실을 서면으로 소명하고 기피신청을 할 수 있다.

자치위원회는 기피신청을 받으면 의결로써 해당 위원의 기피 여부를 결정하여야 한다. 이 경우 기피신청 대상이 된 위원은 그 의결에 참여하지 못한다. 그리고 자치위원회의 위원이 앞의 내용에 해당하는 경우에는 스스로 해당 사건을 회피할 수 있다.

제12장

학교폭력에 관한 사법처리 절차

개 요

학교폭력과 관련하여 자치위원회 개최 이후에도 불만이 있을 때는 분쟁조정, 재심, 행정심판, 행정소송 등이 있으며, 특히 「학교폭력예방법」에 따라 자치위원회에서 가해학생 및 피해학생에게 취하는 조치와 별도로 학교폭력 사안에 대하여 사법적 조치를 취할 수 있다. 즉, 가해학생은 「학교폭력예방법」에 의한 선도·교육 조치를 받은 경우에도 「형법」 또는 「소년법」에 따라 형사상의 처벌의 대상이 될 수 있다. 또한 피해학생은 가해학생에 대한 자치위원회의 요청에 따른 학교장의 조치 또는 형사상의 처벌과는 별도로 가해학생의 폭력행위로 인하여 발생한 손해에 대한 배상을 가해학생 및 그 보호자, 학교장 및 교사 등을 상대로 청구할 수 있다.

1. 분쟁조정에 대한 조치 결정 및 이행

1) 분쟁조정의 주체

자치위원회는 학교폭력과 관련하여 분쟁이 있는 경우에는 그 분쟁을 조정할 수 있다(법 제18조). 시·도 교육청 관할 구역 안의 소속 학교가 다른 학생 간에 분쟁이 있는 경우에는 교육감이 해당 학교의 자치위원회 위원장과의 협의를 거쳐 직접 분쟁을 조정한다. 그러나 관할 구역을 달리하는 시·도 교육청 소속 학교의 학생 간에 분쟁이 있는 경우에는 피해학생을 감독하는 교육감이 가해학생을 감독하는 교육감 및 관련 해당 학교의 자치위원회 위원장과의 협의를 거쳐 직접 분쟁을 조정한다.

2) 분쟁조정의 신청대상

학교폭력과 관련한 분쟁조정에는 피해학생과 가해학생 간 또는 그 보호자 간의 손해배상에 관련된 합의조정, 그 밖에 자치위원회가 필요하다고 인정하는 사항 등을 포함한다(법 제18조제3항).

피해학생 측에서 치료비와 요양비 등 금전적 손해에 대한 배상을 요구하는 경우, 가해학생 측에서 치료비, 위자료 등 금전적 손해배상을 통해 합의하고자 하는 경우, 그 밖에 자치위원회가 필요하다고 인정하는 사항, 즉 자치위원회의 조치만으로는 해결이 불가능한 갈등이 있는 경우에는 피해학생과 가해학생 간 또는 그 보호자 간의 손해배상에 관련된 합의를 조정할 필요가 있다.

3) 분쟁조정의 당사자

분쟁당사자(피해 · 가해 측)가 신청할 수 있다. 당사자는 분쟁조정신청서(분쟁조정 신청인의 성명 및 주소, 보호자의 성명 및 주소, 분쟁조정 신청의 사유가 포함되어 있음)를 작성하여 자치위원회나 교육감에게 신청한다. 이를 위해서는 해당 당사자

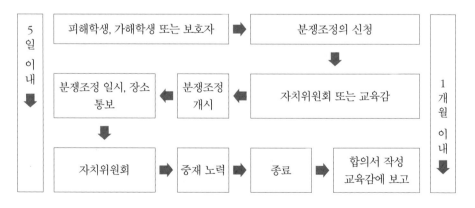

[그림 12-1] 분쟁조정의 흐름

* 출처: 교육부(2014), 학교폭력 사안처리 가이드북.

들에게 분쟁조정 제도가 있다는 것을 알리고 분쟁조정과 관련된 절차 및 내용에
대해 안내한다.

4) 분쟁조정의 기한

자치위원회 또는 교육감은 분쟁조정의 신청을 받으면 5일 이내로 분쟁조정을
시작하여야 한다(시행령 제27조제1항). 분쟁의 조정기간은 1개월을 넘지 못한다
(법 제18조제2항).

5) 분쟁조정의 관할권

(1) 피해학생과 가해학생이 같은 학교일 경우

해당 학교 자치위원회에서 분쟁을 조정한다.

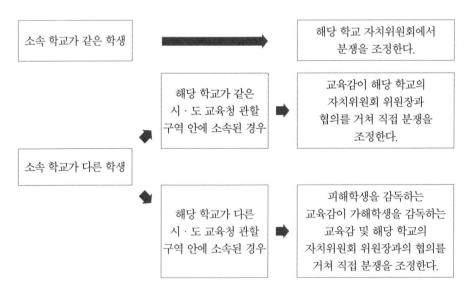

[그림 12-2] 분쟁조정의 관할권

* 출처: 교육부(2014), 학교폭력 사안처리 가이드북.

(2) 피해학생과 가해학생이 다른 학교일 경우

동일한 시·도 관할 구역일 경우에는 해당 시·도 교육감이 분쟁을 조정한다.

관할 구역이 다른 시·도일 경우에는 각 지역의 교육감 간에 협의를 거쳐 분쟁을 조정한다.

6) 합의서 작성

자치위원회 또는 교육감은 분쟁조정이 성립된 때는 분쟁당사자의 주소와 명칭, 조정대상의 분쟁내용(분쟁의 경위, 조정의 쟁점), 조정 결과를 적은 합의서를 작성하여 자치위원회의 경우에는 분쟁당사자에게, 교육감의 경우에는 피해학생과 가해학생 소속 학교의 자치위원회와 분쟁당사자에게 통보하여야 한다(시행령 제29조제1항).

합의서에는 자치위원회가 조정한 경우에는 분쟁당사자와 조정에 참가한 위원이, 교육감이 조정한 경우에는 분쟁당사자와 교육감이 서명 날인하여야 한다(시행령 제29조제2항).

7) 분쟁조정의 종료 및 결과 보고

분쟁당사자 간에 합의가 이루어지거나 자치위원회 또는 교육감이 제시한 조정안을 분쟁당사자가 수락하는 등 분쟁조정이 성립한 경우 또는 분쟁조정 개시일로부터 1개월을 경과하도록 분쟁조정이 성립하지 아니한 경우 분쟁조정을 종료하여야 한다(시행령 제28조제2항).

따라서 자치위원회 또는 교육감은 분쟁당사자 중 어느 한쪽이 분쟁조정을 거부한 경우, 피해학생 등이 관련된 학교폭력에 대하여 가해학생을 고소·고발하거나 민사상 소송을 제기한 경우, 분쟁조정의 신청내용이 거짓임이 명백하거나 정당한 이유가 없다고 인정되는 경우 등에 따라 분쟁을 종료한 경우에는 그 사유를 분쟁당사자에게 각각 통보하여야 한다.

2. 재 심

1) 재심청구

자치위원회 개최 이후에도 조치에 불만이 있어 갈등이나 분쟁이 해결되지 않을 때 피해학생과 가해학생 및 보호자는 재심을 청구할 수 있다. 그런데 재심에 대한 정보의 부족으로 인해 재심을 청구하지 못하는 경우에는 분쟁이 확대될 수 있으므로 자치위원회의 결정을 서면으로 통보할 때 재심청구의 요건 및 방법 등에 대하여 안내해야 한다(「행정절차법」 제26조). 또한 행정청이 처분을 할 때는 당사자에게 그 처분에 관하여 행정심판 및 행정소송을 제기할 수 있는지 여부, 그밖에 불복을 할 수 있는지 여부, 청구절차 및 청구기간, 그 밖에 필요한 사항을

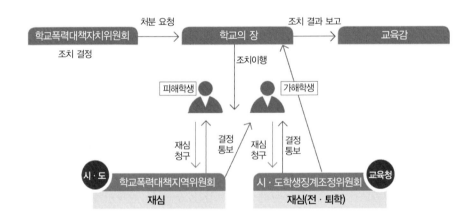

[그림 12-3] 재심청구 절차

* 출처: 교육부(2014). 학교폭력 사안처리 가이드북.

알려야 한다(행정절차법 제26조).

(1) 피해학생의 재심청구

① 어떤 경우에 재심을 청구하는가: 자치위원회 또는 학교의 장이 내린 피해학생에 대한 조치 및 가해학생에 대한 조치('학교, 학교폭력 아님' 결정 포함)에 대하여 이의가 있는 피해학생 및 보호자가 청구한다.

② 재심청구 기한 및 기관(법 제17조의2제1항): 조치를 받은 날부터 15일 이내, 조치가 있음을 안 날부터 10일 이내에 시·도에 설치된 지역위원회로 청구한다. 그런데 조치를 받은 날이란 조치가 성립한 날을 의미하므로 도달 주의에 따라 '처분서를 받은 날'이 된다. 또한 조치가 있음을 안 날이란 '현실적으로 안 날'을 의미한다. 따라서 처분서를 송달받은 다음날부터 15일 이내에 재심청구를 하여야 한다.

③ 재심청구 방법(시행령 제24조제1항): 청구인의 이름, 주소 및 연락처, 가해학생, 청구의 대상이 되는 조치를 받은 날 및 조치가 있음을 안 날, 청구의 취지 및 이유를 적어 서면으로 청구한다.

④ 재심 진행 기간(법 제17조의2제3항): 지역위원회가 재심청구를 받으면 30일 이내에 심사·결정하여 청구인에게 통보하여야 한다.

⑤ 재심 심리 방식(시행령 제24조제3항, 제4항): 지역위원회는 직권 또는 신청에 따라 관련 학생(피해학생, 가해학생 및 보호자), 참고인 등을 출석하게 하여 진술을 청취하여 심리할 수 있으며, 서면으로 심리하는 것도 가능하다.

⑥ 재심 결정 통보(시행령 제24조제7항): 지역위원회의 재심 결과는 결정의 취지와 내용을 적어 청구인과 가해학생에게 서면으로 통보한다.

(2) 가해학생의 재심청구

① 어떤 경우에 재심을 청구하는가: 자치위원회가 가해학생에게 내린 전학, 퇴학 조치에 대하여 이의가 있는 학생 또는 보호자가 청구한다.

② 재심청구 기한 및 기관(법 제17조의2제2항): 조치를 받은 날부터 15일 이내, 조치가 있음을 안 날부터 10일 이내에 시·도 교육청에 설치된 시·도 학생 징계조정위원회로 청구한다. 재심청구 기한은 송달 받은 다음날부터 15일 이내에 재심청구를 하여야 한다.

③ 재심 진행 기간(「초·중등교육법」 제18조의2제2항): 시·도 학생징계조정위원 회는 재심청구를 받으면 30일 이내에 심사·결정하여 청구인에게 통보하 여야 한다.

④ 재심청구, 심사절차, 결정통보: 재심청구, 심사절차, 결정통보 등은 「초·중등 교육법」 제18조의2제2항부터 제4항까지의 규정을 준용한다.

    가해학생이 재심을 청구한 경우, 그 결정이 피해학생의 이해에도 관련되 므로 가능한 한 피해학생 측에 재심청구 사실 통보 및 의견 청취 등의 절차 적 노력을 이행하는 것이 좋다.

(3) 자치위원회 결정에 대해 재심이 청구되어 가해학생의 조치가 유보된 경우

행정심판 및 소송 청구의 경우에는 일반적으로 조치가 유보되지 않으며, 법원 (행정심판위원회)에서 집행정지 결정을 한 경우에만 조치가 유보된다.

① 가해학생 조치: 재심기관의 판단 결과가 나올 때까지 법률 제17조에 따른 가해학생 조치를 유보해야 한다. 다만, 가해학생에 대한 조치 실행을 유보 하는 것과 이를 학생부에 기재하는 것은 별개의 문제이므로 가해학생에 대 한 조치결과는 학생부에 기재 후, 재심 결과에 따라 조치가 변경된 경우에 수정해야 한다.

② **피해학생 보호**: 재심청구로 조치가 유보된 경우 피해학생을 철저히 보호하기 위해 노력해야 한다.

(4) 사안별 사례

재심을 청구한다고 해서 모두 받아들여지는 것은 아니다. 사안별로 시·도 학생징계조정위원회에서 30일 이내에 심사하여 인용, 유보, 기각 결정을 내리게 된다. 다음 사례들은 기각, 인용된 사례들이다.

① **재심청구가 기각된 사례**: 가해학생은 이 사건 이전에 학교폭력으로 접촉, 협박 및 보복행위의 금지(2호), 출석정지 7일(6호) 조치를 받은 적이 있으며, 학교생활에서 여러 가지로 문제를 일으켜 담임교사는 가정과의 연계 지도를 위해 노력하였으나 보호자의 협조가 부족하였다. 가해학생은 피해학생 김○○을 지속적으로 폭행하면서 금품을 요구하였고, 피해학생의 휴대전화로 게임 아이템을 구입하기도 하였으며 휴대전화를 빌려 가서 잃어버렸다고 돌려주지 않았으며, 피해학생 이○○의 요요를 빌려 가서 돌려주지 않았고 묵찌빠에서 이겼다는 이유로 만 원을 갈취하였고, 피해학생 박○○를 3층 창밖으로 던지겠다고 위협하면서 실제로 던지려는 행위를 하여 자치위원회가 개최되었다.

자치위원회는 가해학생에 대하여 교육환경 변화가 필요하다고 판단하여 전학을 결정하였고, 가해학생의 보호자는 시·도 학생징계조정위원회에 재심을 청구하였다. 시·도 학생징계조정위원회는 다음과 같은 이유로 재심청구를 기각하였다.

• 가해학생의 행위가 다른 학생들의 사주에 의한 것이라는 청구인의 주장이 사실이라 하더라도 가해학생의 행위는 심각·지속·고의적인 학교폭력에 해당하고, 이에 대한 교육과 선도를 위한 조치가 필요하다.

- 가해학생은 이 사건 이전에도 학교폭력을 행사하여 피청구인은 주의 및 선도 조치를 하여 징계의 단계적 적용을 통한 개전의 기회를 제공하였으나 가해학생은 개전의 정을 보이지 않고 다시 학교폭력을 행사하였다.
- 전학조치를 통하여 피해학생을 보호하고 가해학생의 교육환경을 바꾸어 줄 필요성이 인정되므로 피청구인의 전학조치가 법률을 위반하였다거나 재량권을 남용하였다고 볼 수 없다.

② 재심청구가 인용된 사례: 수학여행 도중 숙소에서 김○○ 학생이 피해학생이 샤워하고 옷을 갈아입는 모습을 촬영하여 SNS에 사진을 올렸고, 가해학생은 반 학생들이 단체로 대화하는 대화방에 이 사진을 전송하였다.

　　가해학생들의 성폭력 행위에 대하여 자치위원회가 개최되어 모두 전학이 결정되었다. 가해학생은 자치위원회 개최 이후 피해학생과 화해를 하였으며, 사진을 직접 촬영한 것이 아니므로 전학조치는 과하다는 이유로 시·도 학생징계조정위원회에 재심을 청구하였다. 시·도 학생징계조정위원회는 다음과 같은 이유로 재심청구를 인용하였다.

- 가해학생의 행위는 피해학생에게 수치심을 줄 수 있는 심각한 학교폭력에 해당하나, 가해학생이 이전에 학교폭력을 행사한 적이 없는 점, 평소 학교생활 태도가 모범적인 점, 이 사건에 대하여 깊이 반성하고 있는 점, 해당 사진을 직접 촬영한 다른 가해학생보다는 잘못이 경한 점, 피해학생과 화해가 이루어진 점 등을 고려하였다.

3. 행정심판

1) 행정심판의 정의

(1) 행정심판이란

행정심판이란 행정청의 위법·부당한 처분이나 부작위로 권리 또는 이익을 침해받은 국민이 이를 회복하기 위하여 행정기관에 제기하는 권리구제제도다.

(2) 행정심판 기관

학교장의 조치 또는 시·도 학생징계조정위원회의 재심 결정에 대한 행정심판은 해당 교육청의 행정심판위원회로 제기한다. 아울러 지역위원회의 재심 결정에 대한 행정심판은 중앙행정심판위원회에 제기한다.

2) 행정심판의 대상 및 청구기간

(1) 행정심판의 대상

국·공립학교에 재학하고 있는 가해학생은 학교장의 조치, 즉 ① 피해학생에 대한 서면사과, ② 피해학생 및 신고·고발 학생에 대한 접촉, 협박 및 보복행위의 금지, ③ 학교에서의 봉사, ④ 사회봉사, ⑤ 학내외 전문가에 의한 특별교육이수 또는 심리치료, ⑥ 출석정지, ⑦ 학급 교체, ⑧ 전학, ⑨ 퇴학처분에 대하여 행정심판을 제기할 수 있다. 한편, 행정심판은 행정청의 처분을 대상으로 하는데, 현행 법령이나 판례에 의하면 사립학교 재학생과 학교와의 관계는 사법관계에 해당하여 사립학교는 행정청으로 볼 수 없어 사립학교 재학생은 학교장의 조치에 대하여 행정심판을 제기할 수 없다. 그러나 지역위원회와 시·도 학생징계조정위원회는 행정청에 해당하므로 재심 결정에 대해서는 학교의 설립 형태에 관계없이 행정심판을 청구할 수 있다.

(2) 행정심판 청구기간

학교장의 조치에 대하여는 처분이 있음을 알게 된 날부터 90일 이내에 청구하여야 하며, 처분이 있었던 날부터 180일이 지나면 청구하지 못한다(「행정심판법」제27조). 그리고 재심을 청구하여 그 결정에 이의가 있는 청구인은 통보를 받은 날부터 60일 이내에 행정심판을 제기할 수 있다.

3) 행정심판의 절차

행정심판은 법원의 행정소송에 비하여 비용이 무료이고 절차가 간편하며 신속하게 처리되는 특징이 있다. 그 절차는 다음과 같다.

(1) 청구서, 신청서 제출

심판청구서, 집행정지 신청서 등을 청구인 또는 대리인이 온라인으로 제출한다.

(2) 답변서 제출

피청구인인 행정기관의 주장이 기재된 답변서를 온라인으로 열람하고, 피청구인의 답변 내용에 대한 반박을 하거나 이전의 주장을 보완하고자 할 경우에는 보충서면을 작성하여 제출하면 된다.

(3) 답변서 송부(심리기일 안내)

행정심판위원회가 지정한 심판 청구사건에 대한 심리 · 의결일을 열람한다. 심리기일이란 사건에 대한 검토가 완료되어 행정심판위원회가 심판의 대상이 된 처분 등의 위법 · 부당 여부를 판단하는 기일을 말한다. 심리기일이 정해지면 청구인에게 통지를 하는데, 온라인으로 행정심판을 청구하는 경우 우편으로 통지하지 않고 중앙행정심판위원회 사이트와 이메일, 휴대전화 SMS 등으로 통지한다.

(4) 심리기일 통보(구술심리 안내)

위원회에 직접 참석하여 진술을 하고자 하는 경우 구술심리 신청을 할 수 있다. 구술심리 신청이 받아들여지면 회의에 직접 출석하여 진술할 수 있다. 구술심리 신청은 행정심판 청구 시 또는 행정심판 진행 중에 할 수 있다. 구술심리 신청을 하면 행정심판위원회는 구술심리 여부를 결정하여 신청인에게 통지한다. 다만, 이미 제출된 자료만으로도 충분한 판단이 가능하다고 인정되는 경우에는 구술심리 신청이 있더라도 서면심리 결정을 하게 된다.

(5) 재결서 송부(심리결과 안내, 재결서 수령)

심판 청구사건에 대한 위원회의 심리 결과를 열람하고 위원회의 심리에 따른 재결서를 수령할 수 있다.

① **심리결과 안내**: 심판 청구사건에 대한 행정심판위원회의 심리 결과는 심리기일의 다음 날부터 중앙행정심판위원회의 홈페이지와 이메일, 휴대전화 SMS 등으로 안내한다.

② **재결서 수령**: 행정심판위원회의 심리 · 재결에 따른 재결서는 재결일로부터 약 1주일 후 청구인에게 우편으로 송달된다. 재결서가 송달되면 중앙행정심판위원회 홈페이지와 이메일, 휴대전화 SMS 등으로 재결서 송달 사실을 안내한다. 행정심판위원회의 재결은 행정심판 청구사건에 대한 판단을 대외적으로 청구인과 피청구인에게 알리는 것으로 재결서를 청구인과 피청구인에게 송달한다. 행정심판의 효력은 재결서가 송달되어야 발생한다.

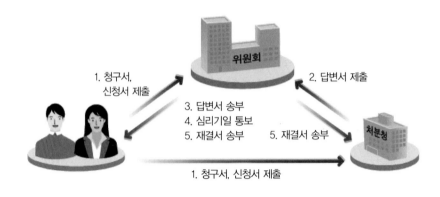

위원회

1. 청구서, 신청서 제출

2. 답변서 제출

3. 답변서 송부
4. 심리기일 통보
5. 재결서 송부

5. 재결서 송부

처분청

1. 청구서, 신청서 제출

청구서는 처분청이나 위원회 중 한 곳에만 제출하면 된다.

[그림 12-4] 행정심판의 절차

* 출처: 교육부(2014), 학교폭력 사안처리 가이드북.

4. 행정소송과 민사소송

1) 사법적 구제절차의 의의

자치위원회가 법률 제17조제1항에 따라 가해학생에 대한 조치를 결정하고 학교의 장이 법률 제17조제6항에 따라 조치를 하였는데, 학교장의 조치에 대하여 이의가 있는 가해학생 또는 보호자는 법원에 소를 제기할 수 있다. 이것을 사법적 구제절차라 하는데, 이 사법적 구제절차는 재심 또는 행정심판과 무관하므로 학교장의 조치에 대하여 이의가 있는 가해학생은 재심 또는 행정심판을 거치지 않고 바로 소송을 제기할 수 있다.

2) 행정소송

(1) 어떤 경우에 행정소송을 제기하는가

국·공립학교 재학생과 학교와의 관계는 공법(公法)관계에 해당하므로 국·공
립학교 재학생은 학교의 장이 내린 조치에 대하여 조치의 취소 또는 무효확인을
구하는 행정소송을 제기할 수 있다. 또한 자치위원회 결정에 따른 학교장의 처분
에 대해 재심 및 행정심판이 청구된 경우, 그 결정에 대해 취소 또는 무효확인을
구하는 행정소송 제기가 가능하다.

(2) 제소기간(행정소송법 제20조)

취소소송은 처분이 있음을 안 날부터 90일 이내에 제기하여야 하며, 처분이 있
은 날부터 1년을 경과하면 제기할 수 없다. 처분이 있음을 안 날이란 처분이 있었
음을 통지서 수령 등을 통해 실제로 알게 된 날을 의미한다. 또한 무효소송은 제
소기간이 없으나 무효는 처분의 위법성이 중대하고 명백한 경우에만 인정된다.
일반적인 처분의 위법은 취소사유에 해당하므로 제소기간 내에 취소소송을 제기
하여야 한다.

(3) 당사자

처분의 취소 또는 무효를 구하는 학생이 원고가 되나, 미성년자인 경우에는 법
정대리인이 대리하여야 하며, 학교의 장이 피고가 된다.

(4) 집행정지 결정

취소소송의 제기는 처분 등의 효력이나 그 집행 또는 절차의 속행에 영향을 주
지 아니하므로 처분의 절차 또는 효력을 정지하기 위해서는 집행정지 결정이 있
어야 한다(행정소송법 제23조).

전학조치에 대하여 행정소송을 제기하는 경우, 소송을 제기한다고 하여 전학

절차가 정지되는 것은 아니므로 전학을 간 후 전학을 취소하는 판결을 받고 원적교로 복귀하여야 하나, 전학 전에 집행정지 결정을 받으면 전학 절차가 정지된다.

3) 민사소송

(1) 어떤 경우에 민사소송을 제기하는가

사립학교 재학생과 학교와의 관계는 사법(私法)관계에 해당하므로 사립학교 재학생은 학교의 장이 내린 조치에 대하여 학교법인을 상대로 조치의 무효확인을 구하는 민사소송을 제기할 수 있다.

(2) 제소기간

민사소송은 제소기간이 없으므로 기간 제한 없이 소를 제기할 수 있다.

(3) 당사자

처분의 취소 또는 무효를 구하는 학생이 원고가 되고, 이 경우 미성년자인 경우에는 법정대리인이 대리하여야 하며, 학교법인이 피고가 된다.

(4) 보전처분

소송의 확정 또는 집행 전까지 법원이 명하는 잠정적인 처분으로 효력을 정지하는 가처분 등이 있어야 조치에 대한 절차가 정지된다(「민사집행법」 제277조 및 제300조제1항).

5. 사법처리 절차

1) 학교폭력 사안에 대한 형사처리절차

(1) 형사처벌의 대상이 될 수 있는 학교폭력 사안

① 피해학생 및 보호자가 고소할 수 있는 사안: 가해학생의 학교폭력 행위가 「형법」상의 상해, 폭행, 감금, 협박, 약취 · 유인, 명예훼손 · 모욕, 공갈, 강요 등에 해당하는 경우에 「학교폭력법」상의 조치와 별도로 고소가 가능하다. 다만, 「형법」에 규정된 범죄가 아닌 따돌림의 경우에는 폭행 및 협박 등이 수반되어야 하고, 사이버 따돌림의 경우에는 정보통신망을 이용한 모욕이나 명예훼손 등이 있어야 한다.

② 피해학생의 고소 없이도 형사사법 처리되는 사안: 피해학생이 가해학생의 폭력 행위로 사망한 경우 또는 피해학생이 한쪽 시력을 상실하거나 중환자실에 입원할 정도의 중상해를 입은 경우에는, 피해학생의 고소 없이도 가해학생에 대한 형사사법 절차가 시작될 수 있다.

③ 교사, 학교장 등이 고발할 수 있는 사안: 가해학생의 학교폭력 행위가 형사처벌 대상이 될 경우에는 교사, 학교장 등은 고발할 수 있다. 단, 학교폭력 행위가 '친고죄' 및 '반의사불벌죄'에 해당할 경우 고소권자의 고소 및 처벌의사가 있는 경우에만 형사처벌이 가능하다. 특히 폭행 · 협박이 수반되지 않는 강제적인 심부름, 단순한 따돌림 등은 형사처벌 대상이 아니다.

친고죄

- 고소권자가 고소를 하여야만 공소를 제기할 수 있는 범죄를 말한다.
- 모욕죄, 사자의 명예훼손죄 등이 친고죄에 해당한다.
- 그러나 강간, 강제추행 등은 친고죄가 아니다. 누구든지 성범죄의 발생 사실을 알게 된 때는 수사기관에 신고할 수 있고, 초·중등학교의 장과 그 종사자는 즉시 수사기관에 신고하여야 한다.

반의사불벌죄

- 피해학생의 의사에 관계없이 공소를 제기할 수 있으나, 피해학생이 가해학생의 처벌을 원하지 않는다는 의사를 표시하면 처벌할 수 없는 범죄를 말한다.
- 폭행, 협박, 명예훼손, 과실치상 등이 반의사불벌죄에 해당한다.
- 그러나 단체 또는 다중의 위력을 보이거나 위험한 물건을 이용한 폭행 및 협박, 중과실치사상은 반의사불벌죄가 아니다.

(2) 소년법 상의 처리절차

① 소년사법처리의 대상: 만 14세가 되지 아니한 자의 행위는 형사처벌을 할 수 없으며, 만 10세 이상인 자에게는 보호처분을 할 수 있다. 그러나 만 10세 미만인 자에게는 형사처벌은 물론 보호처분도 할 수 없다.

〈표 12-1〉 소년사법처리의 대상

10세 미만	10세 이상 ~ 14세 미만(촉법소년)	14세 이상(범죄소년)
보호처분 불가	보호처분 가능	
형사처벌 불가		형사처벌 가능

형사처벌

- 벌금, 징역, 금고, 구류, 과로 등

보호처분

- 보호자 또는 보호자를 대신하여 소년을 보호할 수 있는 자에게 감호 위탁(6월, 6월의 범위에서 1회 연장 가능)
- 수강명령(100시간 미만)
- 사회봉사명령(14세 이상의 경우에만 부과할 수 있음. 200시간 미만)
- 보호관찰관의 단기 보호관찰(1년)
- 보호관찰관의 장기 보호관찰(2년, 단 1년의 범위 내 1차 연장 가능)
- 「아동복지법」에 따른 아동복지시설이나 그 밖의 소년보호시설에 감호 위탁
- 병원, 요양소 또는 「보호소년 등의 처우에 관한 법률」에 따른 소년의료보호시설에 위탁
- 1개월 이내의 소년원 송치
- 단기 소년원 송치(6월 미만)
- 장기 소년원 송치(2년 미만)

'형사처벌'과 '보호처분'의 기록 유무

- 형사처벌을 받은 경우에는 범죄 경력 조회를 하면 범죄기록이 남게 되지만, 보호처분을 받은 경우에는 범죄 기록이 남지 않아 소년의 장래에 어떠한 영향도 미치지 않게 되어 있다.

(3) 소년사법처리 절차

학교폭력 가해학생에 대한 사법처리절차는 경찰에서의 처리, 검찰에서의 처리와 법원에서의 소년사건의 처리가 있다.

① **경찰에서의 소년사건의 처리**: 피해학생이 수사기관에 가해학생의 형사처벌을 요구하기 위해 고소를 해 오면 경찰은 학교폭력, 즉 가해행위가 발생했는지 조사하여 가정이나 학교에 통보하고 훈방, 가정법원 소년부 송치, 검찰에 송치하여 수사를 종료한다.

② **검찰에서의 소년사건의 처리**: 경찰로부터 사안을 송치받은 검사는 학교폭력 사안을 조사하여 친고죄 또는 반의사불벌죄에 해당하는 사안인 경우 피해학생이 고소를 취하하거나 처벌을 원하지 않으면 가해학생을 처벌할 수 없으므로 불기소 처분으로 수사를 종료한다. 단, 상습적이거나 흉기 등 위험한 물건을 휴대하거나 2인 이상이 가해한 특수 폭행, 협박 및 19세 미만의 자(만 19세에 도달하는 해의 1월 1일을 맞이한 자는 제외)에 대한 강간, 강제추행 등은 종료될 수 없다. 사안 조사 후 검사는 불기소 처분, 형사기소 또는 가정법원 소년부 송치를 결정한다.

③ **법원에서의 소년사건의 처리**: 만 14세 이상의 가해학생에 대해 금고 이상의 형에 해당하는 범죄 사실이 발견된 경우 그 동기와 죄질이 형사처분을 할 필요가 있다고 인정되는 경우에는 법원에서 형사재판을 통해 처벌받게 된다. 법원은 조사 또는 심리한 결과, 보호처분에 해당할 사유가 있다고 판단되는 경우 소년법원으로 송치하여 소년보호 사건으로 처리한다.

학교폭력의 유형이 친고죄 또는 반의사불벌죄에 해당되는 경우에 제1심 판결 선고 전까지 피해학생이 고소를 취하하거나 처벌을 원하지 않으면 가해학생을 처벌할 수 없으므로 재판을 공소기각으로 종결한다. 다만, 상습적이거나 흉기 등 위험한 물건을 휴대하거나 2인 이상이 가해한 특수 폭행, 협박 및 19세 미만의 자(만 19세에 도달하는 해의 1월 1일을 맞이한 자는 제외)에 대한 강간, 강제추행은 제외된다.

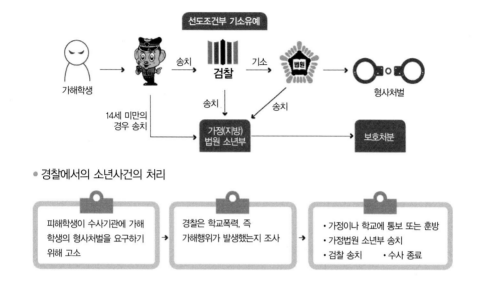

[그림 12-5] 소년사법처리 절차

* 출처: 교육부(2014), 학교폭력 사안처리 가이드북.

가해학생이 요구할 수 있는 권리: 국선변호인선임권

• 만 19세 미만인 미성년자는 반드시 변호사 선임을 해야 하는데, 경제적 여건이 안 되는 경우 국선변호인의 선임을 요구하여 무료변호를 받을 수 있다. 또한 범죄사실에 대하여 불리한 확인은 거부할 수 있다.

피해학생이 요구할 수 있는 권리: 피해학생 등의 확인권, 가해학생으로부터의 신변 보호 요청

• 피해학생 또는 그 법정대리인은 재판 시 증인신문의 방식으로 확인할 수 있다. 또한 강간·강제추행 등의 성폭력 범죄와 약취·유인죄 등에 해당하는 학교폭력인 경우 신변 안전조치를 받을 수 있다.

2) 학교폭력 사안에 대한 민사처리절차

(1) 학교폭력 사안에 대한 민사상 손해배상청구

학교폭력으로 인하여 치료비 등 손해가 발생한 경우, 그에 대한 민사상의 손해배상 청구가 가능하다. 모든 학교폭력 사안에 대하여 민사처리가 가능하며, 민사소송에 의한 손해배상청구는 '치료비'와 '정신적 손해'에 대한 배상청구로 이루어진다.

(2) 민사소송절차

민사소송은 피해학생 측이 가해학생 측에 대하여 손해배상을 청구하는 소장을 제출하면서 시작된다. 민사절차에서는 형사절차와 달리 국선변호인제도가 없다. 따라서 본인의 비용으로 변호인을 선임하거나, 변호인을 선임할 경제력이 없는 경우에는 개인이 소송의 당사자가 되어 소송을 진행하여야 한다. 변호사 선임 없이 소송을 진행하는 경우, 무료법률상담소 또는 법률구조공단으로부터 소송서류의 작성 및 소송절차의 진행에 대한 도움을 받을 수 있다.

(3) 민사조정절차

민사조정절차는 소송절차에 비해 신속하게 진행되고, 비용도 1/5로 비교적 저렴하게 든다. 따라서 각 지방법원 종합민원실에 민사조정신청서 양식이 비치되어 있다. 조정신청서를 작성할 수 없는 경우에는 법원 직원에게 구두로 신청할 수 있다. 조정결과 당사자 사이에 합의가 성립된 경우에 합의된 사항을 조서에 기재하게 되면, 확정판결과 동일한 효력을 지니게 된다.

(4) 손해배상의 범위

손해배상의 범위에는 재산상의 손해, 명예회복처분 등이 있다. 다만, 정신적 손해에 대한 배상에 해당하는 위자료의 경우, 학교폭력과 정신적 손해 사이의 인과 관계가 인정되어야 한다. 위자료의 액수는 일반적으로 법원의 자유재량에 따라 결정된다.

(5) 민사책임의 주체

① **가해학생 및 보호자의 책임:** 보통의 경우 가해학생의 감독의무자인 보호자가 피해학생에게 손해를 배상할 책임이 있다.

② **교사의 책임:** 교사의 경우에는 그 지도 · 감독 하에 있는 학생의 가해행위로 인하여 발생한 손해를 배상할 책임을 지게 된다. 그러나 교사가 자신의 지도 · 감독 하에 있는 학생의 가해행위에 대하여 항상 손해배상 책임을 지는 것은 아니다. 가해행위가 발생한 사안이 '학교에서의 교육활동 및 이와 밀접한 생활관계인 경우'(교육활동과 밀접불가분의 관계가 있는지 여부)이고, 교사가 '학교폭력이 발생할 것을 알았거나 알 수 있는 경우'(예견가능성)에 한하여 책임을 부담하는데, 이러한 두 가지 요건을 모두 충족하였다고 하더라도 교사가 상황에 적합한 예방조치를 하는 등 결과를 방지하기 위한 노력을 충분히 한 경우라면 법적인 책임을 지지 않는다.

③ **학교를 설치 · 운영하는 지방자치단체의 책임:** 국 · 공립학교에서 발생한 학교폭력 사건의 경우, 교사 이외에도 학교를 설치 · 운영하는 국가 또는 지방자치단체가 피해학생에 대한 배상책임을 부담한다. 학교폭력 사건의 발생에 대하여 교사에게 경과실만 있는 경우에는 교사 개인은 손해배상책임을 부담하지 않고, 지방자치단체가 배상책임을 부담하게 된다. 반면에 교사에게 고의 또는 중과실이 있는 경우에는 교사 개인도 지방자치단체와 함께 불법행위로 인한 손해배상책임을 지게 된다. 여기서 교사의 중과실이라 함은 교사에게 통상 요구되는 정도의 상당한 주의를 하지 않더라도 약간의 주의만 기울였다면 손쉽게 위법, 유해한 결과를 예견할 수 있는 경우임에도 이를 간과하는 경우로, 고의에 가까울 정도로 현저한 주의를 하지 않은 상태를 의미하는 것이다.

부 록

〈부록 1-1〉 자기소개서

저를 소개합니다!

학교   학년   반 번 이름: (한자:)

1. 제 인적 사항입니다.

생년월일	19 년 월 일 (양, 음)	올해생일	월 일 요일
주민번호	–	출신학교	초등학교 중학교
집주소			
집전화		휴대전화	(본인)
			(부) (모)
e-mail 미니홈피		메신저 ID	(네이트) ( )
			( ) ( )
보호자와의 관계	( )의 ( )	혈액형	
숙소	자택, 친척, 하숙, 자취, 기타( )	가옥	자가, 전세, 월세, 기타( )
통학방법	도보, 버스, 승용차, 기타( )	통학 소요시간	약 분
건강상태		요양호부위	차량소유	있음(종류:), 없음

2. 제 부모님(보호자)을 소개합니다.

관계	성함	주민등록번호	직업(구체적으로)	학력	종교	동거여부

부모님(보호자)을 소개한다면?(성격, 나와 친밀도, 취미나 특기, 건강, 사회활동 등 ……)

3. 다른 가족에 대해 씁니다.

이름	나이	관계	소개(직업, 성격, 나와 친밀도, 취미나 특기, 건강 등 ……)	동거여부

4. 저의 친구들을 소개합니다.

구분	학교	이름	전화번호	성격과 특징, 친해진 계기 등
본교			(집)	
			(H.P)	
타교			(집)	
			(H.P)	
이성			(집)	
			(H.P)	

5. 장래 희망

구분	순위	희망 직업	희망 학과	희망 대학	이유
부모님	1순위				
나	1순위				
	2순위				

6. 내가 가지고 있는 자격증은?(한자)   (컴퓨터)   (기타)

7. 가장 관심이 가고 즐거움을 느끼는 일은?(흥미:)

　 자신 있게 할 수 있는 것은?(특기:)

8. 나의 종교활동(출석교회/사원, 활동내용 포함) :

9. 나의 성격의 * 장점: * 단점 :

10. 가장 존경하는 인물(부모님을 제외하고), 그 이유는?(   )

11. 가장 부러운 친구와 이유는?

12. 내가 좋아하는 과목들(   )과 싫어하는 과목들(   )?

13. 학원 수강 과목은?

학원/과외 이름	과목	시간				비용
		요일	:	~	:	
		요일	:	~	:	

14. 일상 속에서 가장 좋아하는 공간은?(   ), 시간은?(   )
15. 지금까지 받은 가장 큰 상은?(   ) ,벌은?(   )
16. 지금까지 살아오면서 가장 기뻤던 일은?(   ), 슬펐던 일은?(   )
17. 지난 해 읽은 책의 제목은?(국어 필독서 제외,   )
18. 나의 대중매체 접촉 실태, 나는 (   )의 열렬한 팬이다.

TV시청	시간/주	라디오청취	시간/주	신문구독	시간/주
인터넷 사용	시간/주	즐겨 찾는 사이트		개설한 카페/홈피	
잘하는 게임					

19. 용돈은 얼마나, 어떻게 받아서, 주로 어디에 사용합니까?(   )
20. 현재 내게 있는 고민은?
　　[성적, 교우, 가족, 가정형편, 이성, 외모, 신앙, 진로, 성격, 기타(   )]
21. 올 한 해 동안 꼭 이루고 싶은 일은?(   )
22. 부모님께 불만인 점과 감사한 점은?

23. 그 밖에 선생님께 알려 주거나 부탁하고 싶은 말은?

〈부록 1-2〉 자아와 직업 세계 관련 활동지

영역	질문
자아	1. 나의 건강상태는? 1) 매우 좋다 _____ 2) 보통이다 _____ 3) 나쁘다 _____ 　• 직업선택에 방해가 되는 신체적 장애가 있다면? _____ 2. 직업선택에 있어 영향을 미칠 수 있는 성격상의 특성이 있다면? (예: 수줍어한다, 　사교적이다, 언어구사가 유창하다 등) _____ 3. 자신의 장점은? 1) _____ 　　　　　　　2) _____ 　　　　　　　3) _____ 4. 자신의 단점은? 1) _____ 　　　　　　　2) _____ 　　　　　　　3) _____ 5. 만일 자신이 다른 사람이 될 수 있다면, 어떤 사람이 되고 싶은가? 　_____ 　• 그 이유는? _____
일	1. 과거에 자신이 희망했던 일들은? 1) _____ 2) _____ 3) _____ 2. 현재 자신이 하고자 하는 일은? _____ 　• 그것을 선택한 이유는? _____ 3. 자신이 원하는 일을 할 자신이 있는가? 1) 있다 _____ 2) 없다 _____ 　• 자신이 없다면 그 이유는? _____ 4. 가장 자신 있게 해 낼 수 있는 일이 있다면? 1) _____ 2) _____ 5. 가장 하기 싫어하는 일이 있다면? 1) _____ 2) _____ 3) _____
여가	1. 한가한 시간에 자신이 혼자서 하고 싶은 일이 있다면? 　1) _____ 2) _____ 3) _____ 2. 한가한 시간에 다른 사람과 함께하고 싶은 일이 있다면? 　1) _____ 2) _____ 3) _____ 3. 자신이 주로 읽는 책이나 잡지의 종류(내용)는? 　1) _____ 2) _____ 3) _____ 4. 자신의 특별한 과외활동이 있다면? 　• 만일 없다면 앞으로 하고 싶은 활동은? _____ 5. 하루종일 일을 해야 한다면 어떤 일을 하고 싶은가? 　1) _____ 2) _____ 3) _____

영역	질문
가정	1. 부모님은 나에게 무엇이 되길 원하는가? _____ • 부모님의 생각에 1) 동의한다 2) 반대한다 3) 잘 모르겠다 • 그 이유는? _____ 2. 부모님은 내가 대학에 가기를 원하는가? 1) 그렇다 _____ 2) 그렇지 않다 _____ • 부모님의 생각에 1) 동의한다 _____ 2) 반대한다 _____ 3) 잘 모르겠다 _____ • 그 이유는? _____ 3. 부모님은 내가 될 수 있는 한 빨리 취업하기를 원하는가? _____ • 그 이유는? _____ 4. 가족이 칭찬하는 나의 성격이나 재능은? _____ 5. 가족이 나의 성격이나 습관 중 고쳐야 한다고 생각하는 것이 있다면? _____
학교	1. 가장 좋아하는 과목은? 1) _____ 2) _____ 3) _____ • 그 이유는? _____ 2. 가장 싫어하는 과목은? 1) _____ 2) _____ 3) _____ • 그 이유는? _____ 3. 가장 관심 있는 학급활동은? _____ 4. 자신의 학교 성적이 자신의 능력과 가능성을 잘 나타내 준다고 생각하는가? 1) 그렇다 _____ 2) 그렇지 않다 _____ 3. 잘 모르겠다 _____ 5. 장래의 직업을 여부에 두고 학교 성적을 생각해 본 적이 있는가? _____
추가 질문	1. 자신의 진로문제(직업선택, 진학 등)를 상담하고 싶은 사람은? _____ 2. 고등학교 시절 받고 싶은 교육이나 배우고 싶은 기능이 있다면? _____ 3. 고등학교 졸업 후 하고 싶은 일은? _____ 4. 앞으로 선택할 직업에 대해서 진지하게 생각해 본 적이 있는가? _____ 5. 자신의 일생을 통하여 반드시 이루고자 하는 일이 있다면? _____ • 그 일을 위해 필요한 준비(교육, 기능, 경쟁력 등) 내용은? _____

〈부록 1-3〉 진로선택 관련 활동지 1

▶ 진로 선택에 있어 문제가 무엇인가? (현재 갈등을 가지고 있는 문제나 스트레스 상황)

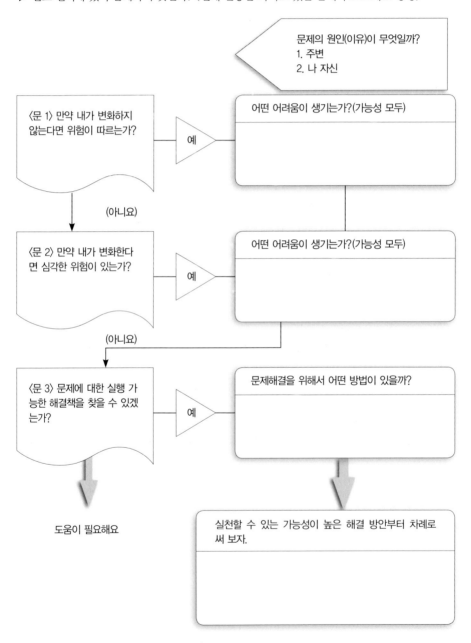

문제의 원인(이유)이 무엇일까?
1. 주변
2. 나 자신

〈문 1〉 만약 내가 변화하지 않는다면 위험이 따르는가?

예

어떤 어려움이 생기는가?(가능성 모두)

(아니요)

〈문 2〉 만약 내가 변화한다면 심각한 위험이 있는가?

예

어떤 어려움이 생기는가?(가능성 모두)

(아니요)

〈문 3〉 문제에 대한 실행 가능한 해결책을 찾을 수 있겠는가?

예

문제해결을 위해서 어떤 방법이 있을까?

도움이 필요해요

실천할 수 있는 가능성이 높은 해결 방안부터 차례로 써 보자.

〈부록 1-4〉 진로선택 관련 활동지 1

이런 사람이 되련다

학년   반   번   이름:

◈ 내가 본받고 싶은 인물을 찾아봅시다.

〈사진을 붙이거나 그려 주세요.〉

1. 누구인가요? (이름, 나와의 관계)
2. 어떤 일을 하시(셨)나요?
3. 존경하게 된 동기는?
4. 본받고 싶은 점을 구체적으로 써 봅시다.

〈사진을 붙이거나 그려 주세요.〉

1. 누구인가요? (이름, 나와의 관계)
2. 어떤 일을 하시(셨)나요?
3. 존경하게 된 동기는?
4. 본받고 싶은 점을 구체적으로 써 봅시다.

◈ 나의 삶의 계단을 설계해 봅시다.

	고등학교	5년 후	10년 후	20년 후	30년 후	성공한 모습
구체적 모습						
과정						

◈ 나는 어떤 인물이 되고 싶은가요?

1. 다른 사람의 칭찬을 받는다면 어느 때 쯤의 모습일까요? (나이와 직업)

2. 어떤 일을 하고 있나요(했었나요)? (직업보다는 자신의 삶의 내면이 드러나는 일)

3. 그런 일을 하게 된 동기, 과정 등이 드러나게 써 보세요.

4. 내가 죽은 후 누구에게 어떤 사람이었다고 기억되고 싶습니까?

〈부록 1-5〉

그 애는 혼자 은둔합니다. 어떻게 말을 거나요?

- 은둔취향인 학우 만나기

[한국: 대인관계만 피하는 은둔(은둔형 외톨이)이 특징 / 일본: 히키코모리 / 영국: NEET young people who are Not in Education, Employment nor Training / 미국: 1930년~#]

1. 사회적 철회를 하는 사람들의 공통점
   즐거운 경험이 희박하다. 무기력·무감동·무쾌락 상태. 선택 회피, 고립감, 허무감. 관계가 어려운 사람들과 외부에서 오는 스트레스를 피하려다 고립과 소외에서 오는 긴장으로 내부의 스트레스가 가중된다.

2. 임상적 경향
   - 학생무기력: 자신이 학교에 가지 않는 것을 부담스러워한다.
   - 그러나 학교에 가지 않는다. (또는 등교하여 화장실에 숨어 지낸다.)
   - 사회와 최소한의 접촉만으로 살아간다. 자기 방에서만 생활한다.
   - 오래되면 스트레스를 풀 대상이 없어 가까운 사람을 오히려 공격한다.
   - 대인관계에서 상대에게 휘말리게 될까 봐 두려워한다. 친해져도 긴장한다.
   - 단절과 고립이 심해진다.

일러스트 조시원

3. 동기: 새 학년, 학기 시작, 교사나 또래, 부모와의 갈등, 말싸움, 발병 등

4. 은둔형 외톨이는 정신질환인가?: 아니다.
   - 성취 중심의 가치관이 아닌 다른 가치관을 지닌 것이다.
     그러나 1) 우울증, 사회공포증, 인격 장애 등과 식별하기 위해, 2) 정신건강상의 문제를 찾기 위해 반드시 전문적인 검사가 필요하다.

5. 돕는 방법
   - 말하는 그대로 경청한다. ("너는 학교에 오기 싫구나!")
   - 자극적인 말을 삼가고 안정적, 일관적 태도를 지닌다.
   - 작은 변화에 관심을 표한다. ("오늘은 네가 거실로 나왔구나!")[구나 요법]
   - 명령 절제, 말을 짧게, 긍정적인 어휘를 사용한다. ("지각 하지 마!" → "일찍 오자!")
   - 침묵을 허용, 문제해결 중심적인 대화("그럼 어떻게 할까?" "네가 원하는 것을 말해 줄래?")를 상호적으로 이끈다.

〈부록 1-6〉 생활지도 관련 교육프로그램

1. 학생 대상 교육프로그램

학생 대상 교육프로그램					
학기	회	주제	내용	참여 횟수	참여자 수
1	1	양성 평등	양성 평등 개념		
	2	자살 예방교육	자살 예방 방법		
	3	또래상담원 자살 예방 상담교육	자살 예방 상담법		
	4	학교폭력 예방교육	학교폭력 예방 및 법령		
	5	우울증 예방교육	우울감 체크 및 해결방법		
	6	다면인성검사결과에 의한 직업탐색방법	인성검사해석과 진로탐색		
2	7	은둔형 외톨이 예방법	고립감, 집단 따돌림 예방		
	8	종교 차별 예방 방법	종교의 자유		
	9	다중지능	직업 적성 찾기		
	10	인간에 대한 예의	인권		

2. 학부모 대상 교육프로그램

학부모 교육					
학기	회	주제	내용	참여 횟수	참여자 수
1	1	자녀와의 대화법 1	마음 열기 대화 방법		
	2	학교폭력 예방	학교폭력 예방 및 법령		
2	3	대화법 2	비폭력대화법		

〈부록 1-7〉

1. KHTP

2. KHTP 보고서

이름:	나이: *18세*	성별: *남*	생년월일: *1990*
주소: *천안시*			집전화:
직업: *고교생*			직장 전화:
학교: *XX고*	검사 일시:	검사 장소: *교실*	검사자: *김○○*

의뢰 사유

1. 사회성이 결여되어 학생들과 마찰이 심하며 늘 우울하고 집단생활의 스트레스가 심하여 자살하고 싶다는 호소를 1년에 몇 차례씩 하는 학생
2. 이기적인 성향이 강한 부분도 있어 자신보다 못하다고 생각하는 학생들을 이해하거나 배려하지 못하고 통합학급 학생 간 이해력 부족으로 늘 혼자 다니고 친구가 없음

가족 배경과 개인력	Family Tree
1. 아버지, 어머니, 남동생(초6년), 이모와 함께 생활함 2. 학습능력은 일반 학생 하위 수준 정도이나 영어, 중국어, 한자 공부를 열심히 하는 편이며, 자신이 장애인(정신지체 2급)이라는 상황을 받아들이기 힘들어하고 이해하지 못하며, 다른 지적 장애 학생들보다 한 수 위라고 생각함 3. 치과 기공사인 아버지와 초등학교 급식실에서 일하는 어머니, 톨게이트에서 일하는 이모 등의 가족과는 유대관계가 좋음	

검사 시의 행동 관찰

1. 흥미 없이 지시대로 이해하며 그림
2. 상대편의 말을 이해하는 능력이 부족하여 질문을 몇 번 하였고, 그다지 즐겁게 검사에 임하지는 않았음

요약 및 검사자의 견해

1. 어머니를 좋아하는 편이라 어머니가 걱정되어 옥상에서 뛰어내리고 싶다는 말을 이모에게 한 적이 있을 만큼 어머니를 배려하는 마음이 있음. 어머니 모습이 두 장면에 그려짐
2. 평범한 가족의 모습을 나타냄
3. 동생이 그려지지 않아 질문하니 "학교에서 열심히 공부하고 있죠!"라고 답함

〈부록 1-8〉 문장완성검사 평가 항목

〈문장완성검사 평가기록 예시〉

사례번호	1	실시기관 및 장소		고등학교	
피검자 인적사항	성별	남( )	연령	18세	학력	고 2 재학 중
검사일시			검사자		김○○
실시검사 종류	문장완성검사(SSCT)				
검사결과	※ 어머니에 대한 아주 좋은 감정(가족 포함) ※ 가족에 대한 태도: 안정되고 쉼을 얻을 수 있다. ※ 친구·교우 관계 문제점 ※ 두려움에 대한 태도: 대인관계에 대한 두려움. 먼저 말을 건네지 못하고, 질문하러(교사에게는 하고 싶은 말을 먼저 표현함) 자신의 애로 사항, 특기) 또래관계 형성에 어려움이 있음 ※ 자신의 능력에 대한 태도: 자신의 능력에 대한 자부심				
피검사에 대한 평가	※ 직장 일로 다른 지방에서 생활하는(함께 살기도 하고) 아버지, 학생의 감정과 호소에 민감하게 언제나 자신의 편이 되어 주는 어머니(급우 간 문제는 토요일 간식 제공 중임), 이모, 나이 차이가 나는 초6년 동생 ※ 단체활동에 잘 어울리지 못하고 친구가 단 한 명도 없음. 옆의 착한 학생-닮음과 어머니의 노력으로과 몇 마디 대화를 나누는 요즘(2학기부터). 어둡고 외로운 감정에서 벗어나 사회 구성원의 역할을 감당하며 살아갈 수 있는 방법과 올바른 대인 관계-친구, 단체 생활-형성 지도 꾸준히 요함				

〈부록 1-9〉 자살 관련 활동지

자살에 관한 '진실' 혹은 '오해'

번호	문항	진실	거짓
1	실제로 자살을 행하는 사람은 자살에 대해 말하지 않는다.		
2	자살은 아무런 경고 없이 일어난다.	○	
3	자살하려는 사람은 정말로 죽고 싶어 한다. (말려 주기를 바라는 심정)		○
4	자살위험이 있는 사람들에게 자살 문제에 대해 직접적으로 이야기하는 것은 자살을 부추기는 행위다.		
5	자살은 예방이 가능하다.		
6	경제적으로 좋은 환경에 있으면 자살하지 않는다.		
7	자살하려는 사람은 모두 정신질환이 있다.		○
8	한 번 자살을 하려 했던 사람은 평생 동안 자살하려는 경향이 있다.		
9	자살하려는 청소년들도 그들 스스로를 도울 수 있다. (자기도움 행동을 보일 수 있다.)	○	
10	자살을 생각하는 것은 그다지 이상한 것이 아니다. 단지 자살이 유일한 수단이라고 생각하는 것이 위험한 것이다.		

〈부록 2-1〉 아동용 문장완성검사 활동지

이제부터 여러분에게 뒷부분이 빠져 있는 문장을 제시할 것입니다. 문장의 첫 부분을 읽고 가장 먼저 떠오르는 생각이나 현재 자신의 마음을 솔직하게 써서 문장을 완성하기 바랍니다. 시간 제한은 없으나 가능한 한 빨리 하시고, 한 문장도 빠뜨리지 마십시오.

1. 내가 가장 행복한 때는 _____

2. 내가 좀 더 어렸다면 _____

3. 나는 친구가 _____

4. 다른 사람들은 나를 _____

5. 우리 엄마는 _____

6. 나는 _____

7. 나에게 가장 좋았던 일은 _____

8. 내가 제일 걱정하는 것은 _____

9. 대부분의 아이는 _____

10. 내가 좀 더 나이가 많다면 _____

11. 내가 가장 좋아하는 사람(은) _____

12. 내가 가장 싫어하는 사람(은) _____

13. 우리 아빠는 _____

14. 내가 가장 무서워하는 것은 _____

15. 내가 가장 좋아하는 놀이는 _____

16. 내가 가지고 있는 것 중에서 제일 아끼는 것은 _____

17. 내가 가장 가지고 싶은 _____

18. 여자 애들은 _____

19. 나의 좋은 점은 _____

20. 나는 때때로 _____

21. 내가 꾼 꿈 중에 제일 좋은 꿈은 _____

22. 나의 나쁜 점은 _____

23. 나를 가장 슬프게 하는 것은 _____

24. 남자 애들은 _____

25. 선생님들은 _____

26. 나를 가장 화나게 하는 것은 _____

27. 나는 공부 _____

28. 내가 꾼 꿈 중에 제일 무서운 꿈은 _____

29. 우리 엄마, 아빠는 _____

30. 나는 커서 _____ 이(가) 되고 싶다.

   왜냐하면 _____

31. 내 소원이 정말 이루어진다면,

   첫째 소원은 _____

   둘째 소원은 _____

   셋째 소원은 _____

32. 내가 만일 먼 외딴 곳에 혼자 살게 된다면 _____ 와(과) 제일 같이 살고 싶다.

33. 내가 만일 동물로 변할 수 있다면 _____ 이(가) 되고 싶다.

   왜냐하면 _____

〈부록 3-1〉 집단상담 관련 활동지

집단상담의 예(학교폭력예방프로그램 '어울림' 중 초등학교 고학년 자기존중감 모듈)

나는 특별한 사람

♣ 태어나서 지금까지 살아오면서 느낀 나의 특별한 점이나 내가 가장 행복했던 순간을 생각해 보고, 8절 도화지에 그 이유가 잘 드러나게 자신의 모습을 나타내 봅시다.

	나의 특별한 점이나 행복했던 때
과거의 나	
현재의 나	

엄마 뱃속에서 갓 태어난
행복한 내 모습

제목:

제목:

제목:

* 출처: 한국교육개발원(2013). 어울림 학교폭력예방 프로그램(자기존중감 초등학교 고학년 학생용). 서울: 한국교육개발원.

〈부록 4-1〉 상담 관련 추천 도서

• 빅터 프랭클(2012)
  죽음의 수용소에서 – 죽음조차 희망으로 승화시킨 인간 존엄성의 승리(청아출판사)

의미치료를 만든 Frankl이 나치수용소에서의 경험을 자서전
적으로 쓴 책이다.
이 책은 죽음의 수용소에서도 의지와 희망으로 살아 남은
Frankl이 인간의 존엄성과 삶의 의미를 생각하게 하는 깊은
메시지를 우리에게 준다.

• 기시미 이치로, 고가 후미타케(2014)
  미움 받을 용기 – 자유롭고 행복한 삶을 위한 아들러의 가르침(인플루엔셜 출판)

이 책의 내용은 한 청년과 철학자의 대화로 Adler의 개인심
리학적 상담을 접할 수 있는 책이다.

제1장_ 트라우마를 부정하라
제2장_ 모든 고민은 인간관계에서 비롯된다
제3장_ 타인의 과제를 버려라
제4장_ 세계의 중심은 어디에 있는가
제5장_ 지금 여기를 진지하게 살아간다

〈부록 6-1〉함께 볼만한 비디오

〈제1탄_해피콘서트〉

• 학교폭력 예방교육 포털(www.stopbullying.or.kr) 안내 〉 자료공간 〉 교과부 자료실 〉 미디어 자료실

학교에서는 학기별로 1회 이상 학생, 교사, 학부모를 대상으로 학교폭력 예방교육을 실시하고 있다. 최근에는 예방교육에 활용할 수 있는 질 높은 콘텐츠, 특히 교육대상자의 공감을 이끌어낼 수 있는 동영상 교육 자료에 대한 필요성이 높아졌다. 이러한 수요에 부응하여 학교폭력에 대하여 단순한 지식·정보 전달 중심의 예방 교육을 탈피하고 에듀테이먼트, 다큐멘터리, 드라마 등 다양한 장르의 교육용 영상을 자료를 제작하여 보급하게 되었다.

그 첫 번째로 제작된 해피콘서트는 학생 및 학부모를 대상으로 학교폭력에 대한 올바른 이해를 돕고, 학교폭력을 예방하기 위한 목적으로 제작되었다. 학생들이 즐겨 보는 개그 프로그램을 활용하여 학교폭력의 유형 및 학교폭력 대처 방안 등의 내용으로 구성하였으며, 학교폭력 예방교육용 콘덴츠로 효과적으로 활용할 수 있다.

〈제2탄_이제 네가 말할 차례〉

• 학교폭력 예방교육 포털(www.stopbullying.or.kr) 안내 〉 자료공간 〉 교과부 자료실 〉 미디어 자료실

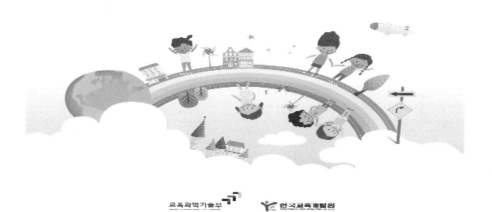

교실은 정글이 아닌 공동체여야 합니다.
서로의 차이를 인정하고 받아들이는 곳, 누구든지 자신의 이야기를 할 수 있는 곳,
친구의 아픔에 공감할 수 있는 곳, 누군가를 억압하는 사람에게 'No'라고 말할 수 있는 곳,
이제 아이들에게 진짜 용기가 무엇인지 가르쳐주어야 합니다.
교사들은 '다른 것'이 '틀린 것'이 아님을, 자신의 행동으로써 가르쳐야 합니다.
부모님은 아이들에게 '매니저'가 아닌 '진정한 어른'이 되어 주어야 합니다.
이제는 우리 자신이 말할 차례입니다.

〈제3탄_미안해〉

• 학교폭력 예방교육 포털(www.stopbullying.or.kr) 안내 〉 자료공간 〉 교과부 자료실 〉 미디어 자료실

천둥 번개 치던 날, 아파트 옥상에서 유준이가 스스로 몸을 던졌습니다.
가슴이 모두 무너진 엄마는, 아들의 상황을 알아채지 못했던 자신을 탓합니다.

유준이가 마지막으로 같은 반 아이들에게 보낸 문자,
"내가 정말 죽길 바래?"

유준이는, 누군가 자신을 잡아주길 바랐을 것입니다.
하지만 아이들의 답신은 잔인하기 그지없었습니다.
"몇 번을 말해? 그냥 확 뒤지라구!"

아무도 유준이를 잡아주지 않았습니다.
그렇게 유준이는 죽음으로 가는 계단을 하나씩 올랐습니다.

〈부록 11-1〉

학교폭력예방 및 대책에 관한 법률

[시행 2016.6.23.] [법률 제13576호, 2015.12.22., 일부개정]

교육부(학교폭력대책과) 044-203-6898

제1조(목적) 이 법은 학교폭력의 예방과 대책에 필요한 사항을 규정함으로써 피해학생의 보호, 가해학생의 선도·교육 및 피해학생과 가해학생 간의 분쟁조정을 통하여 학생의 인권을 보호하고 학생을 건전한 사회구성원으로 육성함을 목적으로 한다.

제2조(정의) 이 법에서 사용하는 용어의 정의는 다음 각 호와 같다. 〈개정 2009.5.8., 2012.1. 26., 2012.3.21.〉

1. "학교폭력"이란 학교 내외에서 학생을 대상으로 발생한 상해, 폭행, 감금, 협박, 약취·유인, 명예훼손·모욕, 공갈, 강요·강제적인 심부름 및 성폭력, 따돌림, 사이버 따돌림, 정보통신망을 이용한 음란·폭력 정보 등에 의하여 신체·정신 또는 재산상의 피해를 수반하는 행위를 말한다.

    1의2. "따돌림"이란 학교 내외에서 2명 이상의 학생들이 특정인이나 특정집단의 학생들을 대상으로 지속적이거나 반복적으로 신체적 또는 심리적 공격을 가하여 상대방이 고통을 느끼도록 하는 일체의 행위를 말한다.

    1의3. "사이버 따돌림"이란 인터넷, 휴대전화 등 정보통신기기를 이용하여 학생들이 특정 학생들을 대상으로 지속적, 반복적으로 심리적 공격을 가하거나, 특정 학생과 관련된 개인정보 또는 허위사실을 유포하여 상대방이 고통을 느끼도록 하는 일체의 행위를 말한다.

2. "학교"란 「초·중등교육법」 제2조에 따른 초등학교·중학교·고등학교·특수학교 및 각종학교와 같은 법 제61조에 따라 운영하는 학교를 말한다.

3. "가해학생"이란 가해자 중에서 학교폭력을 행사하거나 그 행위에 가담한 학생을 말한다.

4. "피해학생"이란 학교폭력으로 인하여 피해를 입은 학생을 말한다.

5. "장애학생"이란 신체적·정신적·지적 장애 등으로 「장애인 등에 대한 특수교육법」 제

15조에서 규정하는 특수교육을 필요로 하는 학생을 말한다.

제3조(해석 · 적용의 주의의무) 이 법을 해석 · 적용함에 있어서 국민의 권리가 부당하게 침해되지 아니하도록 주의하여야 한다.

제4조(국가 및 지방자치단체의 책무)

① 국가 및 지방자치단체는 학교폭력을 예방하고 근절하기 위하여 조사 · 연구 · 교육 · 계도 등 필요한 법적 · 제도적 장치를 마련하여야 한다.

② 국가 및 지방자치단체는 청소년 관련 단체 등 민간의 자율적인 학교폭력 예방활동과 피해학생의 보호 및 가해학생의 선도 · 교육활동을 장려하여야 한다.

③ 국가 및 지방자치단체는 제2항에 따른 청소년 관련 단체 등 민간이 건의한 사항에 대하여는 관련 시책에 반영하도록 노력하여야 한다.

④ 국가 및 지방자치단체는 제1항부터 제3항까지의 규정에 따른 책무를 다하기 위하여 필요한 행정적 · 재정적 지원을 하여야 한다. 〈개정 2012.3.21.〉

제5조(다른 법률과의 관계)

① 학교폭력의 규제, 피해학생의 보호 및 가해학생에 대한 조치에 있어서 다른 법률에 특별한 규정이 있는 경우를 제외하고는 이 법을 적용한다.

② 제2조제1호 중 성폭력은 다른 법률에 규정이 있는 경우에는 이 법을 적용하지 아니한다.

제6조(기본계획의 수립 등)

① 교육부장관은 이 법의 목적을 효율적으로 달성하기 위하여 학교폭력의 예방 및 대책에 관한 정책 목표 · 방향을 설정하고, 이에 따른 학교폭력의 예방 및 대책에 관한 기본계획(이하 "기본계획"이라 한다)을 제7조에 따른 학교폭력대책위원회의 심의를 거쳐 수립 · 시행하여야 한다. 〈개정 2012.3.21., 2013.3.23.〉

② 기본계획은 다음 각 호의 사항을 포함하여 5년마다 수립하여야 한다. 이 경우 교육부장관은 관계 중앙행정기관 등의 의견을 수렴하여야 한다. 〈개정 2012.3.21., 2013.3.23.〉

1. 학교폭력의 근절을 위한 조사 · 연구 · 교육 및 계도

2. 피해학생에 대한 치료 · 재활 등의 지원

3. 학교폭력 관련 행정기관 및 교육기관 상호 간의 협조 · 지원

4. 제14조제1항에 따른 전문상담교사의 배치 및 이에 대한 행정적 · 재정적 지원

5. 학교폭력의 예방과 피해학생 및 가해학생의 치료 · 교육을 수행하는 청소년 관련 단체(이하 "전문단체"라 한다) 또는 전문가에 대한 행정적 · 재정적 지원

6. 그 밖에 학교폭력의 예방 및 대책을 위하여 필요한 사항

③ 교육부장관은 대통령령으로 정하는 바에 따라 특별시 · 광역시 · 특별자치시 · 도 및 특별자치도(이하 "시 · 도"라 한다) 교육청의 학교폭력 예방 및 대책과 그에 대한 성과를 평가하고, 이를 공표하여야 한다. 〈신설 2012.1.26., 2013.3.23.〉

제7조(학교폭력대책위원회의 설치 · 기능) 학교폭력의 예방 및 대책에 관한 다음 각 호의 사항을 심의하기 위하여 국무총리 소속으로 학교폭력대책위원회(이하 "대책위원회"라 한다)를 둔다. 〈개정 2012.3.21.〉

1. 학교폭력의 예방 및 대책에 관한 기본계획의 수립 및 시행에 대한 평가

2. 학교폭력과 관련하여 관계 중앙행정기관 및 지방자치단체의 장이 요청하는 사항

3. 학교폭력과 관련하여 교육청, 제9조에 따른 학교폭력대책지역위원회, 제10조의2에 따른 학교폭력대책지역협의회, 제12조에 따른 학교폭력대책자치위원회, 전문단체 및 전문가가 요청하는 사항

[제목개정 2012.3.21.]

제8조(대책위원회의 구성)

① 대책위원회는 위원장 2명을 포함하여 20명 이내의 위원으로 구성한다.

② 위원장은 국무총리와 학교폭력 대책에 관한 전문지식과 경험이 풍부한 전문가 중에서 대통령이 위촉하는 사람이 공동으로 되고, 위원장 모두가 부득이한 사유로 직무를 수행할 수 없을 때에는 국무총리가 지명한 위원이 그 직무를 대행한다.

③ 위원은 다음 각 호의 사람 중에서 대통령이 위촉하는 사람으로 한다. 다만, 제1호의 경우에는 당연직 위원으로 한다. 〈개정 2013.3.23., 2014.11.19.〉

1. 기획재정부장관, 교육부장관, 미래창조과학부장관, 법무부장관, 행정자치부장관, 문화체육관광부장관, 보건복지부장관, 여성가족부장관, 국민안전처장관, 방송통신위원회 위원장, 경찰청장

2. 학교폭력 대책에 관한 전문지식과 경험이 풍부한 전문가 중에서 제1호의 위원이 각

각 1명씩 추천하는 사람

3. 관계 중앙행정기관에 소속된 3급 공무원 또는 고위공무원단에 속하는 공무원으로서 청소년 또는 의료 관련 업무를 담당하는 사람

4. 대학이나 공인된 연구기관에서 조교수 이상 또는 이에 상당한 직에 있거나 있었던 사람으로서 학교폭력 문제 및 이에 따른 상담 또는 심리에 관하여 전문지식이 있는 사람

5. 판사 · 검사 · 변호사

6. 전문단체에서 청소년보호활동을 5년 이상 전문적으로 담당한 사람

7. 의사의 자격이 있는 사람

8. 학교운영위원회 활동 및 청소년보호활동 경험이 풍부한 학부모

④ 위원장을 포함한 위원의 임기는 2년으로 하되, 1차에 한하여 연임할 수 있다.

⑤ 위원회의 효율적 운영 및 지원을 위하여 간사 1명을 두되, 간사는 교육부장관이 된다. 〈개정 2013.3.23.〉

⑥ 위원회에 상정할 안건을 미리 검토하는 등 안건 심의를 지원하고, 위원회가 위임한 안건을 심의하기 위하여 대책위원회에 학교폭력대책실무위원회(이하 "실무위원회"라 한다)를 둔다.

⑦ 그 밖에 대책위원회의 운영과 실무위원회의 구성 · 운영에 필요한 사항은 대통령령으로 정한다.

[전문개정 2012.3.21.]

제9조(학교폭력대책지역위원회의 설치)

① 지역의 학교폭력 문제를 해결하기 위하여 시 · 도에 학교폭력대책지역위원회(이하 "지역위원회"라 한다)를 둔다. 〈개정 2012.1.26.〉

② 특별시장 · 광역시장 · 특별자치시장 · 도지사 및 특별자치도지사는 지역위원회의 운영 및 활동에 관하여 시 · 도의 교육감(이하 "교육감"이라 한다)과 협의하여야 하며, 그 효율적인 운영을 위하여 실무위원회를 둘 수 있다. 〈개정 2012.1.26.〉

③ 지역위원회는 위원장 1인을 포함한 11인 이내의 위원으로 구성한다.

④ 지역위원회 및 제2항에 따른 실무위원회의 구성 · 운영에 필요한 사항은 대통령령으로 정한다.

제10조(학교폭력대책지역위원회의 기능 등)

① 지역위원회는 기본계획에 따라 지역의 학교폭력 예방대책을 매년 수립한다.

② 지역위원회는 해당 지역에서 발생한 학교폭력에 대하여 교육감 및 지방경찰청장에게 관련 자료를 요청할 수 있다.

③ 교육감은 지역위원회의 의견을 들어 제16조제1항제1호부터 제3호까지나 제17조제1항제5호에 따른 상담 · 치료 및 교육을 담당할 상담 · 치료 · 교육 기관을 지정하여야 한다. 〈개정 2012.1.26.〉

④ 교육감은 제3항에 따른 상담 · 치료 · 교육 기관을 지정한 때에는 해당 기관의 명칭, 소재지, 업무를 인터넷 홈페이지에 게시하고, 그 밖에 다양한 방법으로 학부모에게 알릴 수 있도록 노력하여야 한다. 〈신설 2012.1.26.〉

[제목개정 2012.1.26.]

제10조의2(학교폭력대책지역협의회의 설치 · 운영)

① 학교폭력예방 대책을 수립하고 기관별 추진계획 및 상호 협력 · 지원 방안 등을 협의하기 위하여 시 · 군 · 구에 학교폭력대책지역협의회(이하 "지역협의회"라 한다)를 둔다.

② 지역협의회는 위원장 1명을 포함한 20명 내외의 위원으로 구성한다.

③ 그 밖에 지역협의회의 구성 · 운영에 필요한 사항은 대통령령으로 정한다.

[본조신설 2012.3.21.]

제11조(교육감의 임무)

① 교육감은 시 · 도교육청에 학교폭력의 예방과 대책을 담당하는 전담부서를 설치 · 운영하여야 한다.

② 교육감은 관할 구역 안에서 학교폭력이 발생한 때에는 해당 학교의 장 및 관련 학교의 장에게 그 경과 및 결과의 보고를 요구할 수 있다.

③ 교육감은 관할 구역 안의 학교폭력이 관할 구역 외의 학교폭력과 관련이 있는 때에는 그 관할 교육감과 협의하여 적절한 조치를 취하여야 한다.

④ 교육감은 학교의 장으로 하여금 학교폭력의 예방 및 대책에 관한 실시계획을 수립 · 시행하도록 하여야 한다.

⑤ 교육감은 제12조에 따른 자치위원회가 처리한 학교의 학교폭력빈도를 학교의 장에 대한 업무수행 평가에 부정적 자료로 사용하여서는 아니 된다.

⑥ 교육감은 제17조제1항제8호에 따른 전학의 경우 그 실현을 위하여 필요한 조치를 취하여야 하며, 제17조제1항제9호에 따른 퇴학처분의 경우 해당 학생의 건전한 성장을 위하여 다른 학교 재입학 등의 적절한 대책을 강구하여야 한다. 〈개정 2012.1.26., 2012.3.21.〉

⑦ 교육감은 대책위원회 및 지역위원회에 관할 구역 안의 학교폭력의 실태 및 대책에 관한 사항을 보고하고 공표하여야 한다. 관할 구역 밖의 학교폭력 관련 사항 중 관할 구역 안의 학교와 관련된 경우에도 또한 같다. 〈개정 2012.1.26., 2012.3.21.〉

⑧ 교육감은 학교폭력의 실태를 파악하고 학교폭력에 대한 효율적인 예방대책을 수립하기 위하여 학교폭력 실태조사를 연 2회 이상 실시하고 그 결과를 공표하여야 한다. 〈신설 2012.3.21., 2015.12.22.〉

⑨ 교육감은 학교폭력 등에 관한 조사, 상담, 치유프로그램 운영 등을 위한 전문기관을 설치·운영할 수 있다. 〈신설 2012.3.21.〉

⑩ 교육감은 관할 구역에서 학교폭력이 발생한 때에 해당 학교의 장 또는 소속 교원이 그 경과 및 결과를 보고함에 있어 축소 및 은폐를 시도한 경우에는 「교육공무원법」 제50조 및 「사립학교법」 제62조에 따른 징계위원회에 징계의결을 요구하여야 한다. 〈신설 2012.3.21.〉

⑪ 교육감은 관할 구역에서 학교폭력의 예방 및 대책 마련에 기여한 바가 큰 학교 또는 소속 교원에게 상훈을 수여하거나 소속 교원의 근무성적 평정에 가산점을 부여할 수 있다. 〈신설 2012.3.21.〉

⑫ 제1항에 따라 설치되는 전담부서의 구성과 제8항에 따라 실시하는 학교폭력 실태조사 및 제9항에 따른 전문기관의 설치에 필요한 사항은 대통령령으로 정한다. 〈개정 2012.3.21.〉

제11조의2 (학교폭력 조사·상담 등)

① 교육감은 학교폭력 예방과 사후조치 등을 위하여 다음 각 호의 조사·상담 등을 수행할 수 있다.

1. 학교폭력 피해학생 상담 및 가해학생 조사
2. 필요한 경우 가해학생 학부모 조사
3. 학교폭력 예방 및 대책에 관한 계획의 이행 지도
4. 관할 구역 학교폭력서클 단속

5. 학교폭력 예방을 위하여 민간 기관 및 업소 출입 · 검사

6. 그 밖에 학교폭력 등과 관련하여 필요로 하는 사항

② 교육감은 제1항의 조사 · 상담 등의 업무를 대통령령으로 정하는 기관 또는 단체에 위탁할 수 있다.

③ 교육감 및 제2항에 따른 위탁 기관 또는 단체의 장은 제1항에 따른 조사 · 상담 등의 업무를 수행함에 있어 필요한 경우 관계 기관의 장에게 협조를 요청할 수 있다.

④ 제1항에 따라 조사 · 상담 등을 하는 관계 직원은 그 권한을 표시하는 증표를 지니고 이를 관계인에게 보여 주어야 한다.

⑤ 제1항제1호 및 제4호의 조사 등의 결과는 학교의 장 및 보호자에게 통보하여야 한다.

[본조신설 2012.3.21.]

제11조의3 (관계 기관과의 협조 등)

① 교육부장관, 교육감, 지역 교육장, 학교의 장은 학교폭력과 관련한 개인정보 등을 경찰청장, 지방경찰청장, 관할 경찰서장 및 관계 기관의 장에게 요청할 수 있다. 〈개정 2013.3.23.〉

② 제1항에 따라 정보제공을 요청받은 경찰청장, 지방경찰청장, 관할 경찰서장 및 관계 기관의 장은 특별한 사정이 없으면 이에 응하여야 한다.

③ 제1항 및 제2항에 따른 관계 기관과의 협조 사항 및 절차 등에 필요한 사항은 대통령령으로 정한다.

[본조신설 2012.3.21.]

제12조 (학교폭력대책자치위원회의 설치 · 기능)

① 학교폭력의 예방 및 대책에 관련된 사항을 심의하기 위하여 학교에 학교폭력대책자치위원회(이하 "자치위원회"라 한다)를 둔다. 다만, 자치위원회 구성에 있어 대통령령으로 정하는 사유가 있는 경우에는 교육감의 보고를 거쳐 둘 이상의 학교가 공동으로 자치위원회를 구성할 수 있다. 〈개정 2012.1.26.〉

② 자치위원회는 학교폭력의 예방 및 대책 등을 위하여 다음 각 호의 사항을 심의한다. 〈개정 2012.1.26.〉

1. 학교폭력의 예방 및 대책수립을 위한 학교 체제 구축

2. 피해학생의 보호

3. 가해학생에 대한 선도 및 징계

4. 피해학생과 가해학생 간의 분쟁조정

5. 그 밖에 대통령령으로 정하는 사항

③ 자치위원회는 해당 지역에서 발생한 학교폭력에 대하여 학교장 및 관할 경찰서장에게 관련 자료를 요청할 수 있다. 〈신설 2012.3.21.〉

④ 자치위원회의 설치 · 운영 등에 필요한 사항은 지역 및 학교의 규모 등을 고려하여 대통령령으로 정한다. 〈개정 2012.3.21.〉

제13조(자치위원회의 구성 · 운영)

① 자치위원회는 위원장 1인을 포함하여 5인 이상 10인 이하의 위원으로 구성하되, 대통령령으로 정하는 바에 따라 전체위원의 과반수를 학부모전체회의에서 직접 선출된 학부모대표로 위촉하여야 한다. 다만, 학부모전체회의에서 학부모대표를 선출하기 곤란한 사유가 있는 경우에는 학급별 대표로 구성된 학부모대표회의에서 선출된 학부모대표로 위촉할 수 있다. 〈개정 2011.5.19.〉

② 자치위원회는 분기별 1회 이상 회의를 개최하고, 자치위원회의 위원장은 다음 각 호의 어느 하나에 해당하는 경우에 회의를 소집하여야 한다. 〈신설 2011.5.19., 2012.1.26., 2012.3.21.〉

1. 자치위원회 재적위원 4분의 1 이상이 요청하는 경우

2. 학교의 장이 요청하는 경우

3. 피해학생 또는 그 보호자가 요청하는 경우

4. 학교폭력이 발생한 사실을 신고받거나 보고받은 경우

5. 가해학생이 협박 또는 보복한 사실을 신고받거나 보고받은 경우

6. 그 밖에 위원장이 필요하다고 인정하는 경우

③ 자치위원회는 회의의 일시, 장소, 출석위원, 토의내용 및 의결사항 등이 기록된 회의록을 작성 · 보존하여야 한다. 〈신설 2011.5.19.〉

④ 그 밖에 자치위원회의 구성 · 운영에 필요한 사항은 대통령령으로 정한다. 〈개정 2011. 5.19.〉

[제목개정 2011.5.19.]

제14조(전문상담교사 배치 및 전담기구 구성)

① 학교의 장은 학교에 대통령령으로 정하는 바에 따라 상담실을 설치하고, 「초·중등교육법」 제19조의2에 따라 전문상담교사를 둔다.

② 전문상담교사는 학교의 장 및 자치위원회의 요구가 있는 때에는 학교폭력에 관련된 피해학생 및 가해학생과의 상담결과를 보고하여야 한다.

③ 학교의 장은 교감, 전문상담교사, 보건교사 및 책임교사(학교폭력문제를 담당하는 교사를 말한다) 등으로 학교폭력문제를 담당하는 전담기구(이하 "전담기구"라 한다)를 구성하며, 학교폭력 사태를 인지한 경우 지체 없이 전담기구 또는 소속 교원으로 하여금 가해 및 피해 사실 여부를 확인하도록 한다. 〈개정 2012.3.21.〉

④ 전담기구는 학교폭력에 대한 실태조사(이하 "실태조사"라 한다)와 학교폭력 예방 프로그램을 구성·실시하며, 학교의 장 및 자치위원회의 요구가 있는 때에는 학교폭력에 관련된 조사결과 등 활동결과를 보고하여야 한다. 〈개정 2012.3.21.〉

⑤ 피해학생 또는 피해학생의 보호자는 피해사실 확인을 위하여 전담기구에 실태조사를 요구할 수 있다. 〈신설 2009.5.8., 2012.3.21.〉

⑥ 국가 및 지방자치단체는 실태조사에 관한 예산을 지원하고, 관계 행정기관은 실태조사에 협조하여야 하며, 학교의 장은 전담기구에 행정적·재정적 지원을 할 수 있다. 〈개정 2009.5.8., 2012.3.21.〉

⑦ 전담기구는 성폭력 등 특수한 학교폭력사건에 대한 실태조사의 전문성을 확보하기 위하여 필요한 경우 전문기관에 그 실태조사를 의뢰할 수 있다. 이 경우 그 의뢰는 자치위원회 위원장의 심의를 거쳐 학교의 장 명의로 하여야 한다. 〈신설 2012.1.26., 2012.3.21.〉

⑧ 그 밖에 전담기구 운영 등에 필요한 사항은 대통령령으로 정한다. 〈신설 2012.3.21.〉

제15조(학교폭력 예방교육 등)

① 학교의 장은 학생의 육체적·정신적 보호와 학교폭력의 예방을 위한 학생들에 대한 교육(학교폭력의 개념·실태 및 대처방안 등을 포함하여야 한다)을 학기별로 1회 이상 실시하여야 한다. 〈개정 2012.1.26.〉

② 학교의 장은 학교폭력의 예방 및 대책 등을 위한 교직원 및 학부모에 대한 교육을 학기별로 1회 이상 실시하여야 한다. 〈개정 2012.3.21.〉

③ 학교의 장은 제1항에 따른 학교폭력 예방교육 프로그램의 구성 및 그 운용 등을 전담기구와 협의하여 전문단체 또는 전문가에게 위탁할 수 있다.

④ 교육장은 제1항부터 제3항까지의 규정에 따른 학교폭력 예방교육 프로그램의 구성과 운용계획을 학부모가 쉽게 확인할 수 있도록 인터넷 홈페이지에 게시하고, 그 밖에 다양한 방법으로 학부모에게 알릴 수 있도록 노력하여야 한다. 〈개정 2012.1.26.〉

⑤ 그 밖에 학교폭력 예방교육의 실시와 관련한 사항은 대통령령으로 정한다. 〈개정 2011.5.19.〉

[제목개정 2011.5.19.]

제16조(피해학생의 보호)

① 자치위원회는 피해학생의 보호를 위하여 필요하다고 인정하는 때에는 피해학생에 대하여 다음 각 호의 어느 하나에 해당하는 조치(수 개의 조치를 병과하는 경우를 포함한다)를 할 것을 학교의 장에게 요청할 수 있다. 다만, 학교의 장은 피해학생의 보호를 위하여 긴급하다고 인정하거나 피해학생이 긴급보호의 요청을 하는 경우에는 자치위원회의 요청 전에 제1호, 제2호 및 제6호의 조치를 할 수 있다. 이 경우 자치위원회에 즉시 보고하여야 한다. 〈개정 2012.3.21.〉

1. 심리상담 및 조언

2. 일시보호

3. 치료 및 치료를 위한 요양

4. 학급교체

5. 삭제 〈2012.3.21.〉

6. 그 밖에 피해학생의 보호를 위하여 필요한 조치

② 자치위원회는 제1항에 따른 조치를 요청하기 전에 피해학생 및 그 보호자에게 의견진술의 기회를 부여하는 등 적정한 절차를 거쳐야 한다. 〈신설 2012.3.21.〉

③ 제1항에 따른 요청이 있는 때에는 학교의 장은 피해학생의 보호자의 동의를 받아 7일 이내에 해당 조치를 하여야 하고 이를 자치위원회에 보고하여야 한다. 〈개정 2012.3.21.〉

④ 제1항의 조치 등 보호가 필요한 학생에 대하여 학교의 장이 인정하는 경우 그 조치에 필요한 결석을 출석일수에 산입할 수 있다. 〈개정 2012.3.21.〉

⑤ 학교의 장은 성적 등을 평가함에 있어서 제3항에 따른 조치로 인하여 학생에게 불이익을 주지 아니하도록 노력하여야 한다. 〈개정 2012.3.21.〉

⑥ 피해학생이 전문단체나 전문가로부터 제1항제1호부터 제3호까지의 규정에 따른 상담

등을 받는 데에 사용되는 비용은 가해학생의 보호자가 부담하여야 한다. 다만, 피해학생의 신속한 치료를 위하여 학교의 장 또는 피해학생의 보호자가 원하는 경우에는 「학교안전사고 예방 및 보상에 관한 법률」 제15조에 따른 학교안전공제회 또는 시·도교육청이 부담하고 이에 대한 구상권을 행사할 수 있다. 〈개정 2012.1.26., 2012.3.21.〉

1. 삭제 〈2012.3.21.〉

2. 삭제 〈2012.3.21.〉

⑦ 학교의 장 또는 피해학생의 보호자는 필요한 경우 「학교안전사고 예방 및 보상에 관한 법률」 제34조의 공제급여를 학교안전공제회에 직접 청구할 수 있다. 〈신설 2012.1.26., 2012.3.21.〉

⑧ 피해학생의 보호 및 제6항에 따른 지원범위, 구상범위, 지급절차 등에 필요한 사항은 대통령령으로 정한다. 〈신설 2012.3.21.〉

제16조의2 (장애학생의 보호)

① 누구든지 장애 등을 이유로 장애학생에게 학교폭력을 행사하여서는 아니 된다.

② 자치위원회는 학교폭력으로 피해를 입은 장애학생의 보호를 위하여 장애인전문 상담가의 상담 또는 장애인전문 치료기관의 요양 조치를 학교의 장에게 요청할 수 있다.

③ 제2항에 따른 요청이 있는 때에는 학교의 장은 해당 조치를 하여야 한다. 이 경우 제16조제6항을 준용한다. 〈개정 2012.3.21.〉

[본조신설 2009.5.8.]

제17조 (가해학생에 대한 조치)

① 자치위원회는 피해학생의 보호와 가해학생의 선도·교육을 위하여 가해학생에 대하여 다음 각 호의 어느 하나에 해당하는 조치(수 개의 조치를 병과하는 경우를 포함한다)를 할 것을 학교의 장에게 요청하여야 하며, 각 조치별 적용 기준은 대통령령으로 정한다. 다만, 퇴학처분은 의무교육과정에 있는 가해학생에 대하여는 적용하지 아니한다. 〈개정 2009.5.8., 2012.1.26., 2012.3.21.〉

1. 피해학생에 대한 서면사과

2. 피해학생 및 신고·고발 학생에 대한 접촉, 협박 및 보복행위의 금지

3. 학교에서의 봉사

4. 사회봉사

5. 학내외 전문가에 의한 특별 교육이수 또는 심리치료

6. 출석정지

7. 학급교체

8. 전학

9. 퇴학처분

② 제1항에 따라 자치위원회가 학교의 장에게 가해학생에 대한 조치를 요청할 때 그 이유가 피해학생이나 신고·고발 학생에 대한 협박 또는 보복 행위일 경우에는 같은 항 각 호의 조치를 병과하거나 조치 내용을 가중할 수 있다. 〈신설 2012.3.21.〉

③ 제1항제2호부터 제4호까지 및 제6호부터 제8호까지의 처분을 받은 가해학생은 교육감이 정한 기관에서 특별교육을 이수하거나 심리치료를 받아야 하며, 그 기간은 자치위원회에서 정한다. 〈개정 2012.1.26., 2012.3.21.〉

④ 학교의 장은 가해학생에 대한 선도가 긴급하다고 인정할 경우 우선 제1항제1호부터 제3호까지, 제5호 및 제6호의 조치를 할 수 있으며, 제5호와 제6호는 병과조치할 수 있다. 이 경우 자치위원회에 즉시 보고하여 추인을 받아야 한다. 〈개정 2012.1.26., 2012.3.21.〉

⑤ 자치위원회는 제1항 또는 제2항에 따른 조치를 요청하기 전에 가해학생 및 보호자에게 의견진술의 기회를 부여하는 등 적정한 절차를 거쳐야 한다. 〈개정 2012.3.21.〉

⑥ 제1항에 따른 요청이 있는 때에는 학교의 장은 14일 이내에 해당 조치를 하여야 한다. 〈개정 2012.1.26., 2012.3.21.〉

⑦ 학교의 장이 제4항에 따른 조치를 한 때에는 가해학생과 그 보호자에게 이를 통지하여야 하며, 가해학생이 이를 거부하거나 회피하는 때에는 「초·중등교육법」 제18조에 따라 징계하여야 한다. 〈개정 2012.3.21.〉

⑧ 가해학생이 제1항제3호부터 제5호까지의 규정에 따른 조치를 받은 경우 이와 관련된 결석은 학교의 장이 인정하는 때에는 이를 출석일수에 산입할 수 있다. 〈개정 2012.1.26., 2012.3.21.〉

⑨ 자치위원회는 가해학생이 특별교육을 이수할 경우 해당 학생의 보호자도 함께 교육을 받게 하여야 한다. 〈개정 2012.3.21.〉

⑩ 가해학생이 다른 학교로 전학을 간 이후에는 전학 전의 피해학생 소속 학교로 다시 전학 올 수 없도록 하여야 한다. 〈신설 2012.1.26., 2012.3.21.〉

⑪ 제1항제2호부터 제9호까지의 처분을 받은 학생이 해당 조치를 거부하거나 기피하는 경우 자치위원회는 제7항에도 불구하고 대통령령으로 정하는 바에 따라 추가로 다른 조치

를 할 것을 학교의 장에게 요청할 수 있다. 〈신설 2012.3.21.〉

⑫ 가해학생에 대한 조치 및 제11조제6항에 따른 재입학 등에 관하여 필요한 사항은 대통령령으로 정한다. 〈신설 2012.3.21.〉

제17조의2 (재심청구)

① 자치위원회 또는 학교의 장이 제16조제1항 및 제17조제1항에 따라 내린 조치에 대하여 이의가 있는 피해학생 또는 그 보호자는 그 조치를 받은 날부터 15일 이내, 그 조치가 있음을 안 날부터 10일 이내에 지역위원회에 재심을 청구할 수 있다. 〈신설 2012.3.21.〉

② 자치위원회가 제17조제1항제8호와 제9호에 따라 내린 조치에 대하여 이의가 있는 학생 또는 그 보호자는 그 조치를 받은 날부터 15일 이내, 그 조치가 있음을 안 날로부터 10일 이내에 「초·중등교육법」 제18조의3에 따른 시·도학생징계조정위원회에 재심을 청구할 수 있다. 〈개정 2012.3.21.〉

③ 지역위원회가 제1항에 따른 재심청구를 받은 때에는 30일 이내에 이를 심사·결정하여 청구인에게 통보하여야 한다. 〈신설 2012.3.21.〉

④ 제3항의 결정에 이의가 있는 청구인은 그 통보를 받은 날부터 60일 이내에 행정심판을 제기할 수 있다. 〈신설 2012.3.21.〉

⑤ 제1항에 따른 재심청구, 제3항에 따른 심사 절차 및 결정 통보 등에 필요한 사항은 대통령령으로 정한다. 〈신설 2012.3.21.〉

⑥ 제2항에 따른 재심청구, 심사절차, 결정통보 등은 「초·중등교육법」 제18조의2제2항부터 제4항까지의 규정을 준용한다. 〈개정 2012.3.21.〉

[본조신설 2012.1.26.]

제18조 (분쟁조정)

① 자치위원회는 학교폭력과 관련하여 분쟁이 있는 경우에는 그 분쟁을 조정할 수 있다.

② 제1항에 따른 분쟁의 조정기간은 1개월을 넘지 못한다.

③ 학교폭력과 관련한 분쟁조정에는 다음 각 호의 사항을 포함한다.

　1. 피해학생과 가해학생 간 또는 그 보호자 간의 손해배상에 관련된 합의조정

　2. 그 밖에 자치위원회가 필요하다고 인정하는 사항

④ 자치위원회는 분쟁조정을 위하여 필요하다고 인정하는 때에는 관계 기관의 협조를 얻어 학교폭력과 관련한 사항을 조사할 수 있다.

⑤ 자치위원회가 분쟁조정을 하고자 할 때에는 이를 피해학생·가해학생 및 그 보호자에게 통보하여야 한다.

⑥ 시·도교육청 관할 구역 안의 소속 학교가 다른 학생 간에 분쟁이 있는 경우에는 교육감이 해당 학교의 자치위원회위원장과의 협의를 거쳐 직접 분쟁을 조정한다. 이 경우 제2항부터 제5항까지의 규정을 준용한다.

⑦ 관할 구역을 달리하는 시·도교육청 소속 학교의 학생 간에 분쟁이 있는 경우에는 피해학생을 감독하는 교육감이 가해학생을 감독하는 교육감 및 관련 해당 학교의 자치위원회위원장과의 협의를 거쳐 직접 분쟁을 조정한다. 이 경우 제2항부터 제5항까지의 규정을 준용한다.

제19조(학교의 장의 의무) 학교의 장은 교육감에게 학교폭력이 발생한 사실 및 제16조, 제16조의2, 제17조, 제17조의2 및 제18조에 따른 조치 및 그 결과를 보고하고, 관계 기관과 협력하여 교내 학교폭력 단체의 결성예방 및 해체에 노력하여야 한다. 〈개정 2012.3.21.〉

제20조(학교폭력의 신고의무)

① 학교폭력 현장을 보거나 그 사실을 알게 된 자는 학교 등 관계 기관에 이를 즉시 신고하여야 한다.

② 제1항에 따라 신고를 받은 기관은 이를 가해학생 및 피해학생의 보호자와 소속 학교의 장에게 통보하여야 한다. 〈개정 2009.5.8.〉

③ 제2항에 따라 통보받은 소속 학교의 장은 이를 자치위원회에 지체 없이 통보하여야 한다. 〈신설 2009.5.8.〉

④ 누구라도 학교폭력의 예비·음모 등을 알게 된 자는 이를 학교의 장 또는 자치위원회에 고발할 수 있다. 다만, 교원이 이를 알게 되었을 경우에는 학교의 장에게 보고하고 해당 학부모에게 알려야 한다. 〈개정 2009.5.8., 2012.1.26.〉

⑤ 누구든지 제1항부터 제4항까지에 따라 학교폭력을 신고한 사람에게 그 신고행위를 이유로 불이익을 주어서는 아니 된다. 〈신설 2012.3.21.〉

제20조의2(긴급전화의 설치 등)

① 국가 및 지방자치단체는 학교폭력을 수시로 신고받고 이에 대한 상담에 응할 수 있도록 긴급전화를 설치하여야 한다.

② 국가와 지방자치단체는 제1항에 따른 긴급전화의 설치·운영을 대통령령으로 정하는 기관 또는 단체에 위탁할 수 있다. 〈신설 2012.1.26.〉

③ 제1항과 제2항에 따른 긴급전화의 설치·운영·위탁에 필요한 사항은 대통령령으로 정한다. 〈개정 2012.1.26.〉

[본조신설 2009.5.8.]

제20조의3(정보통신망에 의한 학교폭력 등) 제2조제1호에 따른 정보통신망을 이용한 음란·폭력 정보 등에 의한 신체상·정신상 피해에 관하여 필요한 사항은 따로 법률로 정한다.

[본조신설 2012.3.21.]

제20조의4(정보통신망의 이용 등)

① 국가·지방자치단체 또는 교육감은 학교폭력 예방 업무 등을 효과적으로 수행하기 위하여 필요한 경우 정보통신망을 이용할 수 있다.

② 국가·지방자치단체 또는 교육감은 제1항에 따라 정보통신망을 이용하여 학교 또는 학생(학부모를 포함한다)이 학교폭력 예방 업무 등을 수행하는 경우 다음 각 호의 어느 하나에 해당하는 비용의 전부 또는 일부를 지원할 수 있다.

1. 학교 또는 학생(학부모를 포함한다)이 전기통신설비를 구입하거나 이용하는 데 소요되는 비용

2. 학교 또는 학생(학부모를 포함한다)에게 부과되는 전기통신역무 요금

③ 그 밖에 정보통신망의 이용 등에 관하여 필요한 사항은 대통령령으로 정한다.

[본조신설 2012.3.21.]

제20조의5(학생보호인력의 배치 등)

① 국가·지방자치단체 또는 학교의 장은 학교폭력을 예방하기 위하여 학교 내에 학생보호인력을 배치하여 활용할 수 있다.

② 다음 각 호의 어느 하나에 해당하는 사람은 학생보호인력이 될 수 없다. 〈신설 2013.7.30.〉

1. 「국가공무원법」 제33조 각 호의 어느 하나에 해당하는 사람

2. 「아동·청소년의 성보호에 관한 법률」에 따른 아동·청소년대상 성범죄 또는 「성폭력범죄의 처벌 등에 관한 특례법」에 따른 성폭력범죄를 범하여 벌금형을 선고받고

그 형이 확정된 날부터 10년이 지나지 아니하였거나, 금고 이상의 형이나 치료감호를 선고받고 그 집행이 끝나거나 집행이 유예·면제된 날부터 10년이 지나지 아니한 사람

3. 「청소년 보호법」 제2조제5호가목3) 및 같은 목 7)부터 9)까지의 청소년 출입·고용금지업소의 업주나 종사자

③ 국가·지방자치단체 또는 학교의 장은 제1항에 따른 학생보호인력의 배치 및 활용 업무를 관련 전문기관 또는 단체에 위탁할 수 있다. 〈개정 2013.7.30.〉

④ 제3항에 따라 학생보호인력의 배치 및 활용 업무를 위탁받은 전문기관 또는 단체는 그 업무를 수행함에 있어 학교의 장과 충분히 협의하여야 한다. 〈개정 2013.7.30.〉

⑤ 국가·지방자치단체 또는 학교의 장은 학생보호인력으로 배치하고자 하는 사람의 동의를 받아 경찰청장에게 그 사람의 범죄경력을 조회할 수 있다. 〈신설 2013.7.30.〉

⑥ 제3항에 따라 학생보호인력의 배치 및 활용 업무를 위탁받은 전문기관 또는 단체는 해당 업무를 위탁한 국가·지방자치단체 또는 학교의 장에게 학생보호인력으로 배치하고자 하는 사람의 범죄경력을 조회할 것을 신청할 수 있다. 〈신설 2013.7.30.〉

⑦ 학생보호인력이 되려는 사람은 국가·지방자치단체 또는 학교의 장에게 제2항 각 호의 어느 하나에 해당하지 아니한다는 확인서를 제출하여야 한다. 〈신설 2013.7.30.〉

[본조신설 2012.3.21.]

제20조의6 (영상정보처리기기의 통합 관제)

① 국가 및 지방자치단체는 학교폭력 예방 업무를 효과적으로 수행하기 위하여 교육감과 협의하여 학교 내외에 설치된 영상정보처리기기(「개인정보 보호법」 제2조제7호에 따른 영상정보처리기기를 말한다. 이하 이 조에서 같다)를 통합하여 관제할 수 있다. 이 경우 국가 및 지방자치단체는 통합 관제 목적에 필요한 범위에서 최소한의 개인정보만을 처리하여야 하며, 그 목적 외의 용도로 활용하여서는 아니 된다.

② 제1항에 따라 영상정보처리기기를 통합 관제하려는 국가 및 지방자치단체는 공청회·설명회의 개최 등 대통령령으로 정하는 절차를 거쳐 관계 전문가 및 이해관계인의 의견을 수렴하여야 한다.

③ 제1항에 따라 학교 내외에 설치된 영상정보처리기기가 통합 관제되는 경우 해당 학교의 영상정보처리기기운영자는 「개인정보 보호법」 제25조제4항에 따른 조치를 통하여 그 사실을 정보주체에게 알려야 한다.

④ 통합 관제에 관하여 이 법에서 규정한 것을 제외하고는 「개인정보 보호법」을 적용한다.

⑤ 그 밖에 영상정보처리기기의 통합 관제에 필요한 사항은 대통령령으로 정한다.

[본조신설 2012.3.21.]

제21조(비밀누설금지 등)

① 이 법에 따라 학교폭력의 예방 및 대책과 관련된 업무를 수행하거나 수행하였던 자는 그 직무로 인하여 알게 된 비밀 또는 가해학생 · 피해학생 및 제20조에 따른 신고자 · 고발자와 관련된 자료를 누설하여서는 아니 된다. 〈개정 2012.1.26.〉

② 제1항에 따른 비밀의 구체적인 범위는 대통령령으로 정한다.

③ 제16조, 제16조의2, 제17조, 제17조의2, 제18조에 따른 자치위원회의 회의는 공개하지 아니한다. 다만, 피해학생 · 가해학생 또는 그 보호자가 회의록의 열람 · 복사 등 회의록 공개를 신청한 때에는 학생과 그 가족의 성명, 주민등록번호 및 주소, 위원의 성명 등 개인정보에 관한 사항을 제외하고 공개하여야 한다. 〈개정 2011.5.19., 2012.3.21.〉

제22조(벌칙)

① 제21조제1항을 위반한 자는 1년 이하의 징역 또는 1천만원 이하의 벌금에 처한다. 〈개정 2012.3.21., 2016.5.29.〉

② 제17조제9항에 따른 자치위원회의 교육 이수 조치를 따르지 아니한 보호자에게는 300만원 이하의 과태료를 부과한다. 〈신설 2012.3.21.〉

부칙 〈제14162호, 2016.5.29.〉

이 법은 공포한 날부터 시행한다.

〈부록 11-2〉

학교폭력예방 및 대책에 관한 법률 시행령

[시행 2016.5.10.] [대통령령 제27129호, 2016.5.10., 타법개정]

교육부(학교폭력대책과) 044-203-6898

제1조(목적) 이 영은 「학교폭력예방 및 대책에 관한 법률」에서 위임된 사항과 그 시행에 필요한 사항을 규정함을 목적으로 한다.

제2조(성과 평가 및 공표) 「학교폭력예방 및 대책에 관한 법률」(이하 "법"이라 한다) 제6조제3항에 따른 학교폭력 예방 및 대책에 대한 성과는 「초·중등교육법」 제9조제2항에 따른 지방교육행정기관에 대한 평가에 포함하여 평가하고, 이를 공표하여야 한다.

제3조(학교폭력대책위원회의 운영)

① 법 제7조에 따른 학교폭력대책위원회(이하 "대책위원회"라 한다)의 위원장은 회의를 소집하고, 그 의장이 된다.

② 대책위원회의 회의는 반기별로 1회 소집한다. 다만, 재적위원 3분의 1 이상이 요구하거나 위원장이 필요하다고 인정하는 경우에는 수시로 소집할 수 있다.

③ 대책위원회의 위원장이 회의를 소집할 때에는 회의 개최 5일 전까지 회의 일시·장소 및 안건을 각 위원에게 알려야 한다. 다만, 긴급히 소집하여야 할 때에는 그러하지 아니하다.

④ 대책위원회의 회의는 재적위원 과반수의 출석으로 개의(開議)하고, 출석위원 과반수의 찬성으로 의결한다.

⑤ 대책위원회의 위원장은 필요하다고 인정할 때에는 학교폭력 예방 및 대책과 관련하여 전문가 등을 회의에 출석하여 발언하게 할 수 있다.

⑥ 회의에 출석한 위원과 전문가 등에게는 예산의 범위에서 수당과 여비를 지급할 수 있다. 다만, 공무원인 위원이 그 소관 업무와 직접적으로 관련하여 회의에 출석하는 경우에는 그러하지 아니하다.

제3조의2(대책위원회 위원의 해촉) 대통령은 법 제8조제3항제2호부터 제8호까지의 규정에 따

른 대책위원회의 위원이 다음 각 호의 어느 하나에 해당하는 경우에는 해당 위원을 해촉 (解囑)할 수 있다.

1. 심신장애로 인하여 직무를 수행할 수 없게 된 경우
2. 직무와 관련된 비위사실이 있는 경우
3. 직무태만, 품위손상이나 그 밖의 사유로 인하여 위원으로 적합하지 아니하다고 인정되는 경우
4. 위원 스스로 직무를 수행하는 것이 곤란하다고 의사를 밝히는 경우

[본조신설 2016.5.10.]

제4조(학교폭력대책실무위원회의 구성·운영)

① 법 제8조제6항에 따른 학교폭력대책실무위원회(이하 "실무위원회"라 한다)는 위원장 (이하 "실무위원장"이라 한다) 1명을 포함한 12명 이내의 위원으로 구성한다. 〈개정 2013.3.23.〉

② 실무위원장은 교육부차관이 되고, 위원은 기획재정부, 교육부, 미래창조과학부, 법무부, 행정자치부, 문화체육관광부, 보건복지부, 여성가족부, 국민안전처, 국무조정실 및 방송 통신위원회의 고위공무원단에 속하는 공무원과 경찰청의 치안감 또는 경무관 중에서 소속 기관의 장이 지명하는 사람 각 1명이 된다. 〈개정 2013.3.23., 2014.11.19.〉

③ 제2항에 따라 실무위원회의 위원을 지명한 자는 해당 위원이 제3조의2 각 호의 어느 하나에 해당하는 경우에는 그 지명을 철회할 수 있다. 〈신설 2016.5.10.〉

④ 실무위원회의 사무를 처리하기 위하여 간사 1명을 두며, 간사는 교육부 소속 공무원 중에서 실무위원장이 지명하는 사람으로 한다. 〈개정 2013.3.23., 2016.5.10.〉

⑤ 실무위원장이 부득이한 사유로 직무를 수행할 수 없을 때에는 실무위원장이 미리 지명하는 위원이 그 직무를 대행한다. 〈개정 2016.5.10.〉

⑥ 회의는 대책위원회 개최 전 또는 실무위원장이 필요하다고 인정할 때 소집한다. 〈개정 2016.5.10.〉

⑦ 실무위원회는 대책위원회의 회의에 부칠 안건 검토와 심의 지원 및 그 밖의 업무수행을 위하여 필요한 경우에는 이해관계인 또는 관련 전문가를 출석하게 하여 의견을 듣거나 의견 제출을 요청할 수 있다. 〈개정 2016.5.10.〉

⑧ 실무위원장은 회의를 소집할 때에는 회의 개최 7일 전까지 회의 일시·장소 및 안건을 각 위원에게 알려야 한다. 다만, 긴급히 소집하여야 할 때에는 그러하지 아니하다. 〈개정

2016.5.10.〉

제5조(학교폭력대책지역위원회의 구성 · 운영)

① 법 제9조제1항에 따른 학교폭력대책지역위원회(이하 "지역위원회"라 한다)의 위원장은 특별시 · 광역시 · 특별자치시 · 도 · 특별자치도(이하 "시 · 도"라 한다)의 부단체장(특별시의 경우에는 행정(1)부시장, 광역시 및 도의 경우에는 행정부시장 및 행정부지사를 말한다)으로 한다.

② 지역위원회의 위원장은 회의를 소집하고, 그 의장이 된다.

③ 지역위원회의 위원장이 부득이한 사유로 직무를 수행할 수 없을 때에는 지역위원회 위원장이 미리 지명하는 위원이 그 직무를 대행한다.

④ 지역위원회의 위원은 학식과 경험이 풍부하고 청소년보호에 투철한 사명감이 있는 사람으로서 다음 각 호의 어느 하나에 해당하는 사람 중에서 특별시장 · 광역시장 · 특별자치시장 · 도지사 · 특별자치도지사(이하 "시 · 도지사"라 한다)가 교육감과 협의하여 임명하거나 위촉한다.

1. 해당 시 · 도의 청소년보호 업무 담당 국장 및 시 · 도교육청 생활지도 담당 국장

2. 해당 시 · 도의회 의원 또는 교육위원회 위원

3. 시 · 도 지방경찰청 소속 경찰공무원

4. 학생생활지도 경력이 5년 이상인 교원

5. 판사 · 검사 · 변호사

6. 「고등교육법」 제2조에 따른 학교의 조교수 이상 또는 청소년 관련 연구기관에서 이에 상당하는 직위에 재직하고 있거나 재직하였던 사람으로서 학교폭력 문제에 대한 전문지식이 있는 사람

7. 청소년 선도 및 보호 단체에서 청소년보호활동을 5년 이상 전문적으로 담당한 사람

8. 「초 · 중등교육법」 제31조제1항에 따른 학교운영위원회(이하 "학교운영위원회"라 한다)의 위원 또는 법 제12조제1항에 따른 학교폭력대책자치위원회(이하 "자치위원회"라 한다) 위원으로 활동하고 있거나 활동한 경험이 있는 학부모 대표

9. 그 밖에 학교폭력 예방 및 청소년 보호에 대한 지식과 경험이 있는 사람

⑤ 지역위원회 위원의 임기는 2년으로 한다. 다만, 지역위원회 위원의 사임 등으로 새로 위촉되는 위원의 임기는 전임위원 임기의 남은 기간으로 한다.

⑥ 시 · 도지사는 제4항제2호부터 제9호까지의 규정에 따른 지역위원회의 위원이 제3조의2

각 호의 어느 하나에 해당하는 경우에는 해당 위원을 해임하거나 해촉할 수 있다. 〈신설 2016.5.10.〉

⑦ 지역위원회의 사무를 처리하기 위하여 간사 1명을 두며, 지역위원회의 위원장과 교육감이 시·도 또는 시·도교육청 소속 공무원 중에서 협의하여 정하는 사람으로 한다. 〈개정 2016.5.10.〉

⑧ 지역위원회 회의의 운영에 관하여는 제3조제2항부터 제6항까지의 규정을 준용한다. 이 경우 "대책위원회"는 "지역위원회"로 본다. 〈개정 2016.5.10.〉

제6조(학교폭력대책지역실무위원회의 구성·운영) 법 제9조제2항에 따른 실무위원회는 7명 이내의 학교폭력 예방 및 대책에 관한 실무자 및 민간 전문가로 구성한다.

제7조(학교폭력대책지역협의회의 구성·운영)

① 법 제10조의2에 따른 학교폭력대책지역협의회(이하 "지역협의회"라 한다)의 위원장은 시·군·구의 부단체장이 된다.

② 지역협의회의 위원장은 회의를 소집하고, 그 의장이 된다.

③ 지역협의회의 위원장이 부득이한 사유로 직무를 수행할 수 없을 때에는 위원장이 미리 지정하는 위원이 그 직무를 대행한다.

④ 지역협의회의 위원은 학식과 경험이 풍부하고 청소년보호에 투철한 사명감이 있는 사람으로서 다음 각 호의 어느 하나에 해당하는 사람 중에서 시장·군수·구청장이 해당 교육지원청의 교육장과 협의하여 임명하거나 위촉한다. 〈개정 2014.6.11.〉

1. 해당 시·군·구의 청소년보호 업무 담당 국장(국장이 없는 시·군·구는 과장을 말한다) 및 교육지원청의 생활지도 담당 국장(국장이 없는 교육지원청은 과장을 말한다)

2. 해당 시·군·구의회 의원

3. 해당 시·군·구를 관할하는 경찰서 소속 경찰공무원

4. 학생생활지도 경력이 5년 이상인 교원

5. 판사·검사·변호사

6. 「고등교육법」 제2조에 따른 학교의 조교수 이상 또는 청소년 관련 연구기관에서 이에 상당하는 직위에 재직하고 있거나 재직하였던 사람으로서 학교폭력 문제에 대하여 전문지식이 있는 사람

7. 청소년 선도 및 보호 단체에서 청소년보호활동을 5년 이상 전문적으로 담당한 사람

8. 학교운영위원회 위원 또는 자치위원회 위원으로 활동하거나 활동한 경험이 있는 학부모 대표

9. 그 밖에 학교폭력 예방 및 청소년보호에 대한 지식과 경험을 가진 사람

⑤ 지역협의회 위원의 임기는 2년으로 한다. 다만, 지역위원회 위원의 사임 등으로 새로 위촉되는 위원의 임기는 전임위원 임기의 남은 기간으로 한다.

⑥ 시장·군수·구청장은 제4항제2호부터 제9호까지의 규정에 따른 지역협의회의 위원이 제3조의2 각 호의 어느 하나에 해당하는 경우에는 해당 위원을 해임하거나 해촉할 수 있다. 〈신설 2016.5.10.〉

⑦ 지역협의회에는 사무를 처리하기 위해 간사 1명을 두며, 간사는 지역협의회의 위원장과 교육장이 시·군·구 또는 교육지원청 소속 공무원 중에서 협의하여 정하는 사람으로 한다. 〈개정 2014.6.11., 2016.5.10.〉

제8조(전담부서의 구성 등) 법 제11조제1항에 따라 다음 각 호의 업무를 수행하기 위하여 시·도교육청 및 교육지원청에 과·담당관 또는 팀을 둔다. 〈개정 2014.6.11.〉

1. 학교폭력 예방과 근절을 위한 대책의 수립과 추진에 관한 사항
2. 학교폭력 피해학생의 치료 및 가해학생에 대한 조치에 관한 사항
3. 그 밖에 학교폭력의 예방 및 대책과 관련하여 교육감이 정하는 사항

제9조(실태조사)

① 법 제11조제8항에 따라 교육감이 실시하는 학교폭력 실태조사는 교육부장관과 협의하여 다른 교육감과 공동으로 실시할 수 있다. 〈개정 2013.3.23.〉

② 교육감은 학교폭력 실태조사를 교육 관련 연구·조사기관에 위탁할 수 있다.

제10조(전문기관의 설치 등)

① 교육감은 법 제11조제9항에 따라 시·도교육청 또는 교육지원청에 다음 각 호의 업무를 수행하는 전문기관을 설치·운영할 수 있다. 〈개정 2014.6.11.〉

1. 법 제11조의2제1항에 따른 조사·상담 등의 업무
2. 학교폭력 피해학생·가해학생에 대한 치유프로그램 운영 업무

② 교육감은 제1항제2호에 따른 치유프로그램 운영 업무를 다음 각 호의 어느 하나에 해당

하는 기관 · 단체 · 시설에 위탁하여 수행하게 할 수 있다. 〈개정 2012.7.31., 2012.9.14.〉

1. 「청소년복지 지원법」 제31조제1호에 따른 청소년쉼터, 「청소년 보호법」 제35조제1항에 따른 청소년 보호 · 재활센터 등 청소년을 보호하기 위하여 국가 · 지방자치단체가 운영하는 시설
2. 「청소년활동진흥법」 제10조에 따른 청소년활동시설
3. 학교폭력의 예방과 피해학생 및 가해학생의 치료 · 교육을 수행하는 청소년 관련 단체
4. 청소년 정신치료 전문인력이 배치된 병원
5. 학교폭력 피해학생 · 가해학생 및 학부모를 위한 프로그램을 운영하는 종교기관 등의 기관
6. 그 밖에 교육감이 치유프로그램의 운영에 적합하다고 인정하는 기관

③ 제1항에 따른 전문기관의 설치 · 운영에 관한 세부사항은 교육감이 정한다.

제11조(학교폭력 조사 · 상담 업무의 위탁 등) 교육감은 법 제11조의2제2항에 따라 학교폭력 예방에 관한 사업을 3년 이상 수행한 기관 또는 단체 중에서 학교폭력의 예방 및 사후조치 등을 수행하는 데 적합하다고 인정하는 기관 또는 단체에 법 제11조의2제1항의 업무를 위탁할 수 있다.

제12조(관계 기관과의 협조 사항 등) 법 제11조의3에 따라 학교폭력과 관련한 개인정보 등을 협조를 요청할 때에는 문서로 하여야 한다.

제13조(자치위원회의 설치 및 심의사항)

① 법 제12조제1항 단서에서 "대통령령으로 정하는 사유가 있는 경우"란 학교폭력 피해학생과 가해학생이 각각 다른 학교에 재학 중인 경우를 말한다.
② 법 제12조제2항제5호에서 "대통령령으로 정하는 사항"이란 학교폭력의 예방 및 대책과 관련하여 법 제14조제3항에 따른 책임교사 또는 학생회의 대표가 건의하는 사항을 말한다.

제14조(자치위원회의 구성 · 운영)

① 법 제13조제1항에 따른 자치위원회의 위원은 다음 각 호의 어느 하나에 해당하는 사람

중에서 해당 학교의 장이 임명하거나 위촉한다.

1. 해당 학교의 교감

2. 해당 학교의 교사 중 학생생활지도 경력이 있는 교사

3. 법 제13조제1항에 따라 선출된 학부모대표

4. 판사 · 검사 · 변호사

5. 해당 학교를 관할하는 경찰서 소속 경찰공무원

6. 의사 자격이 있는 사람

7. 그 밖에 학교폭력 예방 및 청소년보호에 대한 지식과 경험이 풍부한 사람

② 자치위원회의 위원장은 위원 중에서 호선(互選)하며, 위원장이 부득이한 사유로 직무를 수행할 수 없을 때에는 위원장이 미리 지정하는 위원이 그 직무를 대행한다.

③ 자치위원회의 위원의 임기는 2년으로 한다. 다만, 자치위원회 위원의 사임 등으로 새로 위촉되는 위원의 임기는 전임위원 임기의 남은 기간으로 한다.

④ 학교의 장은 제1항제2호부터 제7호까지의 규정에 따른 자치위원회의 위원이 제3조의2 각 호의 어느 하나에 해당하는 경우에는 해당 위원을 해임하거나 해촉할 수 있다. 〈신설 2016.5.10.〉

⑤ 자치위원회의 회의는 재적위원 과반수의 출석으로 개의하고, 출석위원 과반수의 찬성으로 의결한다. 〈개정 2016.5.10.〉

⑥ 자치위원회의 위원장은 해당 학교의 교직원에서 자치위원회의 사무를 처리할 간사 1명을 지명한다. 〈개정 2016.5.10.〉

⑦ 자치위원회의 회의에 출석한 위원에게는 예산의 범위에서 수당과 여비를 지급할 수 있다. 다만, 공무원인 위원이 그 소관 업무와 직접적으로 관련하여 회의에 출석한 경우에는 그러하지 아니하다. 〈개정 2016.5.10.〉

⑧ 자치위원회의 위원장은 회의 일시를 정할 때에는 일과 후, 주말 등 위원들이 참석하기 편리한 시간으로 정하여야 한다. 〈개정 2016.5.10.〉

제15조(상담실 설치) 법 제14조제1항에 따른 상담실은 다음 각 호의 시설 · 장비를 갖추어 상담활동이 편리한 장소에 설치하여야 한다.

1. 인터넷 이용시설, 전화 등 상담에 필요한 시설 및 장비

2. 상담을 받는 사람의 사생활 노출 방지를 위한 칸막이 및 방음시설

제16조(전담기구 운영 등) 법 제14조제3항에 따른 전담기구는 가해 및 피해 사실 여부에 관하여 확인한 사항을 학교의 장 및 자치위원회(자치위원회의 요청이 있는 경우만을 말한다)에 보고하여야 한다.

제17조(학교폭력 예방교육) 학교의 장은 법 제15조제5항에 따라 학생과 교직원 및 학부모에 대한 학교폭력 예방교육을 다음 각 호의 기준에 따라 실시한다.

1. 학기별로 1회 이상 실시하고, 교육 횟수·시간 및 강사 등 세부적인 사항은 학교 여건에 따라 학교의 장이 정한다.

2. 학생에 대한 학교폭력 예방교육은 학급 단위로 실시함을 원칙으로 하되, 학교 여건에 따라 전체 학생을 대상으로 한 장소에서 동시에 실시할 수 있다.

3. 학생과 교직원, 학부모를 따로 교육하는 것을 원칙으로 하되, 내용에 따라 함께 교육할 수 있다.

4. 강의, 토론 및 역할연기 등 다양한 방법으로 하고, 다양한 자료나 프로그램 등을 활용하여야 한다.

5. 교직원에 대한 학교폭력 예방교육은 학교폭력 관련 법령에 대한 내용, 학교폭력 발생 시 대응요령, 학생 대상 학교폭력예방 프로그램 운영 방법 등을 포함하여야 한다.

6. 학부모에 대한 학교폭력 예방교육은 학교폭력 징후 판별, 학교폭력 발생 시 대응요령, 가정에서의 인성교육에 관한 사항을 포함하여야 한다.

제18조(피해학생의 지원범위 등)

① 법 제16조제6항 단서에 따른 학교안전공제회 또는 시·도교육청이 부담하는 피해학생의 지원범위는 다음 각 호와 같다.

1. 교육감이 정한 전문심리상담기관에서 심리상담 및 조언을 받는 데 드는 비용

2. 교육감이 정한 기관에서 일시보호를 받는 데 드는 비용

3. 「의료법」에 따라 개설된 의료기관, 「지역보건법」에 따라 설치된 보건소·보건의료원 및 보건지소, 「농어촌 등 보건의료를 위한 특별조치법」에 따라 설치된 보건진료소, 「약사법」에 따라 등록된 약국 및 같은 법 제91조에 따라 설립된 한국희귀의약품센터에서 치료 및 치료를 위한 요양을 받거나 의약품을 공급받는 데 드는 비용

② 제1항의 비용을 지원 받으려는 피해학생 및 보호자가 학교안전공제회 또는 시·도교육청에 비용을 청구하는 절차와 학교안전공제회 또는 시·도교육청이 비용을 지급하는 절

차는 「학교안전사고 예방 및 보상에 관한 법률」 제41조를 준용한다.

③ 학교안전공제회 또는 시·도교육청이 법 제16조제6항에 따라 가해학생의 보호자에게 구상(求償)하는 범위는 제2항에 따라 피해학생에게 지급하는 모든 비용으로 한다.

제19조(가해학생에 대한 조치별 적용 기준) 법 제17조제1항의 조치별 적용 기준은 다음 각 호의 사항을 고려하여 결정하고, 그 세부적인 기준은 교육부장관이 정하여 고시한다. 〈개정 2013.3.23.〉

1. 가해학생이 행사한 학교폭력의 심각성·지속성·고의성
2. 가해학생의 반성 정도
3. 해당 조치로 인한 가해학생의 선도 가능성
4. 가해학생 및 보호자와 피해학생 및 보호자 간의 화해의 정도
5. 피해학생이 장애학생인지 여부

제20조(가해학생에 대한 전학 조치)

① 초등학교·중학교·고등학교의 장은 자치위원회가 법 제17조제1항에 따라 가해학생에 대한 전학 조치를 요청하는 경우에는 초등학교·중학교의 장은 교육장에게, 고등학교의 장은 교육감에게 해당 학생이 전학할 학교의 배정을 지체 없이 요청하여야 한다.

② 교육감 또는 교육장은 가해학생이 전학할 학교를 배정할 때 피해학생의 보호에 충분한 거리 등을 고려하여야 하며, 관할구역 외의 학교를 배정하려는 경우에는 해당 교육감 또는 교육장에게 이를 통보하여야 한다.

③ 제2항에 따른 통보를 받은 교육감 또는 교육장은 해당 가해학생이 전학할 학교를 배정하여야 한다.

④ 교육감 또는 교육장은 제2항과 제3항에 따라 전학 조치된 가해학생과 피해학생이 상급학교에 진학할 때에는 각각 다른 학교를 배정하여야 한다. 이 경우 피해학생이 입학할 학교를 우선적으로 배정한다.

제21조(가해학생에 대한 우선 출석정지 등)

① 법 제17조제4항에 따라 학교의 장이 출석정지 조치를 할 수 있는 경우는 다음 각 호와 같다.

1. 2명 이상의 학생이 고의적·지속적으로 폭력을 행사한 경우

2. 학교폭력을 행사하여 전치 2주 이상의 상해를 입힌 경우

3. 학교폭력에 대한 신고, 진술, 자료제공 등에 대한 보복을 목적으로 폭력을 행사한 경우

4. 학교의 장이 피해학생을 가해학생으로부터 긴급하게 보호할 필요가 있다고 판단하는 경우

② 학교의 장은 제1항에 따라 출석정지 조치를 하려는 경우에는 해당 학생 또는 보호자의 의견을 들어야 한다. 다만, 학교의 장이 해당 학생 또는 보호자의 의견을 들으려 하였으나 이에 따르지 아니한 경우에는 그러하지 아니하다.

제22조(가해학생의 조치 거부 · 기피에 대한 추가 조치) 자치위원회는 법 제17조제1항제2호부터 제9호까지의 조치를 받은 학생이 해당 조치를 거부하거나 기피하는 경우에는 법 제17조제 11항에 따라 학교의 장으로부터 그 사실을 통보받은 날부터 7일 이내에 추가로 다른 조치를 할 것을 학교의 장에게 요청할 수 있다.

제23조(퇴학학생의 재입학 등)

① 교육감은 법 제17조제1항제9호에 따라 퇴학 처분을 받은 학생에 대하여 법 제17조제12 항에 따라 해당 학생의 선도의 정도, 교육 가능성 등을 종합적으로 고려하여 「초 · 중등교육법」 제60조의3에 따른 대안학교로의 입학 등 해당 학생의 건전한 성장에 적합한 대책을 마련하여야 한다.

② 제1항에서 규정한 사항 외에 가해학생에 대한 조치 및 재입학 등에 필요한 세부사항은 교육감이 정한다.

제24조(피해학생 재심청구 및 심사 절차 및 결정 통보 등)

① 법 제17조의2제5항에 따라 피해학생 또는 보호자가 지역위원회에 재심을 청구할 때에는 다음 각 호의 사항을 적어 서면으로 하여야 한다.

1. 청구인의 이름, 주소 및 연락처

2. 가해학생

3. 청구의 대상이 되는 조치를 받은 날 및 조치가 있음을 안 날

4. 청구의 취지 및 이유

② 지역위원회는 청구인, 가해학생 및 보호자 또는 해당 학교에 심사에 필요한 자료 또는 정보의 제출을 요구할 수 있고, 청구인, 가해학생 또는 해당 학교는 특별한 사유가 없으

면 이를 즉시 제출하여야 한다.

③ 지역위원회는 직권으로 또는 신청에 따라 청구인, 가해학생 및 보호자 또는 관련 교원 등을 지역위원회에 출석하여 진술하게 할 수 있다.

④ 지역위원회는 필요하다고 인정할 때에는 전문가 등 참고인을 출석하게 하거나 서면으로 의견을 들을 수 있다.

⑤ 지역위원회의 회의는 비공개를 원칙으로 한다.

⑥ 지역위원회는 재심사 결정 시 법 제16조제1항 각 호와 제17조제1항 각 호의 어느 하나에 해당하는 조치(수 개의 조치를 병과하는 경우를 포함한다)를 할 것을 해당 학교의 장에게 요청할 수 있다.

⑦ 지역위원회의 재심 결과는 결정의 취지와 내용을 적어 청구인과 가해학생에게 서면으로 통보한다.

제25조(분쟁조정의 신청) 피해학생, 가해학생 또는 그 보호자(이하 "분쟁당사자"라 한다) 중 어느 한쪽은 법 제18조에 따라 해당 분쟁사건에 대한 조정권한이 있는 자치위원회 또는 교육감에게 다음 각 호의 사항을 적은 문서로 분쟁조정을 신청할 수 있다.

1. 분쟁조정 신청인의 성명 및 주소
2. 보호자의 성명 및 주소
3. 분쟁조정 신청의 사유

제26조(자치위원회 위원의 제척·기피 및 회피)

① 자치위원회의 위원은 법 제16조, 제17조 및 제18조에 따라 피해학생과 가해학생에 대한 조치를 요청하는 경우와 분쟁을 조정하는 경우 다음 각 호의 어느 하나에 해당하면 해당 사건에서 제척된다.

1. 위원이나 그 배우자 또는 그 배우자였던 사람이 해당 사건의 피해학생 또는 가해학생의 보호자인 경우 또는 보호자였던 경우
2. 위원이 해당 사건의 피해학생 또는 가해학생과 친족이거나 친족이었던 경우
3. 그 밖에 위원이 해당 사건의 피해학생 또는 가해학생과 친분이 있거나 관련이 있다고 인정하는 경우

② 학교폭력과 관련하여 자치위원회를 개최하는 경우 또는 분쟁이 발생한 경우 자치위원회의 위원에게 공정한 심의를 기대하기 어려운 사정이 있다고 인정할 만한 상당한 사유가

있을 때에는 분쟁당사자는 자치위원회에 그 사실을 서면으로 소명하고 기피신청을 할 수 있다.

③ 자치위원회는 제2항에 따른 기피신청을 받으면 의결로써 해당 위원의 기피 여부를 결정하여야 한다. 이 경우 기피신청 대상이 된 위원은 그 의결에 참여하지 못한다.

④ 자치위원회의 위원이 제1항 또는 제2항의 사유에 해당하는 경우에는 스스로 해당 사건을 회피할 수 있다.

제27조(분쟁조정의 개시)

① 자치위원회 또는 교육감은 제25조에 따라 분쟁조정의 신청을 받으면 그 신청을 받은 날부터 5일 이내에 분쟁조정을 시작하여야 한다.

② 자치위원회 또는 교육감은 분쟁당사자에게 분쟁조정의 일시 및 장소를 통보하여야 한다.

③ 제2항에 따라 통지를 받은 분쟁당사자 중 어느 한 쪽이 불가피한 사유로 출석할 수 없는 경우에는 자치위원회 또는 교육감에게 분쟁조정의 연기를 요청할 수 있다. 이 경우 자치위원회 또는 교육감은 분쟁조정의 기일을 다시 정하여야 한다.

④ 자치위원회 또는 교육감은 자치위원회 위원 또는 지역위원회 위원 중에서 분쟁조정 담당자를 지정하거나, 외부 전문기관에 분쟁과 관련한 사항에 대한 자문 등을 할 수 있다.

제28조(분쟁조정의 거부 · 중지 및 종료)

① 자치위원회 또는 교육감은 다음 각 호의 어느 하나에 해당하는 사유가 발생한 경우에는 분쟁조정의 개시를 거부하거나 분쟁조정을 중지할 수 있다.

1. 분쟁당사자 중 어느 한쪽이 분쟁조정을 거부한 경우
2. 피해학생 등이 관련된 학교폭력에 대하여 가해학생을 고소 · 고발하거나 민사상 소송을 제기한 경우
3. 분쟁조정의 신청내용이 거짓임이 명백하거나 정당한 이유가 없다고 인정되는 경우

② 자치위원회 또는 교육감은 다음 각 호의 어느 하나에 해당하는 사유가 발생한 경우에는 분쟁조정을 끝내야 한다.

1. 분쟁당사자 간에 합의가 이루어지거나 자치위원회 또는 교육감이 제시한 조정안을 분쟁당사자가 수락하는 등 분쟁조정이 성립한 경우
2. 분쟁조정 개시일부터 1개월이 지나도록 분쟁조정이 성립하지 아니한 경우

③ 자치위원회 또는 교육감은 제1항에 따라 분쟁조정의 개시를 거부하거나 분쟁조정을 중
지한 경우 또는 제2항제2호에 따라 분쟁조정을 끝낸 경우에는 그 사유를 분쟁당사자에
게 각각 통보하여야 한다.

제29조(분쟁조정의 결과 처리)

① 자치위원회 또는 교육감은 분쟁조정이 성립하면 다음 각 호의 사항을 적은 합의서를 작
성하여 자치위원회는 분쟁당사자에게, 교육감은 피해학생 및 가해학생 소속 학교 자치
위원회와 분쟁당사자에게 각각 통보하여야 한다.
   1. 분쟁당사자의 주소와 성명
   2. 조정 대상 분쟁의 내용
      가. 분쟁의 경위
      나. 조정의 쟁점(분쟁당사자의 의견을 포함한다)
   3. 조정의 결과
② 제1항에 따른 합의서에는 자치위원회가 조정한 경우에는 분쟁당사자와 조정에 참가한
위원이, 교육감이 조정한 경우에는 분쟁당사자와 교육감이 각각 서명날인하여야 한다.
③ 자치위원회의 위원장은 분쟁조정의 결과를 교육감에게 보고하여야 한다.

제30조(긴급전화의 설치 · 운영) 법 제20조의2에 따른 긴급전화는 경찰청장과 지방경찰청장이
운영하는 학교폭력 관련 기구에 설치한다.

제31조(정보통신망의 이용 등) 법 제20조의4제3항에 따라 국가 · 지방자치단체 또는 교육감은
정보통신망을 이용한 학교폭력 예방 업무를 다음 각 호의 기관 및 단체에 위탁할 수 있다.
   1. 「한국교육학술정보원법」에 따라 설립된 한국교육학술정보원
   2. 공공기관의 위탁을 받아 정보통신망을 이용하여 교육사업을 수행한 실적이 있는 기업
   3. 학교폭력 예방에 관한 사업을 3년 이상 수행한 기관 또는 단체

제32조(영상정보처리기기의 통합 관제) 법 제20조의6제1항에 따라 영상정보처리기기를 통합하
여 관제하려는 국가 및 지방자치단체는 다음 각 호의 절차를 거쳐 관계 전문가와 이해관계
인의 의견을 수렴하여야 한다.
   1. 「행정절차법」에 따른 행정예고의 실시 또는 의견 청취

  2. 학교운영위원회의 심의

제33조(비밀의 범위) 법 제21조제1항에 따른 비밀의 범위는 다음 각 호와 같다.
  1. 학교폭력 피해학생과 가해학생 개인 및 가족의 성명, 주민등록번호 및 주소 등 개인정보에 관한 사항
  2. 학교폭력 피해학생과 가해학생에 대한 심의·의결과 관련된 개인별 발언 내용
  3. 그 밖에 외부로 누설될 경우 분쟁당사자 간에 논란을 일으킬 우려가 있음이 명백한 사항

제34조(규제의 재검토) 교육부장관은 제15조에 따른 상담실 설치기준에 대하여 2015년 1월 1일을 기준으로 2년마다(매 2년이 되는 해의 1월 1일 전까지를 말한다) 그 타당성을 검토하여 개선 등의 조치를 하여야 한다.
[본조신설 2014.12.9.]

  부칙 〈제27129호, 2016.5.10.〉(행정기관 소속 위원회 운영의 공정성 및 책임성 강화를 위한 사립학교법 시행령 등 일부개정령)

이 영은 공포한 날부터 시행한다.

〈부록 11-3〉

교육부 고시 제2016-99호

학교폭력 가해학생 조치별 적용 세부기준 고시

「학교폭력예방 및 대책에 관한 법률」제17조, 같은 법 시행령 제19조에 의거 학교폭력 가해학생 조치별 적용 세부 기준을 다음과 같이 고시합니다.

2016년 8월 31일

교육부 장관

제1조(목적) 이 고시는 「학교폭력예방 및 대책에 관한 법률」(이하 "법"이라 A한다) 제17조 및 「학교폭력예방 및 대책에 관한 법률 시행령」제19조에서 위임된 가해학생 조치별 적용 세부 기준을 정함을 목적으로 한다.

제2조(조치의 결정)

① 학교폭력대책자치위원회(이하 "자치위원회"라 한다)는 가해학생이 행사한 학교폭력의 심각성, 지속성, 고의성의 정도와 가해학생의 반성 정도, 해당 조치로 인한 가해학생의 선도 가능성, 가해학생 및 보호자와 피해학생 및 보호자 간의 화해의 정도, 피해학생이 장애학생인지의 여부 등을 고려하여 [별표]에 따라 법 제17조제1항 각 호의 조치 중 가해학생별로 선도가능성이 높은 조치(수개의 조치를 병과하는 경우를 포함한다)를 할 것을 학교의 장에게 요청하여야 한다.

② 자치위원회는 피해학생 및 신고·고발 학생의 보호가 필요하다고 판단되는 경우 일정기간 가해학생이 피해학생과 접촉하는 것을 금지하고, 가해학생 스스로 자신의 잘못을 되돌아 볼 수 있는 기회를 주기 위해 법 제17조제1항제2호 조치를 기간을 정하여 부과할 수 있다.

③ 자치위원회는 가해학생이 학내외 전문가의 도움을 받아 폭력에 대한 인식을 개선하고 행동을 반성하게 하기 위해 법 제17조제1항제5호 조치를 기간을 정하여 부과할 수 있다.

④ 자치위원회는 법 제17조제9항에 따라 가해학생이 특별교육을 이수할 경우 해당 학생의 보호자도 별도의 특별교육을 기간을 정하여 함께 교육을 받게 하여야 한다.

제3조(장애학생 관련 고려 사항)

　① 가해학생 또는 피해학생이 장애학생일 경우 법 제14조제3항에 따른 전담기구 및 자치위
　　원회에 특수교육 교원, 특수교육 전문직, 특수교육지원센터 전담인력, 특수교육 관련 교
　　수 등 특수교육전문가를 참여시켜 의견을 청취할 수 있다.

　② 법 제17조제1항제5호 또는 제17조제3항에 의한 특별교육을 실시할 때 피해학생이 장애
　　학생일 경우 장애인식개선 교육내용을 포함하여야 한다.

부칙

제1조(시행일) 이 고시는 2016년 9월 1일부터 시행한다.

제2조(적용) 이 고시는 시행일 이후 심의하는 학교폭력 사안부터 적용한다.

[별표] 학교폭력 가해학생 조치별 적용 세부 기준

			기본 판단 요소					부가적 판단요소	
			학교 폭력의 심각성	학교 폭력의 지속성	학교 폭력의 고의성	가해 학생의 반성 정도	화해 정도	해당 조치로 인한 가해학생의 선도가능성	피해학생이 장애학생 인지 여부
판정점수		4점	매우 높음	매우 높음	매우 높음	없음	없음	해당점수에 따른 조치에도 불구하고 가해학생의 선도가능성 및 피해학생의 보호를 고려하여 시행령 제14조제5항에 따라 학교폭력대책자치위원회 출석위원 과반수의 찬성으로 가해학생에 대한 조치를 가중 또는 경감할 수 있음	피해학생이 장애학생인 경우 가해학생에 대한 조치를 가중할 수 있음
		3점	높음	높음	높음	낮음	낮음		
		2점	보통	보통	보통	보통	보통		
		1점	낮음	낮음	낮음	높음	높음		
		0점	없음	없음	없음	매우 높음	매우 높음		
가해학생에 대한 조치	교내 선도	1호	피해학생에 대한 서면사과	1~3점					
		2호	피해학생 및 신고·고발학생에 대한 접촉, 협박 및 보복행위의 금지	피해학생 및 신고·고발학생의 보호에 필요하다고 자치위원회가 의결할 경우					
		3호	학교에서의 봉사	4~6점					
	외부 기관 연계 선도	4호	사회봉사	7~9점					
		5호	학내외 전문가에 의한 특별 교육이수 또는 심리치료	가해학생 선도·교육에 필요하다고 자치위원회가 의결할 경우					
	교육환경변화 교내	6호	출석정지	10~12점					
		7호	학급교체	13~15점					
	교외	8호	전학	16~20점					
		9호	퇴학처분	16~20점					

※ 법 제17조제2항에 따라 피해학생이나 신고·고발 학생에 대한 협박 또는 보복 행위일 경우에는 제17조제1항 각호의 조치를 병과하거나 조치를 가중할 수 있음

참고문헌 및 자료

강호준(2003). 학교폭력의 실태와 예방대책에 관한 연구. 제주대학교 석사학위논문.

곽금주, 문은영(1993). 청소년의 심리적 특징 및 우울과 비행간의 관계. 한국심리학회지: 발달,
　　6(2), 29-43.

곽금주, 오상우, 김청택(2012). K-WISC-IV: 전문가 지침서. 서울: 학지사 심리검사연구소.

곽영길(2007). 학교폭력 피해에 대한 인식과 경험에 관한 연구: 서울시 고등학생을 중심으로.
　　동국대학교 박사학위논문.

관계부처합동(2012). 학교폭력근절 종합대책.

관계부처합동조사(2012). 학교폭력근절 종합대책.

교육과정평가원(2007). 국내외 초등학생 교실학습에 대한 인식 비교 연구. 교육과정평가원.

교육과학기술부(2013). 중학교 자유학기제 시범 운영계획(안). 교육과학기술부.

교육과학기술부(2016). 2016 학생정서 · 행동특성검사 및 관리 매뉴얼. 교육과학기술부.

교육과학기술부, 법무부(2009). 굿바이! 학교폭력, 학교폭력 · 성폭력 예방 및 대처 가이드북.
　　교육과학기술부, 법무부.

교육부(2013). 학교폭력 사안처리 및 초기대응 절차. 교육부.

교육부(2012). 학교폭력 전수조사결과. 교육부.

교육부(2014). 학교폭력 사안처리 가이드북. 교육부.

구희주(2011). 청소년의 학교폭력 인식에 영향을 미치는 요인. 경기대학교 석사학위논문.

권해수(2000). 해결중심 단기상담. 청소년상담의 실제. 안양시청소년상담실 교사상담워크샵
　　자 료집.

김경숙(2003). 아동의 정서지능과 스트레스 통제감 및 대처행동과의 관계. 홍익대학교 박사학
　　위논문.

김경식, 박형진, 윤주국, 이병환, 이현철(2011). 교육사회학(제3판). 경기: 교육과학사.

김계현, 김동일, 김봉환, 김창대, 김혜숙, 남상인, 천성문(2011). 학교상담과 생활지도. 서울: 학
　　지사.

김교헌, 왕소정(2000). 학부모와 교사가 지각하는 집단따돌림 현상의 원인과 대책 및 배척받
　　　는 아동의 심리적 특성. 충남대학교 학생생활연구, 27, 85-107.

김남순(1996). 대학생활지도와 상담. 생활지도연구, 96, 75-126.

김대동(2005). 실존주의 상담에서의 죽음의 의미와 상담교육적 기능에 관한 연구. 연세대학교
　　　대학원 박사학위논문.

김동민, 강태훈, 김명식, 박소연, 배주미, 선혜연, 이기정, 이수현, 최정윤(2014). 심리검사와 상
　　　담. 서울: 학지사.

김미영(2007). 학교체계가 중학생의 학교폭력에 미치는 영향. 한국청소년연구, 18(2).

김상원, 김충육(2011). 아동 인지능력 평가의 최근 동향: CHC K-WISC-IV. 한국심리학회지:
　　　학교, 8(3), 337-358.

김아영(2003). 학업동기검사. 서울: 학지사.

김영혜, 안현의(2012). 사회인지진로이론적 관점에 근거한 국내 진로발달연구의 동향 분석: 대학
　　　생 연구를 중심으로. 진로교육연구, 25(4), 1-18.

김윤경, 정문자(2009). 학교폭력 피해아동의 내외통제성과 사회적 지지에 따른 스트레스 대처
　　　행동. 대한가정학회지, 47(8), 1-11.

김인자(1997). 현실요법과 선택이론. 서울: 한국심리상담연구소.

김재엽, 장용현, 민지아(2011). 학교폭력피해경험이 청소년의 학교적응에 미치는 영향: 부모-
　　　자녀 의사소통의 조절효과. 청소년학회지, 18(7), 209-234.

김재엽, 정윤경(2007). 학교폭력피해경험이 우울에 미치는 영향에서 가족요인의 조절효과. 한
　　　국가족복지학, 19, 5-28.

김정규(1996). 게슈탈트 심리치료. 서울: 학지사.

김종미(1997). 초등학교에서 발생하는 학교폭력의 성격과 유발요인. 한국심리학회지: 발달,
　　　10(1), 17-33.

김종운(2013). 상담과 복지서비스를 위한 상담심리학의 이론과 실제. 서울: 동문사.

김중술(1996). 다면적 인성검사. 서울: 서울대학교출판부.

김현경(1996). 학교관련요인이 청소년폭력에 미치는 영향. 중앙대학교 사회개발대학원 석사
　　　학위논문.

김혜원(2013). 청소년 학교폭력. 서울: 학지사.

나항진, 강갑원, 권희완, 김경미, 박성희, 송선희(2012). 성인학습 및 상담. 경기: 양서원.

나희정(2013). 청소년의 학교폭력피해경험과 대처행동과의 관계에서 자기조절능력과 가족건

강성의 조절효과. 경북대학교 석사학위논문.

노안영(2005). 상담심리학의 이론과 실제. 서울: 학지사.

류희철, 김혜남, 김길숙(1996). 비행청소년의 통제소재와 정신병리에 관한 연구. 신경정신의학 35, 220-229.

문용린 외(2006). 학교폭력 예방과 상담. 서울: 학지사

박경, 최순영(2009). 심리검사의 이론과 활용. 서울: 학지사.

박미진, 김진희(2015). 대학생의 성격 5요인과 삶의 만족간의 관계에서 진로결정자기효능 감의 매개효과. 학습자중심교과교육연구, 15(11), 67-85.

박성희, 김경수, 김기종, 남윤미, 이동갑, 이재용, 장희화(2012a). 학교폭력 상담 2: 중학교 편. 서울: 학지사.

박성희, 김경수, 김기종, 남윤미, 이동갑, 이재용, 장희화(2012b). 학교폭력 상담 3: 고등학교 편. 서울: 학지사.

박영숙(1994). 심리평가의 실제. 서울: 하나의학사.

박영신, 김의철(2001). 학교폭력과 인간관계 및 청소년의 심리 행동특성: 폭력가해, 폭력피해, 폭력무경험 집단의 비교를 중심으로. 한국청소년연구, 17(1), 297-323.

박영신 · 김의철(2001). 학교폭력과 인간관계 및 청소년의 심리 행동특성. 한국심리학회지: 문화 및 사회문제, 7(1), 63-89.

박인경(2010). 부모-자녀 의사소통에 따른 청소년의 공격성 및 정서조절능력. 한양대학교 석사학위논문.

박효정 외(2013). 학교폭력 예방을 위한 학교문화 형성요인 분석연구. 현안연구 OR2013-14. 한국교육개발원.

박효정, 정미경, 박종효(2006). 학교폭력 대처를 위한 지원체제 구축 및 운영 방안 연구. RR2006-8. 한국교육개발원.

배성아(2013). 청소년상담복지센터 종사자의 역할인식에 관한 연구. 한남대학교 석사학위 논문.

법무부(2012). 학교폭력에 대한 교사의 역할. 법무부, 교육과학기술부.

서울시교육청(1999). 집단따돌림 이렇게 지도합시다. 서울시교육청 장학자료.

성지희, 정문자(2007). 학교폭력 피해아동의 학교적응과 보호요인. 아동학회지, 28(5), 1-18.

성태제, 강이철, 곽덕주, 김계현, 김천기, 김혜숙, 봉시미, 유재양, 이윤미, 이윤식, 임웅, 한숭희, 홍후조(2007). 최신 교육학개론. 서울: 학지사.

송선희, 김항중, 최청송(2014). 교사를 위한 교직실무. 서울: 신정

송재홍, 김광수, 박성희, 안이환, 오익수, 은혁기, 정종진, 조붕환, 홍종관, 황매향(2013). 학교폭
력의 예방 및 대책. 서울: 학지사.

신민섭, 도례미, 최지윤, 안현선 공역(2012). WISC-IV 임상 해석. 서울: 시그마프레스.

신혜진(2012). 초등학생의 스트레스 대처행동과 가족건강성 및 사회적 지지가 공격성에 미치
는 영향. 부경대학교 석사학위논문.

신희경(2006). 가해 청소년, 피해 청소년, 가해 · 피해 청소년 집단유형의 발달에 영향을 미치
는 변인. 한국청소년연구, 17(1), 297-323.

안석, 권선애(2012). 학교폭력 가해 및 피해학생을 위한 음악치료 프로그램 연구: 정신역동적
관점을 중심으로. 한국기독교상담학회지, 23(3), 9-57.

안정만(2001). 부모양육태도와 아동학대피해경험이 학교폭력대처방식에 미치는 영향에 관한
연구. 연세대학교 석사학위논문.

여성가족부(2010). 청소년의 핵심역량 국제비교. 여성가족부.

여성가족부(2011). 청소년 학교폭력실태조사연구. 여성가족부

여성가족부(2012). 청소년 유해환경접촉 종합실태조사. 여성가족부.

오경식(2009). 학교폭력 예방을 위한 법제도적 분석과 개선방안. 소년보호연구, 12, 189-227.

오익수, 유성경, 함영훈(1998). 시 · 군 · 구 청소년상담실 활성화 방안연구. 청소년상담연구 (총
서).

오인수(2010). 집단 따돌림 해결을 위한 전문상담교사의 전학교 접근. 상담학연구, 12(1),
303-316.

오혜영 외(2009). 학교폭력 (학부모개입 지침서 5). 한국청소년상담복지개발원(구 한국청소
년상담원)

원명희(2003). 학교폭력의 실태와 대책에 관한 연구: 학생폭력을 중심으로. 명지대학교 석사
학위논문.

위종희(2012). 아동이 지각한 가족건강성, 자아탄력성, 사회적 지지, 스트레스 대처행동 및 심
리적 안녕감 간의 구조관계분석. 동아대학교 박사학위논문.

유남순(2005). 가족환경에 따른 중학생의 자아존중감, 스트레스 대처 전략과의 관계 스트레스
대처 방식과의 관계. 서남대학교 석사학위논문.

유성경(1999). 청소년 탈비행화 조력을 위한 효과적인 개입전략. 한국청소년상담원.

윤인수(2002). 왕따학생의 심리적 특성에 관한 문화기술적 연구. 공주대학교 석사학위논문.

윤철경, 강명숙(2012). 학교폭력 및 학교문화에 대한 학부모, 교사 인식 조사 연구. 한국청소년정

책연구원.

이상균(1999). 학교에서의 또래폭력에 영향을 미치는 요인. 서울대학교 대학원 박사학위논문.

이은경, 김병석(2012). 개인과 가족 차원의 보호요인이 또래괴롭힘 피해 청소년의 적응도 변화경로에 미치는 영향. 상담학연구지, 13(2), 725-743.

이은정(2003). 학교체계요인이 집단따돌림 가해경험에 미치는 영향에 관한 연구: 가해경험집단을 중심으로. 연세대학교 대학원 석사학위논문.

이장호(1998). 상담심리학 입문. 서울: 박영사.

이장호, 김정희(1996). 집단상담의 원리와 실제. 서울: 법문사.

이장호, 정남운, 조성호(2006). 상담심리학의 기초. 서울: 학지사.

이재창(2001). 대학상담의 과제와 상담자의 역할. 학생생활연구, 14. 1-38, 서울: 홍익대학교 학생생활연구소.

이재창(2005). 생활지도와 상담(2판). 서울: 문음사.

이재창, 임용자(1998). 인간관계론. 서울: 문음사.

이재창, 조붕환, 최인화, 임경희, 박미진, 김진희, 정민선, 최정인, 김수리(2014). 상담전문가를 위한 진로상담의 이론과 실제. 경기: 아카데미프레스.

이지연(2006). 청소년이 인식하는 일 가치의 변화, 직업교육연구 25(3), 한국직업교육학회, 163-181.

이춘재(1999). 학교폭력에 대한 심리학적 접근의 모색. 대외심포지움, 11-25.

이춘재, 곽금주(1999). 학교에서의 집단 따돌림: 실태, 특성 및 대책. 서울: 집문당.

이현림, 김말선, 박춘자(2012). 학교폭력 상담의 이론과 실제. 경기: 한국학술정보.

임선애(1999). 학교 청소년 폭력의 요인과 대책에 관한 연구: 중·고등학생을 중심으로. 단국대학교 석사학위논문.

장용언(2011). 학교폭력피해경험이 청소년의 자살행동에 미치는 영향: 부모-자녀 의사소통의 조절효과. 연세대학교 석사학위논문.

정종진(2012). 학교폭력 상담 5: 이론과 실제. 서울: 학지사.

정혜원(2010). 초등학생의 가족건강성과 행복의 관계에서 몰입경험과 또래애착의 역할. 경남대학교 석사학위논문.

조붕환, 임경희(2003). 학습흥미검사. 서울: 한국가이던스.

조붕환, 임경희(2013). 생활지도와 학교상담. 경기: 아카데미프레스.

조학래(2002). 중학생 집단따돌림의 실태와 대응방안. 연세사회복지연구, 8, 1-26.

조한숙, 문혁준(2008). 아동의 지각한 어머니의 심리통제와 가족의 건강성 및 아동의 심리적 복지감과의 관계-성차를 중심으로. 대한가정학회지, 46(9), 47-60.

청소년폭력예방재단(2006). 2006년도 학교폭력 실태조사 보고서.

청소년폭력예방재단(2010). 2009년도 전국 학교폭력 실태조사 보고서.

청소년폭력예방재단(2012). 2011년도 전국 학교폭력 실태조사 보고서. 서울: 청소년 폭력예 방재단.

최지윤(2009). 청소년의 또래괴롭힘 피해경험이 우울증상에 미치는 영향에서 정서조절 양식 의 중재효과. 숙명여자대학교 석사학위논문.

최효진(2006). 청소년의 학교폭력 가해, 피해성향에 영향을 미치는 요인에 대한 연구. 동덕여 자대학교 석사학위논문.

한국교육개발원 (2012). 2012년 2차 학교폭력 실태조사 결과보고서. 기술보고 TR 2012-94.

한국교육개발원 (2013). 학교폭력 예방을 위한 학교문화 형성요인 분석 연구. 현안보고 OR 2013-14.

한국심리자문연구소(1997). 학습방법진단검사. 서울: 한국가이던스.

한국초등상담교육학회 (2015). 학교폭력의 예방 및 대책. 서울: 학지사.

한국초등상담교육학회(2006). 한국형 초등학교 생활지도와 상담. 서울: 학지사.

한종철, 이민아, 이기학(1999). 초등학생의 집단 괴롭힘 개입 유형과 심리적 특성과의 관계: 자아존중감, 우울, 불안을 중심으로. 한국심리학회지: 상담 및 심리치료, 11(1), 95-108.

홍강의(1993). 청소년 상담의 이론적 경향 고찰: 치료적 관점. 청소년상담연구, 1(1), 한국청소 년상담원.

황정규(1998). 학교학습과 교육평가. 서울: 교육과학사.

황혜자, 김종운 공역(2006). 학교따돌림의 지도와 상담. 서울: 동문사.

Allport, G. W. (1937). *Personality: A psychological interpretation*. New York: Holt.

Anastasi, A., & Urbina, S. (1997). *Psychological testing* (7th ed.). Upper Saddle River, NJ: Prentice Hall.

Austin, S. & Joseph, S. (1996). Assessment of bully/victim problems in 8 to 11 year-olds. *British Journal of Educational Psychology, 66*(4), 447-456.

Bandura, A. (1986). *Social foundations of thought and action: A social cognitive theory*. Englewood Cliffs, NJ: Prentice Hall.

Barratt, E. & Patton, J. H.(1985). Impulsivity: cognitive, behavioral, and psychophysiological correlates. In M. Sukerman(Ed.), Biological bases of sensation seeking impulsivity, and anxiety. Hillsdale, NJ: Erlbaum.

Beck, A. T., Emery, G., & Greenberg, R. L. (1985). *Anxiety disorders and phobias: A cognitive perspective*. New York: Guilford.

Beck, A. T., Rush, A. J., Shaw, B. F., & Emery, G. (1979). *Cognitive therapy of depression*. New York: Guilford.

Berne, E. (1961). *Transactional analysis in psychotherapy*. New York: Grove Press.

Berne, E. (1966). *Principles of group treatment*. New York: Oxford University press.

Blocher, D. (1974). *Developmental counseling* (2nd ed.). New York: Ronald Press.

Bogenschneider, K. (1996). *Family related prevention programs. Familly Relations, 45*, 127-138.

Buhs, E. S., Ladd, G. W., & Herald, S. L. (2006). Peer exclusion and victimization: processes that mediate the relation between peer group rejection and children's classroom engagement and achievement. *Journal of Educational Psychology, 98*, 1-13.

Card, N. (2003). Victims of peer aggression: A meta-analytic review. In N. Card & A. Nishina: *Whipping boys and other victims of peer aggression: Twenty-five years of research, now where do we go?*Innovative poster symposium presented at the biennial meeting of the society for research on child development, Tampa, FL, April 24-27.

Chartrand, J. M. (2001). The evolution of trait-and-factor career counseling: A person environment fit approach. *Journal of Counseling &Development, 69*, 518-524.

Compas, B. E., Hinden B. R., & Gerhardt C. A. (1995). Adolescent Development: Pathway and Progresses of Risk and Resilience. *Annual Review of Psychology, 46*, 265-293.

Coolidge, F. L., Denboer, J. W., & Segal, D. L. (2004). Personality and neuro psychological correlates of bullying behavior. *Personality and Individual Differences, 36*, 1559-1569

Corey, G. S. (2014). 심리상담과 치료의 이론과 실제(*Theory and practice of counseling and psychotherapy*, 9th ed.). (조현춘, 조현재, 문지혜, 이근배, 홍영근 역). 서울: 시그마프레스. (원전은 2013에 출판).

Craig, W. M., Peters, D., & Konarski, R. (1998). Bullying and victimization among Canadian school children. Available online from Applied Research Branch, Strategic Policy, Human Resources Development Canada. http//www.hrdc-dncc.gc.ca/publications/research/abw-98-28e.shtml.

Crick, N. R., & Dodge, K. A. (1994). A review and reformulation of social information-processing mechanisms in children's social adjustment. *Psychological Bulletin, 115*, 74-101.

Cronbach, L. J. (1990). *Essentials of Psychological Testing* (5th ed.). New York: Harper Collins Publishers.

Dawis, R. V., & Lofquist, L. H. (1984). *A psychological theory of work adjustment: An individual differences model and its applications.* Minneapolis: University of Minnesota Press.

De Jong, P., & Berg, I. K. (2008). *Interviewing for solutions* (3rd ed.). Belmont, CA: Thomson Brooks/Cole.

Egan, G. (2001). *The skilled helper* (7th ed.). Pacific Grove, CA: Brooks/Cole Co.

Ellis, A. (1973). *Humanistic psychotherapy: The rational-emotive approach.* New York: Julian Press.

Evans, D. B. (1982). What are you doing? An interview with William Glasser. *Personnel & Guidance Journal, 60*(8), 460-465.

Ford, C. V. (1997). Somatic symptoms, somatization, and traumatic stress: An overview. *Nordic Journal of Psychiatry, 51*, 5-14.

Garmezy, N. (1993). Children in poverty: resilience despite risk. *Psychiatry, 56*, 127-136.

Gibson, R. L., & Michell, M. H. (1995). *Instruction to counseling and guidance.* Englewood Cliffs, N. J.: Merrill.

Ginzberg, E., Ginsburg, S. W., Axelrad, S., & Herma, J. (1951). *Occupational choice: An approach to a general theory.* New York: Columbia University Press.

Gottfredson, L. S. (1996). Gottfredson's theory of circumscription and compromise.

In D. Brown & L. Brooks (Eds.), *Career Choice and Development* (3th ed., 179-232). San francisco: Jossey-Bass.

Graham, S., Bellmore, A. D., & Mize, J. (2006). Peer victimization, aggression, and their co-occurrence in middle school: Pathways to adjustment problems. *Journal of Abnormal Child Psychology, 34*(3), 363-378

Gregory, R. J. (1992). *Psychological testing.* Boston: Allyn and Bacon.

Gresham, F. M., & Elliott, S. N. (1990). *The Social Skills Rating System.* MN: American Guidance Service.

Hansen, T. B., Steenberg, L. M., Palic, S., & Elklit, A. (2012). A review of psychological factors related to bullying victimization in schools. *Aggression and violent behavior, 3,* 39-43.

Harris, A. (1991). Review of gender in the classroom: power and pedagogy. *The Teachers College Record, 93,* 201-204.

Hawker, D. S. J., & Boulton, M. J. (2000). Twenty years' research on peer victimization and psychological maladjustment: A meta-analysis review of cross-sectional studies. *Journal of Child Psychology and Psychiatry, 41*(4), 441-445.

Haynie, D. L., Nansel, T., Eitel, P., Crump, A. D., Saylor, K., Yu, K., et al. (2001). Bullies, victims, and bully/victims: Distinct groups of at-risk youth. *Journal of Early Adolescence, 21*(1), 29-49.

Hazler, R. J. (1996). *Breaking the cycle of violence: interventions for bullying and victimization.* Washington, DC: Accelerated Development.

Hill, C. E., & O'Brien, K. M. (1999). *Helping skills: Facilitating exploration, insight, and action.* Washington, DC: American Psychological Association.

Holland, J. L. (1997). *Making vocational choices* (3rd ed.). Odessa, FL: Psychological Assessment.

Holland, J. L. (1997). 홀랜드 직업선택이론(*Making vocational choices*). (안창규, 안현의 공역). 서울: 한국가이던스. (원저는 1994년에 출판).

Hoover, J. H., & Oliver, R. (1996). *The bullying prevention handbook: A guide for principals, teachers and counselor.* bloomington, IN: National Educational Service.

Horne, A. M., & Socherman, R. (1996). Profile of a bully: Who would do such a thing? *Educational Horizons, 74*(2), 77-83.

Jussim, L., & Harber, K. D. (2005). Teacher expectations and self-fulfilling prophecies: knowns and unknowns, resolved and unresolved controversies. *Personality and Social Psychology Review, 9*, 131-155.

Juvonen, J., Graham, S., & Schuster, M. (2003). Bullying among young adolescents: The strong, the weak, and the troubled. *Pediatrics, 112*, 1231-1237.

Kaltiala-Heino, R., Rimpela, M., Rantanen, P., & Rimpela, A. (2000). Bullying at school - an indicator of adolescents at risk for mental disorders. *Journal of Adolescence, 23*, 661-674.

Krumboltz, J. D. (1996). A Learning theory of career counseling. In M. L. Savickas & W. B. Walsh (Eds.), *Handbook of career counseling theory and practice.* (pp. 55-80). Palo Alto, CA: Consulting Psychologists Press.

Krumboltz, J. D., & Levin, A. S. (2004). *Luck is no accident: Making the most of happenstance in your life and career.* Atascadero, CA: Impact.

Krumboltz, J. D., Mitchell, A. M., & Jones, G. B. (1976). A social learning theory of career selection. *Counseling Psychologist, 6*(1), 7181.

Lien, L., Green, K., Welander-Vatu, A., & Bjertness, E. (2009). Mental and somatic health complaints associated with school bullying between 10th and 12th grade students; Results from cross sectional studies in Oslo, Norway. *Clinical Practice and Epidemiology in Mental Healtth*, http://dx.doi.org/10.1186/1745-01795-5-6.

Macklem, G. L. (2003). *Bullying and Teasing.* Springer Science & Business Media.

Marc S. Karver, Ellis L. Gesten(2009). Multiple informants in the assessment of psychological, behavioral, and academic correlates of bullying and victimization in middle school. *Journal of Adolescence, 32*, 193-211.

Masten, A. S., & Reed, M. J. (2002). Resilience in development. In C. R. Snyder & S. J. Lopez (Eds.), *Handbook of positive psychology* (pp. 74-88). New York: Oxford University Press.

McCall, R. B., Beach, S. R., & Lau, S. (2000). The nature and correlates of underachievement among elementary schoolchildren in Hong Kong. *Child Development, 71*(3), 785-801.

Mitchell, K. E., Levin, A. S., & Krumboltz, J. D. (1999). Planned happenstance: Constructing unexpected career opportunities. *Journal of counseling and Development. 77*, 115-124.

Mynard, H., & Joseph, S. (1997). Bully|victim problems and their association with Eysenck's personality dimensions in 8 to 13 years olds. *British Journal of Educational Psychology, 67*, 51-54.

Nansel, T. R., Haynie, D. L., & Simons-Morton, B. G.(2003). The association of bullying and victimization with middle school adjustment. *Journal of Applied School Psychology, 19*(2), 45-61.

Nansel, T. R., Overpeck, M., Pilla, R. S., Ruan, W. J., Simons-Morton, B., & Scheidt, P. (2001). Bullying behaviors among US youth: Prevalence and association with psychosocial adjustment. Journal of the American Medical Association, 285, 2094-2100.

O'Hanlon, B., & Weiner-Davis, M. (2003). *In search of solutions: A new direction in psychotherapy*. New York: Norton.

Olweus, D. (1978). *Aggression in the schools: Bullies and whipping boys.* Washington, D.C.: Hemisphere (Wiley).

Olweus, D. (1991). Bully/victim problems among schoolchildren: Basic facts and effects of a school based intervention program. In D. J. Pepler & K. H. Rubin (Eds.), *The development and treatment of childhood aggression* (pp. 411-449). Hillsdale, NJ: Erlbaum.

Olweus, D. (1992). Bullying among schoolchildren: Intervention and prevention. In R. D. Peters, R. J. McMahon, & V. L. Quincy (Eds.), *Aggression and violence throughout the life span*. Hillsdale, NJ: Erlbaum.

Olweus. D., & Limber, S. (2000). *Bullying prevention program*. Boulder, CO: Center for the Study and Prevention of Violence.

Parsons, F. (1909). *Choosing a vocation*. Boston: Houghton Mifflin.

Perry, D. G., Hodges, E. E., & Egan, S. K. (2001). Determinants of chronic victimization by peers: A review and a new model of family influence. In J.Juvonen & S. Graham (Eds.), *Peer harassment in school: The plight of the vulnerable and victimized* (pp. 73-104). New York: The Guilford Press.

Peterson, G. W., Sampson, J. P., Jr., & Reardon, R. C. (1991). *Career development and services: A cognitive approach*. Pacific Grove, CA: Brooks/Cole.

Prinstein, M. J., Boergers, J., & Vernberg, E. M. (2001). Overt and relational aggression in adolescents: Social-psychological functioning of aggressors and victims. *Journal of Clinical Child Psychology, 30*, 477-489.

Reasoner, R. W. (1994). *Building Selfesteem in the Elementary Schools*. California: Consulting Psychologists Press.

Renk, K. (2005). Cross-informant ratings of the behavior of children and adolescents: The "gold standard". *Journal of Child and Family Studies, 14*, 457-468.

Rigby, K., & Slee, P. (1991). Bullying among Australian school children: Reported behavior and attitudes towards victims. *Journal of Social Psychology, 131*, 615-627.

Rogers, C. (1951). *Client-centered therapy*. Boston: Houghton Mifflin.

Rogers, C. (1961). *On becoming a person: A therapist's view of psychotherapy*. London: Constable.

Sampson, J. P., Jr., Peterson, G. W., Lenz, J. G., Reardon, R. C., & Saunders, D. E. (1996). *Career Thoughts Inventory*. Odessa, FL: Psychological Assessment Resources.

Savickas, M. L. (2001). Toward a comprehensive theory of careers: Dispositions, concerns and narratives. In F. T. Leong & A. Barak (Eds.), *Contemporary models in vacational psychology: A volume in honor of Samuel H. Osipow*. Mahway, NJ: Erlbaum.

Savickas, M. L. (2002). Career construction: A developmental theory of vocational behavior. In D. Brown & Associates (Eds.), *Career choice and development* (4th ed., pp. 149-205). San Francisco: Jossey-Bass.

Schwartz, D., & Gorman, A. H. (2003). Community violence exposure and children's academic functioning. *Journal of Educational Psychology, 95*, 163-173.

Sharf, R. S. (2006). 진로발달이론을 적용한 진로상담. 이재창, 조봉환, 안희정, 황미구, 임경희,

박미진, 김진희, 최정인, 김수리 공역(2008). 서울: 아카데미프레스.

Sherman, R., & Dinkmeyer, D. (1987). *Systems of family therapy: An Adlerian integration*. New York: Brunner/Mazel.

Shertzer, B., & Stone, S. C. (1980). *Fundamentals of counseling* (3rd ed.). Boston: Houghton.

Slee. P. T. (1994) Peer victimisation and its relationship to depression among Australian primary school students. *Journal of Personality and Individual Differences, 18*, 57-62.

Smith, P. K., & Sharp, S. (1994). *School bullying: Insights and perspectives*. London: Routledge.

Solberg, M. E., & Olweus, D. (2003). Prevalence estimation of school bullying. with the Olweus Bully/Victim Questionnaire. *Aggressive Behavior, 29*(3), 239268.

Sullivan, T., Farrell, A., & Kliewer, W. (2006). Peer victimization in early adolescence: Association between physical and relational victimization and drug use, aggression, and delinquent behaviors among urban middle school students. *Development and Psychopathology, 18*, 119137.

Super, D. E. (1980). A life-span, life-space approach to career development. *Journal of Vocational Behavior, 16*, 282-298

Super, D. E. (1990). A life-span, life-space, approach to career development, In D. Brown, L., Brooks & Associates (Eds.), *Career choice and development: Applying contemporary theories to practice* (2nd ed., p. 216). San Francisco, CA: Jossey-Bass Publishers.

Stetson, E. A., Hurley, A. M., & Miller, G. E. (2003). Can universal affective education programs be used to promote empathy in elementary aged children? A review of five curricula. *Journal of Research in Character Education, 1*(2), 129-147.

Tattum, D. P. (1988). Violence and aggression in schools. In D. P. Tattum & D. A. Lane (Eds.), *Bullying in Schools*. Stoke-on-Trent: Trentham Books.

Tracey, T. J., & Hopkins, N. (2001). Correspondence of interest and abilities with occupational choice. *Journal of Counseling Psychology, 48*, 178-189.

Ttofi, M. M., & Farrington, D. P. (2011). Effectiveness of school-based programs to reduce bullying: A systematic and meta-analytic review. *Journal of Experimental Criminology, 7,* 27-56.

Weiss, L., Prifitera, A., Saklofske, D., & Holdnack, J. (2012). WISC-IV 임상 해석 (*Advanced Clinical Interpretation*). (신민섭, 도례미, 최지윤, 안현선 공역). 서울: 시그마프레스. (원저는 2006년에 출판).

Wentzel, K. R. (1998). Social relationships and motivation in middle school: the role of parents, teachers, and peers. *Journal of Educational Psychology, 90*(2), 202-209.

West, J. D., Bubenzer, D. L., Smith, J. M., & Hamm, T. L. (1997). In-soo Kim Berg and solution-focused therapy. *Family Journal, 5,* 286-294.

Wienke Totura, C. M., Green, A. E., Karver, M. S., & Gesten, E. L. (2009). Multiple informants in the assessment of psychological, behavioral, and academic correlates of bullying and victimization in middle school. *Journal of Adolescence 32,* 193-211.

Wolke, D., Woods, S., Bloomfield, L., & Karstadt, L. (2000). The association between direct and relational bullying and behaviour problems among primary school children. *Journal of Child Psychology and Psychiatry, 41*(8), 989-1002.

Wollack, S., Goodale, J. G., Wijting, J. P., & Smith, P. C. (1971). Development of the survey of work values. *Journal of Applied Psychology, 55,* 331-338.

Wubbolding, R. E . (1988). *Using reality therapy.* New York: Harper & Row.

국가직무능력표준 www.ncs.go.kr

민사집행법 http://www.mest.go.kr(2015).

법제처 찾기쉬운 생활법령정보 http://oneclick.law.go.kr(2015).

서울해바라기아동센터 www.child1357.or.kr

안전드림 아동여성장애인 경찰지원센터 www.safe182.go.kr

여성가족부 www.mogef.go.kr

학교폭력 예방 종합포털사이트 www.stopbullying.or.kr

학교폭력예방 및 대책에 관한 법률 http://www.mest.go.kr(2015).

학교폭력예방 및 대책에 관한 법률 시행령 http://www.mest.go.kr(2015).

한국청소년상담복지개발원 www.kyci.or.kr

행정소송법 http://www.mest.go.kr(2015).

행정심판법 http://www.mest.go.kr(2015).

행정절차법 http://www.mest.go.kr(2015).

Wee 프로젝트 홈페이지 www.wee.go.kr

동아일보(2012. 10. 8.). 근거 없는 소문으로 친구 괴롭혀.

동아일보(2012. 9. 10.). 친구들의 따돌림에 할퀴고 멍든 상처.

머니투데이뉴스(2012 1. 13.). 왕따 폭행과 성추행– 폭행과 괴롭힘을 당한 일람표.

조선일보(2013. 10. 17.). SNS 욕설에 시달리던 12세 소녀 자살– '미 사이버 왕따' 사회문제
        대두.

조선일보(2013. 10. 2.). 신종 학교폭력 '글래디에이터'

조선일보(2013. 10. 23.). 권총 숨긴 채 등교한 중학생, 막아선 교사에 '탕'

조선일보(2013. 3. 13.). 중학교 2학년 때부터 폭행 당해, '5명이 자주 괴롭히고 갈취'.

조선일보(2013. 3. 25.). 학기 초, 중학교 1학년 교실은 싸움판.

조선일보(2013. 4. 24.). 무서운 여초등학생 '일진'

조선일보(2013. 4. 30.). 책상 위에서 춤추게 하고 동영상 촬영.

조선일보(2013. 5. 24.). 카카오톡 소리만 나면 우는 아이

조선일보(2013. 6. 26.). 공포의 '언니 학폭', 앵벌이까지 시켜.

조선일보(2013. 6. 26.). 화장품 강매하기.

중앙일보(2013. 5. 24.). 둘만 있을 때 귓속말로 욕하기.

YTN(2011. 12. 23.). "제가 하는 일은 엄청 큰 불효인지도 몰라요. 엄마, 아빠 사랑해요!!"

저자 소개

송선희(Song Sunhee)

고려대학교 대학원 교육학전공(박사)

현 호서대학교 창의교양학부 교수

〈주요 저서 및 논문〉

「고등학생의 역기능적 진로사고, 정서지능, 학업몰입간의 관계모형」(2011)

「아동 양육 시설의 난독증 고위험군 중고등학생에 대한 중재 효과: 청각정보처리 개선 중
　　재프로그램 적용」(2016)

『교사를 위한 교직실무』(도서출판 신정, 2014)

『성인학습 및 상담』(양서원, 2016)

김항중(Kim Hangjung)

연세대학교 교육대학원 교육행정학(석사)

호서대학교 대학원 행정학(박사)

전 초등학교 교장, 호서대학교 사회과학연구소 연구위원

〈주요 저서 및 논문〉

「교원능력개발평가의 지표 개발에 관한 연구」(한국교육방법학회, 2011)

『교사를 위한 교직실무』(도서출판 신정, 2014)

박미진(Park Meejin)

홍익대학교 대학원 교육학(석사 · 박사)

현 서울필심리상담연구소 소장

  공주교육대학교 초등교육학과 겸임교수

전 아주대학교, 홍익대학교 상담원 역임

〈주요 저서 및 논문〉

『성인학습 및 상담』(공저, 학지사, 2010)

『진로상담의 이론과 실제』(공저, 아카데미프레스, 2014)

『자기개발과 진로설계』(공저, 학지사, 2015)

「A Cross-Cultural Comparison of Negative Career Thoughts」(2016)

「상담자의 직무요구와 소진과의 관계에서 직무통제의 조절효과」(2016)

「청소년상담자의 직무자원과 이직의도와의 관계에서 직무스트레스와 직업몰입의 매개효
    과」(2015)

「대학생의 성격 5요인과 삶의 만족 간의 관계에서 진로결정자기효능감의 매개효과」
(2015)

「진로성공 대학생의 메타포 탐색」(2014) 등

이현주(Lee Hyunju)

고려대학교 대학원 교육학(박사)

현 배재대학교 교직부 교수

〈주요 논문〉

「보육교사효능감이 유아와의 상호작용에 미치는 영향: 전문성 인식의 매개효과」(2015,
    한국보육학회)

「대학생의 취업스트레스 요인과 학교생활적응의 관계에서 자기격려의 조절효과」(2014,
    교육문제연구)

생활지도와 학교폭력의 이해
Understanding of Guidance and Bullying

2017년 2월 20일 1판 1쇄 인쇄
2017년 2월 25일 1판 1쇄 발행

지은이 • 송선희 · 김항중 · 박미진 · 이현주
펴낸이 • 김진환
펴낸곳 • (주) **학지사**

04031 서울특별시 마포구 양화로 15길 20 마인드월드빌딩
대표전화 • 02)330-5114   팩스 • 02)324-2345
등록번호 • 제313-2006-000265호

홈페이지 • http://www.hakjisa.co.kr
페이스북 • https://www.facebook.com/hakjisabook

ISBN 978-89-997-1212-8 93370

정가 19,000원

이 도서의 국립중앙도서관 출판시도서목록(CIP)은 서지정보유통지
원시스템 홈페이지(http://seoji.nl.go.kr)와 국가자료공동목록시스템
(http://www.nl.go.kr/kolisnet)에서 이용하실 수 있습니다.
(CIP 제어번호: CIP2017005424)

교육문화출판미디어그룹 학지사

심리검사연구소 **인싸이트** www.inpsyt.co.kr
원격교육연수원 **카운피아** www.counpia.com
학술논문서비스 **뉴논문** www.newnonmun.com